JN194322

シリーズ・学力格差 2 家庭編

学力を支える家族と子育て戦略

就学前後における大都市圏での追跡調査

Families and Child-rearing Strategies Supporting Children's Schooling
A Longitudinal Study in an Urban City

【監修】志水宏吉 Kokichi Shimizu

【編著】伊佐夏実 Natsumi Isa

明石書店

刊行にあたって
シリーズ・学力格差　全４巻

　「学力低下の実体は学力格差の拡大である」という主張を、監修者らの研究グループが行ってから15年あまりが経過した。小中学生の「学力の2こぶラクダ化」という言葉で表現したが、そうした見方は今日では日本の学校現場の常識となっている。

　いわゆる学力低下論争が勃発したのは、1999年のことであった。日本の子どもたちの学力が、もはや世界のトップではないことを示したPISA第1回調査の結果が、それを後押しした。2003年に文部科学省は、それまでの「ゆとり教育」路線を「確かな学力向上」路線に転じた。そして、2007年には全国学力・学習状況調査がスタートした。今日それは、小中学校現場の年中行事として定着した感がある。点数学力を中心に学校が動いていく状況は、今後もしばらく変わりそうにない。

　日本の子どもたちの学力低下は、一体どうなっているのだろうか？　学力格差の状況はよくなっているのか、あるいは悪化しているのか？

　全国学力・学習状況調査の結果を見ると、学力上位県と下位県の格差は順調に縮まっているようである。3年おきに実施されるPISA（Programme for International Student Assessment）の結果でも持ち直した感がある。その他の調査の結果を含めて考えると、日本の子どもたちの学力は、一時期落ち込んだが、その後はある程度回復していると総括することができる。

　ただし、21世紀に入ってからの日本社会の経済的格差状況は変わっていない。ことによると、ひどくなっているかもしれない。そのなかで、学力調査の結果が改善傾向にあるのは、ひとえに学校現場ががんばっているからに他ならない

というのが、私たちの実感である。諸外国に比べると、格差是正に費やされる国費の額はきわめてお寒いのが日本の実態である。もし現場が手をゆるめると、学力格差がもっと拡大していくおそれが多分にある。

　学力格差の是正は世界各国の共通課題である。現時点の日本に、そして世界に、何が起こっているのか。それを教育社会学の観点から探究したのが本シリーズである。15年以上にわたって学力格差の問題を追いかけてきた監修者は、2014年度に科研費を獲得し、5年間にわたる総合的な研究プロジェクトに着手した（科研費基盤研究（A）「学力格差の実態把握と改善・克服に関する臨床教育社会学的研究」、研究代表：志水宏吉、課題番号：26245078）。本シリーズは、その成果を4巻本にまとめたものである。参加した研究分担者は18人、協力した大学院生は20人以上にのぼる。

　本シリーズの特徴をあげると、以下のようになる。
　1）教育社会学という学問分野の最新の問題意識に立つものであること。
　2）その結果として、学力格差研究の最先端を行くものであること。
　3）「家庭」「学校」「統計」「国際比較」という複合的視点を有していること。
　4）3〜4年にわたる定点観測的な経時的調査研究にもとづいていること。
　5）現状分析にとどまらず、積極的に格差是正の提案・提言を行っていること。

　各巻の主題は、以下の通りである。
　第1巻＜統計編＞『日本と世界の学力格差』では、各種の学力データの分析を通して、日本と世界における学力格差の現状の総合的な把握を試みる。本書は3部構成である。第Ⅰ部では、これまでの学力研究のレビューを通して、現時点の日本の学力研究の到達点と課題を明らかにする。第Ⅱ部ではPISA・TIMSS（Trends in Inter-national Mathematics and Science Study）といった国際学力調査から、日本の学力実態を論じる。そして第Ⅲ部では、ある自治体で実施された学力調査から、国際調査ではわからない日本の学力格差の実態について分析を行う。
　第2巻＜家庭編＞『学力を支える家族と子育て戦略』では、就学前後4年間

（5〜8歳）の追跡調査を通して、子どもたちの学力を支える家庭の力の諸相を明らかにする。具体的には、大都市圏の子育て世帯を対象にしたインタビュー調査と訪問調査をもとに、各家庭が自ら有する資源や資本を活用しながら展開する子育て戦略が、子どもとの相互作用を通じてどのように実現しているのか、さらにはそれが学力とどう結びついているのかを検討する。

第3巻＜学校編＞『学力格差に向き合う学校』では、対象校における3年間にわたるフィールド調査をもとに、子どもたちの学力の変化について検討する。対象となるのは、都市部の同一自治体に所在する、異なる社会経済的背景の地域を持つ2つの中学校区の学校（各1小学校、1中学校）、計4校である。子どもたちの家庭背景をふまえた上で、彼ら、とりわけ低学力層の学校経験や学力形成の動態を捉え、学力格差の拡大・縮小のダイナミクスを解明する。

第4巻＜国際編＞『世界のしんどい学校』では、世界の学校現場において学力格差の問題がどのように解決されようとしているのかという課題にアプローチする。対象となるのは、東アジアの3カ国（韓国、香港、シンガポール）とヨーロッパの4カ国（イギリス、フランス、ドイツ、オランダ）、計7カ国の「しんどい」地域（低所得層や移民が多く居住する地域）に立地する七つの小学校である。各小学校での教師たちの奮闘ぶりとその背後にある各国の政策の特徴に焦点が当てられる。

各巻の中身は、数年にわたって展開された、用意周到な学術調査・研究にもとづくものであるが、幅広い層の読者に読んでいただきたいと考え、できるかぎり平易で、ていねいな記述を心がけた。

現代の学力格差研究の決定版として、自信をもって世に送り出すものである。

志水 宏吉

シリーズ・学力格差
第2巻〈家庭編〉

学力を支える家族と子育て戦略

就学前後における大都市圏での追跡調査

目次

序章

伊佐　夏実

　シリーズ「学力格差」の第2巻である本書は、学力格差生成プロセスにおける家庭教育の影響を明らかにするために実施した調査研究の成果をまとめたものである。われわれは、大都市圏の就学前の子どもがいる家族の子育てを4年間に渡り追跡し、親の子育て戦略が、子どもとの相互作用を通じてどのように実現しているのか、そして、それらが子どもの学力に与える影響を多面的に検討している。特定の家庭に長期間入り込んだ調査というのは、これまでの日本の研究では類をみない画期的なものと言ってもよいだろう。一方で、学力格差と子育ての関連という非常にデリケートなテーマを、個別の家庭の実態に接近しながら解き明かす作業は困難を伴うものでもあり、丁寧な議論が必要とされる。

　本章では、現代の家族が置かれている状況を子どもの学力との関わりに焦点化しながら概観し、家族責任の強化や能力観に関する言説の存在について触れたうえで（第1、2節）、子育ての階層差と学力に関する先行研究の知見を紹介し（第3節）、本書を通してわれわれが提示しようとしている知見やその目的について述べていく（第4節）。

1. 子育て期の家族を取り巻く状況

「子どもの学力は、母親の学歴で決まる！」

ゴールデンタイムのバラエティ番組のなかで、某予備校の人気講師としてテレビ業界で活躍する司会者がこう言うと、出演者や観覧客からの「へー！ そんな馬鹿な」という驚きの声があがる。2007年から文部科学省によって実施されている全国学力・学習状況調査の保護者票を用いた分析結果から紹介された、母学歴と子どもの学力の相関は、お茶の間の関心をひくデータとして見事に切り取られ、紹介されていた。

また、同調査のなかで示されていた「父親は深夜帰宅、母親は専業主婦のほうが、正答率が高くなる傾向がある」というデータについては、帰宅時間が遅い父親が高学歴・高収入のため、教育費を捻出できることが要因ではないかという解釈とともに紹介されていた。さらには、家庭で保有する本の冊数による学力差があることから、文字に親しみ規則正しい生活を送っている場合は、親の学歴や収入が高くなくても子どもの学力が高いことなど、調査に基づいた現代日本の学力格差の実態と、その克服可能性に関する知見がコンパクトに提示されていた。

この調査結果は発表当時、そのセンセーショナルな内容ともあいまって、ネットニュース等でもしばしば取り上げられた。親の学歴や世帯収入と子どもの学力が結びついていること、蔵書数や家庭での生活の様子によっても学力に違いがあることは、本書執筆者が専門とする教育社会学の領域では、すでによく知られたことである。しかし、こうしたデータを示すことによるわれわれ研究者の意図は、家庭環境が子どもの学力や進路に影響してしまう不平等な社会のあり方を告発するためである。しかしながら、この種の「事実」は、こと一般向けに提供される際には、ともすれば決定論的なものとして、ただやみくもに親の影響力の強さやその責任を強調し、家族を追い詰めるものになってしまうリスクがあることを、一視聴者として番組の内容を目にした際には感じざるを得なかった。

家庭における子育ての重要性を訴える論には枚挙にいとまがないが、近年で

は特に、子どもの能力開発という点における重要性を主張する声が大きく聞かれる。東大生を育てた母親の子育て方法が取りざたされたり、近年注目されつつある非認知的スキルを育てるために家庭には何ができるのか、といった趣旨の書籍が巷には溢れている。子どもの学力は家庭次第とでもいわんばかりの情報があふれ、とりわけ、母親にかかるプレッシャーは非常に大きなものになっている。育児雑誌を分析した研究のなかでは、2000年以降、子どもの能力開発に対する志向性とともに、その責任を母親に帰す傾向が強まりつつあることが指摘されている（高橋 2016）。すなわち、「子どもの学力向上の責任」は、家族のなかでもとりわけ、母親に背負わされているといっても言い過ぎではないだろう。

　子どもの育ちに対する家族責任の強調という傾向は、昨今の日本政府の動きとも連動している。学力格差や貧困が社会問題化するなかで、その原因は「家庭の教育力の低下」にあるとし、家庭を「支援」することによってそうした課題に対処しようとする方向性が打ち出されている。その代表格である「家庭教育支援法」は、3歳児神話を信奉する「親学」を推進する議員を中心に、自民党が議員立法として成立を目指し国会に提出しようとしているものである。この法案については、「支援」という名のもと、「あるべき家族の姿」を押し付け、私的領域である家庭に対する国家権力の介入につながるとして批判を浴びているが、自治体レベルにおいては、すでに関連する条例が制定されているところもある（中里他 2018）。

　青少年問題の増加を引き合いに家庭教育を問題化する傾向は、すでに1970年代初頭からみられるが、1990年代後半以降はそれがより顕著になっており、中央教育審議会答申や改正された教育基本法のなかにも、家庭教育の重要性を謳う文言が追加されている（天童・多賀 2016）。こうした動きは、社会問題を家族に解決させようとしている時点で国家責任を放棄する由々しき事態であるのだが、児童虐待等に関連する痛ましいニュースに触れることで、家庭教育への不安は増幅され、「家庭教育への支援」の必要性は正当化されていくようにも見える。

　しかしながらこの「家庭の教育力の低下」という言説に対しては、歴史的に見ればそうした事実があたらないという異論も出されている。広田（1999）は、

明治後半からの資料を用いて、高度成長期から盛んに主張されるようになった「家庭の教育力が低下している」という言説に異を唱えている。「昔の家庭はしつけが厳しかった」という論じ方は、都市のサラリーマンやインテリ層、地方農村の富裕層の子育てを想定したものであり、多くの庶民の家庭ではかなり放任的な子育てが行われていたと言う。それが、1960 年代以降になると、大正期の新中産階級に起源をもつ「教育する家族」が社会全体に広がり、子どもの教育への関心はあらゆる層において高まりを見せるようになった。すなわち、「家庭の教育力が低下している」のではなく、「子どもの教育に関する最終的な責任を家族という単位が一気に引き受けるようになってきたし、引き受けざるをえなくなってきた」のだと述べている（p .181）。

　日本は、政府が子育てや教育にかける予算が少ない国であるにもかかわらず、それがさほどおかしいことではないと考える人々が多い社会でもある（中澤 2014）。先に挙げた例だけでなく、ワンオペ育児や孤立化、育児不安、保育園の待機児童問題など課題は山積みであり、子育てへの支援が必要なことは間違いない。しかしそれは、家族責任を強調するような現在の「支援」の形とは、まったく異なるものだろう。

2. ペアレントクラシーの時代と能力観

　子育ての責任を家族に背負わせる風潮が強まる一方で、たしかに、社会の編成原理そのものも、家庭の影響力の強さを物語るものに変化しているという主張もある。それが、ペアレントクラシーと呼ばれるものである。これは、ブラウン（1995 = 2005）が作った造語であるが、現代は、メリトクラシーの原理[1]から、親の資源〈財産〉と嗜好〈親の願望〉が選択に結びつき、それによって、子どもの教育達成に格差が生まれるというペアレントクラシーの原理が支配する社会に変貌を遂げているとされる。全国学力・学習状況調査を用いた分析においても、学校外教育費支出や世帯所得〈財産〉と子どもに対する学歴期待〈願望〉が、学力を規定していることが示されており、日本社会もまたペアレントクラシーへの道を歩んでいると推測されている（耳塚 2007）。

　子どもに対して高い学歴期待をもち、それを実現させるための諸資源を多く

持ち、そこに向かうための適切な選択ができるかどうかが、子の将来を左右するというのだ。どのような家庭で育つのかが学力に影響し、ひいては将来の生活にも影響する。子どもがよりよい進路を得るための教育を重視する「教育する家族」は、ペアレントクラシーの時代においてはより強化され、そこにある不平等な構造は、覆い隠され見えなくさせられているのが現代社会の特徴といえる。

　さらに、家庭の資源のありようが子どもの将来の進路や生活に結びつく上で、それを媒介するのは従来の学力テストで計測されるような「狭義の学力」だけではない。むしろ、意欲や独創性、対人能力やネットワーク形成力、問題解決能力といった、柔軟で個人の人格や情動の深い部分に根ざした能力の重要性は、いわゆる点数学力よりも、これからの社会を生き抜くための能力として、強く主張されるようにもなっている（本田 2005）。経済学の領域において登場した非認知的スキルは、今やこうした「新しい能力」の代表格として、その座を確立しつつある。

　ノーベル経済学賞を受賞しているジェームズ・J・ヘックマンは、アメリカ社会で進行する不平等の拡大という問題に対して、非認知的スキルを育む事で解決を図ることを主張している。かれは、人生で成功するかどうかは、認知的スキル（いわゆる従来型の学力）だけで決まるのではなく、肉体的・精神的健康や根気強さ、注意深さ、意欲、自信といった社会的・情動的性質もまた欠かせないものであるとし、このようなスキルを非認知的スキルと呼ぶ。そして、認知的スキル・非認知的スキル、どちらも幼少期に発達し、その発達は家庭環境によって左右されること、さらに、そうしたスキルの習得状況が成人後の人生に影響を与えていることを、さまざまなデータを用いて説明している（Heckman 2013 = 2015）。

　こうした結果をもとに、子育ての質や幼少期の環境を高めることが大切であり、恵まれない家庭に生まれた子どもに幼い時期から手をかけることによって明確で永続的な効果がもたらされ、経済的効果も高くなると主張する。ヘックマン自身は、幼児教育の重要性をクローズアップすることで、就学前教育に対する公的投資への関心を呼び起こそうとしているわけだが、就学前教育がほぼすべての子どもを対象に行われている日本においては、教育の私事化傾向が強

いこともあいまって、家庭においていかに早期に子どもにアプローチし、その種の能力を育むのかという一般的な関心のもとに、かれの主張は受容されているように見える。

そのほかにも、ソフトスキル（Brown&Lauder 2009）やOECDのキー・コンピテンシー（Rychen & Salganik 2003=2006）など、知識や技術の習得といった形で把握される能力とは異なる「新しい能力」が、これからの社会を生き抜いていく上で必要であるとの主張は、そこかしこで展開されている。そして、そうした流れは、小学校で2020年に全面実施予定の新しい学習指導要領のなかにも生かされている。新しく改訂される学習指導要領では、子どもたちが身に付けるべき資質や能力が3点に整理され、これらを偏りなく実現できるように、各教科の目標や内容が再整理されている。一つ目の資質・能力は、「知識及び技能が習得されるようにすること」であり、いわゆる「狭義の学力」に対応している。二つ目が、「思考力、判断力、表現力等を育成すること」、そして三つ目に、「学びに向かう力、人間性等を涵養すること」と定められている。

このような能力観は、2008年の学習指導要領改訂時に「確かな学力」として示されていたものに、かつてある種の話題を呼んだ「生きる力」の要素をトッピングしたものであるが、次期学習指導要領では、こうした資質・能力の枠組みに基づいて、教育目標や内容が整理され、学習指導の方法や評価の枠組み、学校としての在り方が提示されている。

知識基盤社会やグローバル化、ＩＴ化が進展することで、従来のような「狭義の学力」だけでは生き抜くことができない社会になっているという想定が、こうした多元的な能力を要求する背景にはある。ただし、こうした「新しい能力」と称されるものが、実は新しい能力ではなく、かなり昔から繰り返し主張されてきたものの焼き直しであるとする指摘もある。中村（2018）によれば、すでに大正期から「学力だけではダメで人間力も必要だ」とする主張がなされており、最近になって「新しい能力」なるものが誕生したのではなく、「新しい能力を求めなければならない」という議論自体が渇望される、そうした傾向が強まっていることが現代社会の特徴そのものなのだという。中村はこうした現象を、メリトクラシーの再帰性という言葉で言い表している。

非認知的スキルにしても、キー・コンピテンシーにしても、何か新しい能力

の存在を言い表しているというよりは、既存の能力を言葉を変えて表現していると捉えるほうが妥当なのかもしれない。しかしながら、声高に主張される、来るべき社会の変化とそこで求められる「新しい」能力に関する言説は、ある特定の層に対しては、「何かをしなければならない」という危機感をあおることに成功しているだろう。特に子育て世代のなかでも、社会の動向や教育のゆくえに敏感な人々は、子どもに育てるべき資質・能力の変化というお題目にいち早く反応し、それに向けた対応をとるであろう。すでに、早期教育やお受験に熱心な層の存在は指摘されているが（小針 2009; 望月 2011 など）、「新しい能力」論争によって、こうした傾向はさらに煽られ、小学校入学以前に始まる働きかけにより、家庭環境による子どもの育ちの差はより明確になっていく可能性が懸念される。

3. 子育ての階層差と学力

　多様な能力の必要性が主張され、それを育てる家庭教育の重要性にも注目が集まる一方で、経済格差や貧困など社会の矛盾があらわになり、子どもの教育にまで手が回らない家庭も増加している（湯澤 2009 など）。そうしたなかで、子育ての様式そのものが、各家庭の社会経済的背景によって異なり、そのことと子どもの学力が結びつくことで、階層間格差が拡大していくことが懸念されている。

　冒頭に紹介したようなデータ、すなわち、家庭の所得や親の学歴によって子どもの学力が異なっているという、学力の階層間格差の実態は、2000 年代に入ってから本格的に議論されるようになった（苅谷・志水 2004; 耳塚 2013 など）。なぜ、こうした格差が生じるのかについては、これまで大きく分けて五つの観点から説明がなされてきた。一つ目は、先天的能力の差異に原因を求める知能遺伝説、二つ目は家庭の経済力や文化的環境、親の子どもへの期待や教育に対する価値づけの違いなどに原因を求める家庭環境説、三つ目は、カリキュラムや教授様式など、階層差を維持・拡大する学校教育過程に注目する説、四つ目に、学校文化と家庭文化の不連続性に原因を求め、学校で伝達される文化が中産階級に有利で、労働者階級にとっては分断を経験するものになっているとす

る、文化的不連続説、そして五つ目が、社会的・教育的トラッキングの社会化機能に着目し、労働者階級の学業成績が低いのは、社会の底辺に押しとどめられるという不平等な構造のなかで、自らの将来を限定的なものとして受け止め、それに適応しようとするからだという、機会構造説である（藤田 1987）。

　知能遺伝説については、たとえば行動遺伝学の知見によれば、音楽や美術、スポーツなどの才能については、環境よりも遺伝の影響が大きい一方で、学業成績に関しては遺伝と環境がおおむね半分ずつとされている。またそもそも、遺伝要因がどのように引き出されるのかという点においても環境の影響がある（安藤 2012）ため、純粋な知能遺伝説を支持することは困難だろう。二つ目や四つ目に挙げているのが、主に家庭教育の階層差に注目した議論である。子育てには階層・階級による違いがあり、その違いが、子どもの教育達成の格差につながっているという説である。具体的な知見をいくつか紹介しよう。

　まずは、子どもの教育にどれだけお金をかけるのかという違いである。例えば、通塾や習い事などの学校外教育費の額は、世帯年収によって大きく異なっている（卯月 2012）。教育の市場化が進むなかで、各家庭が教育費をどれだけ捻出できるのかということは、ダイレクトに子どもの達成に結びつくものになってしまっている。

　次に、家庭における文化的な環境の違いによるものがある。例えば、家庭が保有する蔵書数や、子どもが小さいころに絵本の読み聞かせをしたかどうかや、時事問題について親子で話すかどうか、子育てのなかで子どもが英語や外国の文化に触れるよう意識しているかどうかといった、親の子どもに対する働きかけには階層による差があり、そうした差によって、学力テストの点数が異なっていることは、さまざまなデータによって示されている（苅谷・志水 2004 など）。幼いころから文字文化に親しんだり、社会に対する広い視野や関心をはぐくむことは、子どもの学力形成を有利に導いているようだ。

　また、家庭における言語運用の差異もまた、学力格差につながるものとして認識されている。前馬（2011）によると、小学校 1 年生の時点で、それぞれの子どもの言語運用にはすでに階層差があり、ホワイトカラー層の子どもはブルーカラー層の子どもに比べて、文脈に依存しない説明的な文章を用いる傾向があることが明らかにされている。さらには、親の教育アスピレーションの高

さ、すなわち、どこまで進学することを望むのかという学歴期待も、子どもの教育達成を規定しているとされる（片瀬 2005）。

このような、子どもに対する個別の働きかけに階層差があることはもちろんのことながら、欧米の研究のなかには、そうした差異の背景にあるロジックや、子どもに伝達される価値について、階級と子育てという視点から体系的に明らかにしているものがある。それが、A. ラローの一連の研究である（Lareau 1989; Lareau 2002; Lareau 2003）。ラローは、8〜10歳の子どもとその親への聞き取り・観察調査を実施し、その結果から、労働者階級の子育て方式を「自然な成長に任せる子育て」（accomplishment of natural growth）、中産階級のそれを「全面発達に向けた計画的子育て」（concerted cultivation）と名付け、日常生活がどのように組織されているのか、家庭内での言語使用や社会関係の特徴は何か、公的機関とのやりとりはどのように異なるのか、という三つの視点で階級による子育ての違いを峻別している。

二つの子育て方式の違いは、たとえばこうだ。中産階級の家庭では、大人が子どもの余暇活動を積極的に配置し、習い事や課外学習等で子どもたちは忙しく過ごしている。言語使用の面では、大人の発言に対する子どもの論争や、広範囲にわたる親子の交渉が繰り広げられる。社会関係に関して言えば、拡大家族の絆は弱く、子どもたちは同年齢集団のなかで育つものの、子どもの発達や社会的スキルを刺激するための計画的で継続的な努力が親によって展開される。

対して労働者階級の家庭では、拡大家族の絆が強く、子どもたちには親族との親密さが重視され、異年齢集団のなかで子どもたちだけの自由な余暇を過ごす。大人の発言に対する子どもからの質問や挑戦は少なく、大人の指示に対しては従うことが求められる。基本的な生活の世話さえしていれば子どもは育つと考えられているために、子どもの発達を促すような積極的な働きかけはあまり見られない。また、親族との付き合いの多さが、家族と外の世界の間にぶ厚い壁を作ることにもつながっている。

さらに、公的組織とのやり取りを通して、中産階級の子どもたちには自分自身が特別であり、権威をもつ者と対等な関係性を築く存在であるという自覚が生じることによって、権利意識（sense of entitlement）が芽生えていく。対して、労働者階級や貧困家庭の親は、専門家とのやりとりに際し用心深くおとな

しい。子どもたちはそうした親の姿を見ることで、なおかつ、家庭で命令的なやりとりを体験しているために、専門家（例えば医師）に対しても同じような反応をする。そうしたなかで子どもたちに芽生えるのは、制約意識（sense of constraint）である。

　このように、公的機関とのやりとりを通して描かれるのは、家庭内での親子関係の在り方が、外部の専門家とのやりとりにおいて再現される様であるが、学校と保護者の関係性という点でも階級による違いは顕著に現れる（Lareau 2002）。労働者階級が多い学校（コルトン校）と中産階級が多い学校（プレスコット校）、それぞれにおける参与観察から、両校における保護者の学校や教師との関係性について比較した結果、顕著な違いが確認された。プレスコット校の保護者は、学校行事への参加率が高く、子どもの学校生活や学習状況にも詳しいために、教師と頻繁にコンタクトをとりながら、時にはわが子にとってより良い教育を行うように学校や教師に対して要求を突き付ける。一方のコルトン校の保護者は、学校行事への参加率が低いだけでなく、教師と保護者のコミュニケーションも形式的な会話のみで、子どもの学校生活に関する情報も十分には持ち合わせていない。学校と対等な関係を結んだうえで教育にあたろうとするプレスコットの親たちに対して、コルトン校の親たちは学校にお任せであり、依存的である。

　両校ともに、子どもの教育への積極的参加を保護者に求めているが、たとえば、宿題を家庭でみると言った行為についても、プレスコットの親が自らの教育的能力に十分な自信をもってそれに臨むのに対して、コルトン校の親は自分にはその能力はないと感じ、積極的には取り組まない。また、中産階級の親は、自分の子どもの利益になるように学校や教師に対してクレームをつけるが、労働者階級や貧困家庭の大人は、学校に対して距離を感じ、恐れや不信を抱いている。このような、学校に対して能動的に働きかけることによって利益を享受する中産階級の親と、そのすべを持たずに受け身がちで、教師と疎遠な関係にある労働者階級の親の姿は、他の研究のなかでも示されている（Horvat et al. 2003; Gillies 2005 など）。

　こうした親の姿をみるなかで、組織は自分たちの要求に反応するものと考える中産階級の子どもに対して、労働者階級の子どもたちは、自分たちの利益の

ために官僚制組織を働かせるやりかたを学ぶことなく苛立ちと力のなさを学習し、専門家に対する不信を抱き、中産階級の子どもほどには利益を享受できないという事態が生じるのである。このような違いが重層的に作用するなかで、学業達成上の差異も生まれてくるのである。

　欧米の研究のなかで描かれる、階級や階層によって異なる子育ての姿は、日本の場合にはどの程度あてはまるのだろうか。例えば、映画の世界では、ラローが描き出しているものと似通った二つの家族の姿が対比的に映し出されることもある。是枝裕和監督の『そして父になる』という映画は、病院での子どもの取り違えという出来事を通して、二つの家族の交流や、それを通した親子関係の変化を描いた作品であるが、その二つの家族の姿は、階級や階層と子育ての違いが欧米でのみあてはまるものではないということを、自然に実感させてくれる。

　都市のエリートサラリーマンの野々宮家では、専業主婦の母親と子どもが一人の三人家族として、タワーマンションに暮らしている。子どもは私立小学校を受験し、ピアノを習っている。テレビゲームもたまにはするが、知育系の木のおもちゃが置いてあったり、お風呂にはひらがな表が貼られていたりする。仕事に忙しい父親は子育てにはあまり積極的ではなく、ほとんど母親任せであるが、弁護士の友人を頼みに病院との訴訟を優位に持っていこうと奔走する。子どもはおとなしく、大人の顔色を伺いながら行儀よく振舞う傾向にある。

　一方、町の電気屋を営む斎木家は、子どもは三人で祖父母と暮らす大家族である。父親は、自営業ということもあり家族と関わる時間が長く、自らの技術を生かして壊れたおもちゃを直してあげたり、夢中になって子どもと一緒になって遊んだりする。野々宮家の父親のような弁護士の友人はおらず、病院に対して怒りはぶつけるものの、有利に交渉を進めるといった働きかけはできない。子どもは自由に自分の時間を楽しみ、やや落ち着きはないものの、元気でたくましいタイプである。

　この映画は、もちろんフィクションではあるものの、遺伝的にはつながりのない子どもが、育ちの影響でまったく違うタイプに成長し、そうした違いが、社会学研究のなかで指摘されてきた階層による子育ての違いにある程度対応しているという点で、非常に興味深い。なおかつ、こうした違いが日本において

も見いだせるということを不自然ではない形で示してくれている点で参考になる作品である。

　学術的な研究でも、ラローの知見が日本にどの程度あてはまるのかを検討したものがある。本田（2008）は、母親の学歴を用いて家庭教育の格差を検討した結果、各母親がもつ諸資源により、質的な面あるいは実際の行動といった側面において否定できない違いがあるものの、日本の場合そうした差異はグラデーション状に分布しているとする。分析の結果から、家庭学習への配慮は学歴にかかわらず同様にみられるものの、「言ってもやらない」「そもそも勉強ができない」「親が見てもわからないので見ない」といった発言は、学歴が高くない層のみで見出された。

　また、しつけや子育ての方針として高学歴層では、子どもに可能な限り多様な経験をさせ可能性や世界を広げること、個性や独自性、自由な発想を身に付けること、マナーや口の利き方を重視し、将来的には主体性や専門性を身につけて欲しいと願っている。他方、学歴が高くない層では、人を傷つけないことや思いやりが重視され、子どもが周囲に流されやすいという不安から、自分の意見をきちんと言えるようになってほしいと希望し、人並みに自立した「普通」の大人になることを期待している。ただし、こうした違いは存在するものの、それはラローの研究で示されているような明確な二つの社会階層への分化と言うよりは、連続的なグラデーションの形をとっているとする。

　また、本田の研究のなかでは、学校との関係性において母学歴による差異はほぼ見いだせず、教師の対応や子どもの友人関係に対してはどの母親も気を配っており、トラブルなどの際には学校にクレームや要求を述べていることが明らかにされている。欧米の研究では、高階層の学校関与率が高く、労働者階級の保護者の教師との疎遠な関係や断絶が指摘されていた。労働者階級に対して「冷たい」学校の姿は、日本においてはそれほど顕著にみられるものではないのかもしれない。

　しかしながら、貧困世帯や社会的マイノリティを対象にした研究（西田 1996; 久冨 1993 など）では、教師たちはかれらの子育てに対して、教育への関心が高く子どもに期待し勉強させる親という、「よき家族」の対極にあるものとして評価し、見下すようなステレオタイプをもっていることも示されている。ただ

し、生活困難層とそれ以外の層の親の小中高校時代の教師に対する評価を比較したところ、生活困難層のほうが、子ども思いで熱心な教師像という肯定的イメージをもっている（久冨1993）ことからも、欧米ほどの「あからさまな」差別は日本にはみられないと考えてよいのかもしれない。

　いずれにしても、本田がグラデーション上に位置していると表現するように、日本においては、二つの階層への明確な子育ての分化は生じていないのかもしれないが、本田の研究においてはカバーできていない貧困層や被差別マイノリティに着目してみれば、子育て格差の実態は、よりはっきりとした輪郭をもって浮かび上がってくる可能性もあるだろう。例えば、被差別部落の子育てに関する研究のなかでは、部落内の子育てが、「子どもの自主性」や「子どもの自由」といった言葉で正当化されるような放任主義的傾向が強く、子どもは厳しい環境でもまれながら育つという自然発達主義的な教育観が根強くあるとされている（鍋島1994）。こうした指摘は、ラローが労働者階級の子育て様式として挙げた自然な成長に任せるスタンスと似通っている。すなわち、「教育する家族」が広範に広がった日本においては、欧米ほど明確な子育ての階層差は存在しないと考えることは、調査の網にはかかりづらい、非常に困難な家庭の現実を見過ごした結論だといえるかもしれない。

　欧米ほどには明確でないにしても、日本においても子育てや教育意識に階層差があることをふまえた上で、あらためて指摘しておきたいのは、いずれの子育てが良いとか悪いとかいう話ではもちろんない、ということである。先に挙げた映画のなかでは、斎木家のほうが幸せな家族だと受け取る人も多いだろうし、アメリカの研究のなかでもラローは、むしろ労働者階級の子育てのほうに優れた点を見出している（Lareau 2013）。ただし、こと学力という点に関して言えば、概ね中産階級が展開する戦略のほうが、子どもの達成を有利に導いているといえるのだ。

　その上で、学力格差の背後にある子育ての違いに言及する際に注意しなければならないのは、こうした違いが、「教育熱心さ」といった親の意識の違いから生じるものではないということである。そうではなく、経済資本や文化資本といった、各家庭が保有する資源や資本の量や、親の労働状況や生活経験の違いによるものだという理解をする必要がある。教育にどれだけお金をかけられ

るのか（経済資本）や、親の被教育経験やそこから生じる経験の差（文化資本）、そして、親や子どもがもつネットワークの量や質（社会関係資本）は、階層と分かちがたく結びついている（Bourdieu 1970=1991, 1984=1990）。それらに加えて、子どもの教育に目をかけられるだけのさまざまな意味での余裕は、親の労働状況等によっても異なってくる。

　教育に関心がない、子どもに期待をしないから、子の達成を有利に導くような戦略を展開しない、のではない。それぞれの家庭は、持ちうる資本や資源を最大限に活用しながら子育てを行っているが、そもそもそうした資本の保有量が階層によって異なっているために、子どもの学業達成に対して有利な働きかけができるのか否かに違いが生じているのである。そしてそこには、労働者階級の関与の仕方が学校教育の中で十分に生かされていないという、学校教育の差別性の問題があるという点も改めて確認しておく必要があるだろう。

4. 本書の目的と構成

　冒頭で述べたように本書の目的は、学力の階層間格差という実態に対して、それが生成されるメカニズムを家庭教育に着目して解明することである。すなわち、ラローがアメリカで実施した研究に大きく依拠し、その日本バージョンを提示しようとしている。日本においてもすでに、こうした関心のもとに実施されている研究はあるものの、既存の研究は、質問紙調査の分析をもとにした定量的研究による検討が主であり、特定の行為と学力や教育達成の関連については明らかにされているものの、家庭教育の総体については十分に把握されていない。また、多くの研究がある一時点での調査を対象としているために、親の働きかけや子どもの成長に関連した変化を視野にいれた、プロセスそのものを把握するということも困難である。

　そこで本書では、就学前後の4年間にわたって特定の家庭に入り込み、長期にわたる観察調査を行うことで、家庭の子育てと学力の関連を多面的に検討する。就学前後に注目する理由は、学校教育の影響を受ける前の子どもの様子を把握でき、それが、就学によってどのように変化するのか、就学前教育機関と学校の違いを、保護者のかかわり方も含めて検討できるからである。

そのうえで、これまでの研究が主に、「何が行われているのか」に注目していたのに対して、本書では、「どのように行われているのか」に踏み込んだ検討を行う。例えば、先行研究においてすでに明らかにされている、幼少時の読み聞かせが学力に影響しているという点に関していえば、読み聞かせという行為がコミュニケーションを通した触れ合いや文字に慣れさせることを通して、学力の基本である子どもの語彙力を高めることに作用していることは推測される。とは言うものの、ただ単に、「読み聞かせ」という行為を行っているかどうかだけでなく、どのように行われているのか、どのような本が選択されているのか、といった質的側面に踏み込むことで、読み聞かせという行為の意味とそれが学力に影響を与えるプロセスをより重層的に把握することが可能になるだろう。

したがって、何が（what）のレベルだけでなく、どのように（how）の領域にまで踏み込んで子育ての在り方を検討することが、本書の目的の一つである。そのためには、聞き取り調査のような質的研究だけでなく、家庭訪問調査を実施することで、「語られない」子育ての実態に接近する。

学力の階層間格差に影響を与える家庭教育の質的側面を明らかにするという本書のテーマを掲げるうえで、のちに示す結果を先取りして言えば、本書で描きだすのは、階層的差異があるにもかかわらず、子どもたちの学力を一定程度支えている家族の姿である。調査概要で詳しく述べるが、訪問調査で対象となっている 13 の家庭には、両親ともに高卒の家庭や、世帯年収が 300 万円以下の家庭、ひとり親家庭などが含まれている。いずれも、階層的地位という点から言えば高いとは言えないケースである。学力格差が生成されるプロセスを明らかにするというシリーズ本の目的に照らして、家庭の階層的背景に考慮をしながら調査対象者を選定したものの、4 年間の追跡調査から明らかになったことは、確かに、階層による子育ての違いは見いだせるものの、それぞれの家庭は、異なる戦略を用いながらも、結果的に子どもたちの学力を支えているということであった。つまり、高階層が用いる戦略とは異なる戦略を用いることで、学力を下支えしている家族の姿があるということである。ここで言う学力とは、単なるテストの点数や学校での成績といった点ではなく、学習に対する意欲や学びに向かう姿勢なども含んでいる。

こうした結果を受けて本書では、子育ての階層差がどのように学力格差に結びついているのかというテーマではなく、子育ての階層差があるにもかかわらず、なぜ、明確な学力格差がみられないのか、という点を明らかにすることへと、その目的をシフトした。そのことを通して、逆説的に、学力格差が生成されるメカニズムを解き明かそうとしている。また、本書では、各家庭がどのような資源や資本を用いながら子育て戦略を展開し、結果的に学力が支えられているのかを明らかにすることで、階層間格差を乗り越える子育ての在り方に関する一つの方向性についても提示をしたいと考えている。

　ここで改めて、本書で扱う子育て戦略という言葉について説明しておく。ここで言う戦略とは、必ずしも親による意識的で目的的な働きかけのみを指すのではなく、無意図的・無意志的な側面をも含む概念である（Bourdieu 1970=1991; 片岡 2001）。そのうえで、子どもの教育に関することだけでなく、子育て全体にかかわる親の意識や行為についても射程にいれている。具体的には、経済資本、文化資本、社会関係資本といった家庭内の諸資本がどのように活用され、子どもたちの学力を支えることにつながっているのかを、多面的に検討する。

　本書が前提としているような知見、すなわち、子育てに階層差があり、それが学力に結びついているということ、それ自体は各種の統計データから示されているところではあるが、この種の議論はともすれば「不十分な家庭教育」という欠陥モデルにも結び付きやすい。例えば、イギリスでは労働党政権時代に、「理想的」な中産階級の子育て観を労働者階級に身に着けさせ、すべての親の学校関与を高めることによって、学校と保護者のパートナーシップを推進しようとする施策がうたれた。このような、労働状況や社会的資源の不均等な分配を改善せずに、家庭教育の重要性を単純に強調するやり方は、社会的排除を生み出すだけと言える（Crozier 1997; Gewirtz 2001; Gillies 2005）。子育ての階層差の実態や、それが学力とどのように結びついているのかを明らかにしようとする研究は、子育ての価値を一元化し、押し付けるという危うさが伴うことを踏まえて行わなければならない。

　また、学力を支える家庭の姿を描くという本書の方向性についても、ともすれば、「家族の頑張り次第」という自己責任論に結びつき、家族を追い詰める

ようなメッセージを送ることになるかもしれない。その点には十分注意を払い、本書の対象家庭で、学力の下支えが可能になっている背景について、環境や条件面を丁寧に描くことにも留意する。

　本書は4部構成である。まず第Ⅰ部では、調査の概要と対象家庭プロフィール、そして子どもたちの学力実態について、いくつかのテストの結果や日常の学習の様子などを踏まえて示す。そして、学力格差と家庭の子育ての関連について、就学前の子どもをもつ保護者を対象に実施したインタビュー調査と、調査地であるＸ市のすべての小学校を対象に実施した学力・生活実態調査のデータを用いて検討する。こうしたデータを用いながら、本書で対象とする家庭の子育てや子どもたちの学習状況について、客観的な位置づけを行う。

　すでに述べたように本書の対象となる子どもたちは、家庭の階層的バックグラウンドはさまざまであるものの、学力の階層間格差の実態が見えにくく、学力の下支えがなされていると判断できた。そのため、なぜこのようなことが可能になっているのか、第Ⅱ部では、訪問家庭のエスノグラフィーを描くことで、どのような子育て戦略が繰り広げられているのかを丁寧に描き出す。そして第Ⅲ部では、生活・学習習慣、教育意識・期待、学校との関係、ネットワーク、子どもの主体性という五つの側面について、対象家庭における資本活用の違いに着目しながらその様相を検討する。第Ⅳ部では、主に理論的見地から、現代の子育てと教育のゆくえや日米における子育て研究の論点を提示することで、本書の対象家庭からは十分にみえてこなかった、階層と子育てや学力格差の課題について、今後の研究の展望も含めて論じていく。

❖注

▶ 1　貴族による統治と支配を意味するアリストクラシーに対し、能力のあるものによる支配を意味するマイケル・ヤング（『メリトクラシー』1982、至誠堂）の造語。現在では、能力に基づく社会や能力主義を表す言葉として一般的に使用されている。

❖参考文献

安藤寿康（2012）『遺伝子の不都合な真実――すべての能力は遺伝である』（ちくま新書）筑摩書房。

Bourdieu, P. & Passeron, J.（1970）*La reproduction : éléments pour une théorie du système d'enseignement*,（宮島喬訳（1991）『再生産 : 教育・社会・文化』藤原書店）。

Bourdieu, P.（1984）*La distinction : critique sociale du jugement*, Hervard University,(石井洋二郎訳（1990）『ディスタンクシオン――社会的判断力批判』藤原書店）。

Brown, Philip.（1995）" Cultural Capital and Social Exclusion: Some Observations on Recent Trends in Education, Employment, and the Labour Markets." *Work, Employment and Society.* 9（1）: pp. 29-51.（＝稲永由紀訳（2005）「文化資本と社会的排除――教育・雇用・労働市場における最近の傾向に関するいくつかの考察」A. H. ハルゼーほか編（住田正樹・秋永雄一・吉本圭一編訳）『教育社会学――第三のソリューション』九州大学出版会 , pp. 597-622.)

Brown, P.,and Lauder, H.,(2009) "Globalization, international education, and the formation of a transnational class?" *Yearbook of the National Society for the Study of Education,* 108(2), pp.130-147.

Crozier, G.（1997）" Empowering the Powerful: a discussion of the interrelation of government policies and consumerism with social class factors and the impact of this upon parent interventions in their children's schooling " *British Journal of Sociology of Education* 18（2）, pp. 187-200.

藤田英典（1987）「『階層と教育』研究の今日的課題」『教育社会学研究』日本教育社会学会第 42 集 , pp.5-23.

Gillies, V.（2005）"Raising the 'Meritocracy': Parenting and the Individualization of Social Class" *Sociology*, 39(5), pp.835–853.

Gewirtz, S.（2001）"Cloning the Blairs: New Labour's programme for the re-socialization of working-class parents" *Journal of Education Policy* 16(4), pp.365-378.

Gillies, V.（2006）"Working class mothers and school life: exploring the role of emotional capital", *Gender and Education,* Vol.18,(3), pp. 281-293.

Heckman, J.J.(2013) *Giving Kids a Fair Chance,* MIT Press（＝古草秀子訳（2015）『幼児教育の経済学』東洋経済新報社）。

広田照幸（1999）『日本人のしつけは衰退したか──「教育する家族」のゆくえ』（講談社現代新書）講談社。

本田由紀（2005）『多元化する能力と日本社会──ハイパー・メリトクラシー化のなかで』NTT出版。

──────（2008）『「家庭教育」の隘路──子育てに強迫される母親たち』勁草書房。

Horvat, E. M., Weininger ,E. B., Lareau, A.（2003）"From Social Ties to Social Capital: Class Differences in the Relations Between Schools and Parent Networks" *American Educational Research Journal* 40（2）, pp.319-351.

片岡栄美（2001）「教育達成過程における家族の教育戦略──文化資本効果と学校外教育投資効果のジェンダー差を中心に」『教育学研究』第68巻第3号, pp.259-273.

片瀬一男（2005）『夢の行方──高校生の教育・職業アスピレーションの変容』東北大学出版会。

苅谷剛彦・志水宏吉（2004）『学力の社会学』岩波書店。

小針誠（2009）『「お受験」の社会史──都市新中間層と私立小学校』世織書房。

久冨善之（1993）『豊かさの底辺に生きる──学校システムと弱者の再生産』青木書店。

Lareau, A.（1989）*Home advantage : social class and parental intervention in elementary education,* Falmer Press.

──────（2002）"Invisible Inequality: Social Class and Childrearing in Black Families and White Families", *American Sociological Review,* 67（5）, pp.747-776.

──────（2003）*Unequal childhoods : class, race, and family life,* University of California Press.

Lareau,A.（2013）"Annette Lareau." Heckman, J.J., *Giving Kids a Fair Chance,* MIT Press, pp. 91–98（＝古草秀子訳（2015）『幼児教育の経済学』東洋経済新報社）.

前馬優策（2011）「日本における『言語コード論』の実証的検討──小学校入学時に言語的格差は存在するか」『教育社会学研究』第88集, pp. 229-250.

耳塚寛明（2007）「小学校学力格差に挑む──だれが学力を獲得するのか」『教育社会学研究』第80集、日本教育社会学会, pp.23-39.

耳塚寛明編（2013）『学力格差に挑む』金子書房。

望月由紀（2011）『現代日本の私立小学校受験──ペアレントクラシーに基づく教育選抜の現状』学術出版会。

鍋島祥郎（1994）「被差別部落コミュニティにおける家庭の養育態度と子どもたちの達成意欲に関する考察」『部落解放研究』第98号, 部落解放研究所, pp.69–83.

中里見博・能川元一・打越さく良・立石直子・笹沼弘志・清末愛砂（2018）『右派はなぜ家族に介入したがるのか──憲法24条と9条』大月書店。

中澤渉（2014）『なぜ日本の公教育費は少ないのか──教育の公的役割を問いなおす』勁草書房。

西田芳正（1996）「不平等の再生産と教師──教師文化における差別性をめぐって」八木正編『被差別世界と社会学』明石書店, pp.237-259.

Rychen, Dominique S. and Salganik Laura H.eds. (2003) *Key competencies for a successful life and a well-functioning society*, Hogrefe & Huber(= 立田慶裕監訳 (2006)『キー・コンピテンシー――国際標準の学力をめざして』明石書店)。

天童睦子・多賀太 (2016)「『家族と教育』の研究動向と課題――家庭教育・戦略・ペアレントクラシー」『家族社会学研究』28 巻 2 号 , 日本家族社会学会 , pp.224-233.

高橋均 (2016)「変容する育児雑誌の現在」天童睦子編『育児言説の社会学――家族・ジェンダー・再生産』世界思想社 , pp.43-77.

卯月由佳 (2012)「小中学生の学校外活動費の支出と世帯所得の関連」『平成 22 年度「子どもの学習費調査」報告書』文部科学省 , pp. 96-112.

湯澤直美 (2009)「貧困の世代的再生産と子育て――ある母・子のライフヒストリーからの考察」『家族社会学研究』21 巻 1 号 , pp.45-56.

学力格差と家庭の子育ては関連しているのか

はじめに

伊佐　夏実

　第Ⅰ部では、まず第1章において、われわれが実施した調査の概要や対象家庭のプロフィール、対象児童の学力の様子について紹介する。続く第2章では、就学前の子どもをもつ保護者を対象に実施したインタビュー調査のデータを用いて、父母学歴や子どもの性別によって子育てがどのように異なるのかを明らかにする。そして第3章では、調査地であるX市のすべての公立小学校を対象に実施した学力テストと生活実態調査、ならびに保護者に対するアンケート調査のデータをもとにして、階層と学力や子育てとの関連についての全体的な傾向を示す。これらを通して、本書の主要な対象である13家庭の子育て戦略を理解する上でのアウトラインを描くことにする。

第 1 章

調査概要と対象家庭のプロフィール

伊佐　夏実

1. 調査地の概要

　本書で用いるデータは、2015 年 5 月から 2019 年 3 月まで、関西圏にある X 市に在住する家族を対象とした、聞き取りならびにフィールドワーク調査によって得られたものである。まずは、対象となった X 市の概要を紹介しよう。人口 30 万人程度の中規模都市である X 市は、大都市近郊部に位置し、電車・バス・高速道路等の交通の便にも恵まれたベッドタウンである。市内及び近隣には複数の大学があり、教育機関在学中の人を除いた 15 歳以上の大卒・院卒人口は 25% を超え、その割合は平均世帯年収とともに全国平均よりも高い。このようにしてみれば、全体的に裕福な人々が多く暮らす地域とも読み取れるわけだが、山間に小さな学校が点在していたり、昔ながらの商店街を中心とした下町情緒あふれる地域があったり、大規模集合住宅や公営団地が立ち並んでいたり、複数の同和地区や外国籍の人々が集住する地域があったりと、多様性をはらんだ都市ともいえる。また、近隣にアクセスしやすい私立の小中学校があるにもかかわらず、ほとんどの子どもは地元の公立学校に通っており（2018 年入学の小学校 1 年生では 98%、中学 1 年生では 90%）、地域のつながりが比較的残っている場所でもある。

2. 調査方法

▌ 2.1 聞き取り調査

　関西圏のＸ市教育委員会の協力を得て、市内の幼稚園・保育所に通園し、2015 年度年長児（5 歳〜 6 歳）の保護者を対象に、2015 年 5 月から 7 月にかけて 1 〜 2 時間程度のフォーマルインタビューを実施した。場所は、自宅や幼稚園・保育所、市民センターなど対象者が希望する場所で行い、内容はすべて IC レコーダーで記録したうえで文字起こしをしている。合計 86 名の対象者のうち、父親が 3 名、祖母が 1 名となっており、それ以外の 82 名は母親である。

　対象者の年齢では 30 代が 8 割近くを占めている。6 割程度が専業主婦であるため、利用している就学前教育施設は、幼稚園が 80 家庭となっている。父母の学歴構成では、父母ともに大卒（短大・大学院含む）が 46 家庭、父母ともに非大卒（中卒・専門学校含む）が 16 家庭、父母どちらかが大卒（短大・大学院含む）が 19 家庭、シングル家庭 4 ケースについては、大卒が 1、高卒・専門卒が 2、中卒が 1 である。その他、学歴に関する聞きとりができなかったケースが 1 となっている。

　世帯収入は、聞き取り時に回答があった 64 世帯に限るが、平均でおよそ 540 万円であり、その内訳は、400 万円未満が 18 世帯、400 万円〜 600 万円未満が 20 世帯、600 万円〜 800 万円未満が 13 世帯、800 万円〜 1000 万円未満が 8 世帯、1000 万円以上が 5 世帯となっている。ベネッセが、2014 年に実施した『乳幼児の父親についての調査』では、首都圏を対象とした 0 〜 6 歳の就学前の子どもをもつ世帯の年収は、400 万円未満が 10.8％、400 万円〜 600 万円が 28.5％、600 万円〜 800 万円未満が 25.1％、800 万円〜 1000 万円未満が 14.8％、1000 万円以上が 13.6％、無答・わからないが 7.3％となっている。ベネッセ調査が首都圏を対象としているため、全国平均に比べて年収水準が高い可能性はあるものの、本調査の対象家庭が、経済的に恵まれた層に偏っているわけではないということは、おわかりいただけるだろう。

2.2 家庭訪問調査

　訪問調査は、聞き取り調査時に調査への協力を申し出てくれた家庭を対象に、
①保護者の学歴がともに大卒か、ともに非大卒かでおよそ半数程度になること、
②対象児の男女比がおよそ半数程度になること、③大卒 / 非大卒両方のひとり
親家庭を一つずつ含むこと、の 3 点を基準に選定した。いくつかの家庭にアプ
ローチした結果、調査を引き受け入れてくれたのが対象となる 13 家庭であっ
た。2015 年 10 月から調査を開始し、月 1 回程度の訪問で 1 回につき 3 ～ 4 時
間程度滞在し、帰宅後の子どもの過ごし方や親子のやりとり、学習の仕方など
に焦点を置き観察を実施した。観察した内容はすべてノーツに記録し、文字

表 1-1　子どもの発達状況や親子のかかわりを把握するための調査内容

調査名	実施時期	調査内容
絵本読み聞かせ	2016 年 2 月頃	普段の親子の読み聞かせの様子を観察するために、新規な本と読みなれた本の 2 冊を用意し、それぞれ母親による読み聞かせを行ってもらい、その様子を録画した。調査方法は、内田・斎藤・菱山（2012）を参考にした。
お話づくり	1 回目： 2015 年 3 月頃 2 回目： 2016 年 8 月頃	前馬（2011）で実施されたものと同様の紙芝居を用いて、5 枚の絵にもとづく物語を自由に作成し、1 回目は口述、2 回目は原稿用紙に記述してもらった。
パターンブロック親子課題	1 回目： 2015 年 3 月頃 2 回目： 2016 年 11 月頃	パターンブロックの課題を 1 回目は子ども単独で、2 回目は親子で協力してといてもらい、その様子を記録した。調査方法は内田・斎藤・菱山（2012）を参考にした。
ひとりしりとり	2017 年 8 月頃	5 分の時間制限を設け、ひとりでどこまで言葉をつないでいけるか、子ども本人による書きとりの形で記録した。
算数検定	2018 年 3 月頃	算数検定第 10 級の問題を解いてもらい、採点した。
慶應パネル調査	2018 年 8 月頃	慶應義塾大学「こどもの機会均等研究センター」が実施している「日本子どもパネル調査」の一部である小学校 2 年生を対象とした学力調査（国語、算数、推論）について、同様のテスト問題を許諾を得て実施し、採点についても同センターに依頼した[1]。

出典：著者作成。以下、出典のない図表同様。

データとして書き起こしている。また、子どもの普段の様子がわかる写真の撮影や成績に関する資料についても、許可を得て収集した。

　さらに、子どもの発達状況を把握するために、お話づくり調査、算数検定、慶應パネル調査、ひとりしりとり調査を実施し、母親の子どもへの働きかけを把握するために、絵本の読み聞かせの様子を観察する調査やパターンブロック調査も実施した。調査は対象児が小学校3年生になった2019年3月まで、およそ4年間継続した（**表1-1**）。

2.3 聞き取り対象者のその後を追った質問紙調査

　聞き取り対象家庭のその後の家庭・学校生活の様子などを探ることを目的に、対象児が小学2年生時点で、保護者対象の質問紙調査を実施した（インタビュー対象者86名のうち、65名が回答）。

　調査全体のスケジュールについては、以下に示す。

調査全体のスケジュール

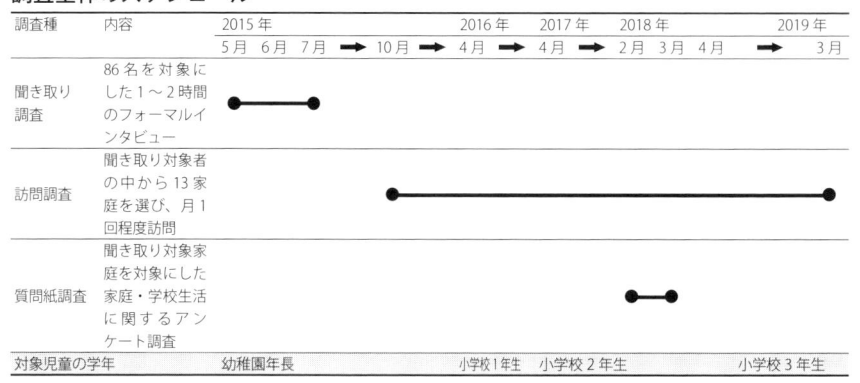

調査種	内容	2015年					2016年		2017年		2018年				2019年	
		5月	6月	7月	➡	10月 ➡	4月	➡	4月	➡	2月	3月	4月	➡		3月
聞き取り調査	86名を対象にした1～2時間のフォーマルインタビュー		●━━━━●													
訪問調査	聞き取り対象者の中から13家庭を選び、月1回程度訪問					●━━━━━━━━━━━━━━━━━━━━━━━━━━━━━●										
質問紙調査	聞き取り対象家庭を対象にした家庭・学校生活に関するアンケート調査										●━━━●					
対象児童の学年		幼稚園年長					小学校1年生		小学校2年生						小学校3年生	

3. 対象者の特徴

　今回調査の対象は、学校外教育施設や私立学校、大学などの教育機関が多い大都市圏の同じ市内に居住している、同学年の子どもとその家族である。訪問対象家庭はすべて、就学前教育機関として幼稚園を利用し、公立小学校に子どもを通わせている。長期間にわたる訪問調査を受け入れてもらえるだけのさまざまな余裕があるという点において、共働き家庭が含まれておらず（no.35の福田家はシングルマザーの母親がパートを掛け持ちしている）、また、小学校から私立を選択するような極めて教育熱の高い層も含まれていない。

　表1-2をみればわかるように、ひとり親が2家庭含まれているものの、全体としては都市部の、専業主婦である母親と稼ぎ手である父親、その子どもという核家族が中心である。地方に比べると大都市のほうが、子どもの地位達成に有利な戦略が展開できる（石川他 2011）ことから、本調査の対象者は、居住地域という点において地方で暮らす家族に比べて優位な選択を取りやすい層であるともいえる。また、X市自体は、ベッドタウンであり転勤族も多く暮らしているものの、訪問対象家庭については、長期間の調査を受け入れてもらえるという条件面での制約もあり、X市やその近郊で生まれ育った親がほとんどを占めている。

　対象となる13家庭の年収や親の学歴、職業についても表1-2に示す通りである。父母ともに大卒／院卒家庭が6家庭、高卒／専門学校卒が5家庭、ひとり親家庭のうち一つは大卒、もう一家庭は高卒である。職業については、おおむね大卒層はホワイトカラー、非大卒層はブルーカラーという対応関係がみられ、年収についても、全体的に大卒層のほうが高くなっている。

　ここで、X市全体のなかでの本書対象家庭の階層的位置づけについて確認しておこう。われわれの研究グループでは、X市の子どもたちの学力と生活の実態を把握するために、大規模なアンケートおよび学力調査を実施している。そこでは、子ども対象だけでなく、その保護者にもアンケートを実施し、家庭背景や子育ての様子について尋ねており、保護者データと子どもデータは接合できるようになっている。このデータを用いた階層と子育てや、学力との関連に

表 1-2　訪問対象家庭のプロフィール

ID	世帯類型	同居の家族	母		父		年収	実家所在地(母/父)
			学歴	職業	学歴	職業		
no.18 (橋本家)	ふたり親	父、母、姉、対象児(男児)、弟	専門卒	専業主婦	専門卒	介護福祉士	500-600万	X市近郊 / X市
no.19 (林家)	ふたり親	父、母、対象児(女児)、妹	専門卒	内職・パート	専門卒	運送会社社員(ドライバー)	300-400万	X市近郊 / A県近郊
no.27 (加藤家)	ふたり親	父、母、兄、対象児(男児)、弟、妹	高卒	パート→自営	高卒	運送会社社員(ドライバー)	300-400万	X市近郊 / X市
no.30 (田村家)	ふたり親	父、母、対象児(女児)、妹	大卒	専業主婦	大卒	会社員(栄養士)	600-700万	A県近郊 / X市近郊
no.33 (大野家)	ふたり親	父、母、兄、姉、対象児(男児)	高卒	内職・パート	高卒	現場仕事	300-400万	X市 / X市
no.35 (福田家)	ひとり親	母、兄、対象児(女児)、祖父、祖母	大卒	パート	大卒	会社員(外資系)	200-300万	X市 / 海外
no.47 (中島家)	ふたり親	父、母、兄、対象児(男児)、弟	大卒	専業主婦	大学院卒	会社員(大手金融)	1500-2000万	X市近郊 / X市
no.55 (矢野家)	ふたり親	父、母、対象児(女児)、妹	高卒	専業主婦	高卒	電気工事士	400-500万	A県近郊 / X市近郊
no.63 (松原家)	ふたり親	父、母、長姉、次姉、対象児(女児)	大卒	パート	大卒	会社員(理系研究開発)	800-900万	A県近郊 / A県近郊
no.66 (澤家)	ふたり親	父、母、対象児(男児)、妹	短大卒	専業主婦	大学院卒	会社員(理系研究開発)	900-1000万	A県近郊 / X市近郊
no.77 (花田家)	ふたり親	父、母、兄、対象児(男児)	短大卒	パート	大学院卒	会社員(通信系)	800-900万	X市近郊 / A県近郊
no.85 (高梨家)	ふたり親	父、母、対象児(女児)、妹	大卒→専門卒	専業主婦	大学院卒	会社員(専門職)	無回答	X市近郊 / X市
no.86 (斉藤家)	ひとり親	母、対象児(女児)、妹	高卒→専門中退	求職中	高卒	大工	200-300万(養育費)	X市 / X市近郊

ついての全体的な傾向を確認する分析は第 3 章で示すが、ここでは、同データを用いて、対象家庭の社会経済的背景を X 市全体の結果のなかで相対的に位置づけ、確認しておく。

図 1-1 は、小学校 1 〜 3 年生の子どもをもつ X 市の 2078 名の保護者から回答を得た世帯年収の分布に、訪問家庭の年収状況を位置付けたものである。まず、X 市全体の結果をみると、世帯年収 400 万円未満が 17.6 %、400 〜 600 万円未満が 28 %、600 〜 800 万円未満が 25.9 %、800 〜 1000 万円未満が 15.4 %、1000 万円以上が 13.1 % となっている。先ほどみた首都圏を対象としたベネッセ調査は、無答・わからないが 7.3 % いるため厳密には比較できないものの、比べてみると、X 市全体の結果のほうが、400 万円未満世帯がやや多く、それ以外については首都圏の傾向と似通った分布になっている。

訪問家庭についていえば、400 万円未満が 5 世帯、400 〜 600 万円未満が 2 世帯、600 〜 800 万円未満が 1 世帯、800 〜 1000 万円未満が 3 世帯、1000 万円以上が 1 世帯である。なお、no.85 については、調査時に世帯年収について

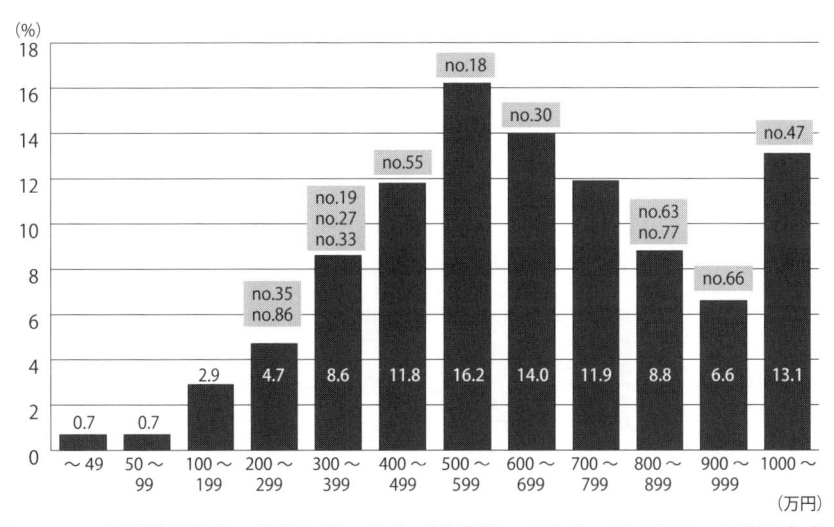

図 1-1　X 市保護者調査　世帯年収の分布（小学校 1-3 年生 <N=2078> と訪問家庭の年収分布

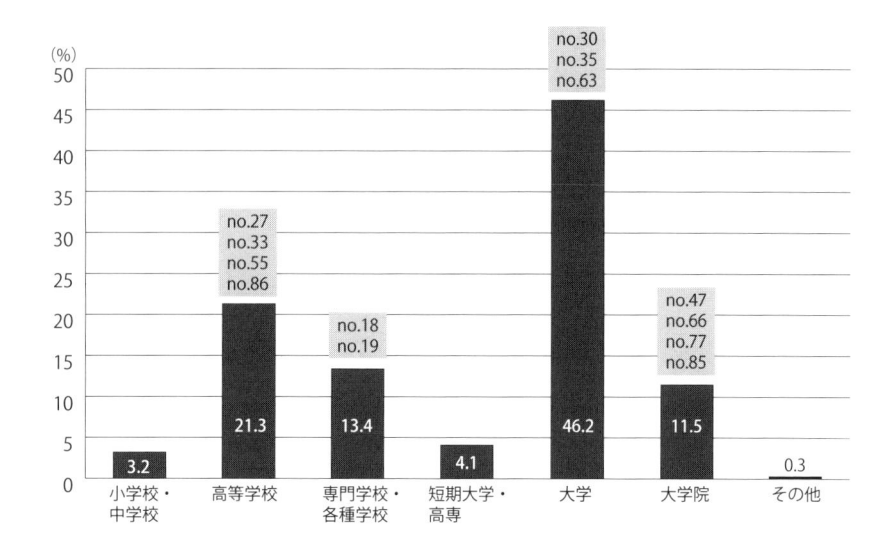

図1-2　X市保護者調査　父学歴の分布（小1-3<N=1432>）と訪問家庭の父学歴

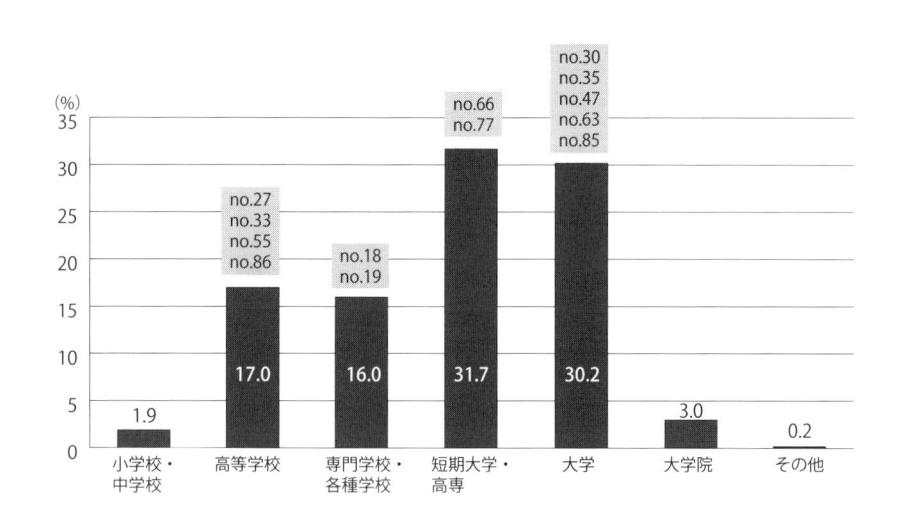

図1-3　X市保護者調査　母学歴の分布（小1-3<N=1552>）と訪問家庭の母学歴

調査者が尋ねているが、母親が家計を把握していないために不明となっている。しかし、その暮しぶりや母親の語り口からは、高い水準であることが予想される。

　次に、父親と母親、それぞれの最終学歴についてみたのが**図1-2**と**図1-3**である。まず、父学歴についてX市全体の分布をみてみると、大卒層がおよそ半数ともっとも多く、小・中・高校卒でおよそ2割、大学院卒が1割である。母学歴をみれば、大学、短大・高専卒がそれぞれ3割程度、小・中・高校卒と専門・各種学校卒がそれぞれ2割弱である。訪問家庭については、父学歴で、高卒が4家庭、専門・各種卒が2家庭、大卒が3家庭、院卒が4家庭であり、母学歴では、高卒が4家庭、専門・各種卒が2家庭、短大・高専が2家庭、大卒が5家庭である。X市全体の分布と比べると、父学歴では大学院卒が、母学歴では大卒がやや多くなっているが、全体的な傾向に比べてそれほど大きな偏りはない。このようにしてみれば、今回調査の訪問家庭には、きわめて生活の苦しい層や学歴の低い層は含まれていないものの、X市全体の傾向からみても、同年齢の子どもをもつ子育て家族の幅広い層をカバーしているといえるだろう。

　各家庭の社会経済的背景という点に関連して、もう一つの指標をもとに対象家庭の特徴を把握しておこう。それは、世帯年収と学歴をもとに作成したSES（社会経済的背景）4分類に基づくものである（**表1-3**）。この指標は、父学歴と母学歴を教育年数に換算したうえで、世帯年収との組み合わせにより各家庭の社会経済的背景を計測し、もっとも高いHighestからもっとも低いLowestの

表1-3　X市保護者調査におけるSES4分類の内訳
小1-3

SES	%	%	N	父教育年数	母教育年数	世帯年収
Lowest	23.4	17.2	511	11.6	12.9	493.2
Lower Middle	26.1	19.2	570	14.2	13.9	583.7
Upper Middle	37.2	27.2	810	16.0	14.9	724.9
Highest	13.3	9.7	289	19.4	16.3	863.5
DK.NA	-	(26.7)	796	-	-	-
合計/全体	100.0	100.0	2976	15.0	14.4	650.8

4段階に設定したものである（詳細については第3章で説明する）。これに照らし合わせると、13家庭中、Lowest に位置するのが5家庭、Lower Middle が2家庭、Upper Middle が3家庭、Highest が3家庭となっている。もちろんこれは、X市のなかでの、なおかつ、アンケート調査に回答してくれた家庭のみが対象となるなかでの、訪問家庭の相対的な位置づけということになる。しかしながら、以上のデータからもわかるように、本調査で対象とするのが、社会経済的資源に恵まれた家庭のみではないということは、おわかりいただけるだろう。

　以上、本書の対象家庭の特徴についてみてきた。それらをまとめると次のようになる。

① 全国平均に比べて、世帯年収や学歴水準の高い層が多く住む、X市の子育て世帯であること。

② 学校外教育施設や教育機関など、教育のために利用できる資源が多い、都市部の子育て世帯であること。

③ ほとんどの子どもが就学前教育機関として幼稚園に通い、地元の公立小学校に進学していること。

④ 母親のほとんどが専業主婦であり、訪問家庭については、フルタイムの共働き世帯は含まれていないこと。

⑤ 子どもを私立の小学校に進学させるような、きわめて教育熱心な層は含まれていないこと。

⑥ X市を基準にすれば、訪問家庭の社会経済的背景は Lowest から Highest にかけてまんべんなく分布していること。

⑦ しかしながら、貧困家庭などの極めて生活実態の厳しい層や、被差別部落や外国にルーツがあるなどの社会的マイノリティ家庭は含まれていないこと。

4. 訪問家庭児童の学力状況

　訪問調査時に実施したいくつかの調査のうち、算数検定と慶應学力調査、ひとりしりとりの結果をまとめたのが**表 1-4** である。三つの調査の結果を見比べてもらうとわかるように、調査内容によって結果にばらつきがあり、一貫した学力の高低を見定められるようなものにはなっていない。いずれの調査も訪問時に家のなかで、対象児のペースにあわせて実施したため、必ずしも静粛な環境でなかったり、遊びにいきたい気持ちが強くて投げやりになったりするなど、テストを受ける環境が十分に整っていなかったことが結果に影響している側面があることは否定できない。

　個別の結果に注目してみれば、no.30 はおしなべて結果がよく、no.33 は厳しいという傾向はあるものの、そのほかの子どもに関していえば、それほど明確な学力差というものは観察できない。また、普段の学習の様子などをまとめた**表 1-5** をみてもらうと、no.33 は、学校の授業や勉強に対してはまじめに前向きに取り組んでおり、コミュニケーション能力に長けた側面もみられる。

　普段の学習の様子でいえば、社会階層による違いは明確でないものの、男女の差は比較的はっきりしていることに気付かれた方もいるだろう。例えば調査時に課したテストや課題に対する取り組み方は、女子のほうがより意欲的であった。男子のなかには、集中力がなかったりやる気がなかったりする様子が観察される子どもがいる一方で、女子にはそのような様子はみられなかった。まじめにきっちりと学習する習慣があり、遊びのなかに学習的要素を取り入れるなどして楽しみながら学習するという様子は、女子のほうで強くみられた。

　いずれにしても本研究の対象児童は、小学校 1 〜 3 年生時点における学力という点に関していえば、それほど大きな差がみられず、学習意欲や学習習慣からみても、一定レベルがクリアされていると考えてよいだろう。こうした実態を受けて本書では、子どもたちの学力を支えている子育て戦略の諸相について検討していくことにする。

表1-4　対象児の学習状況を把握するための各種調査の結果

	算数検定	慶應パネル調査			ひとりしりとり	
		算数	国語	国語推論	語彙数	特徴
no.18	100	82%	50%	3/4	28	すべてひらがな。動物や食べ物の名前などの日常語のみ。「めんたま」といった話し言葉も含まれる。
no.19	95	76%	83%	3/4	24	一部カタカナあり。動物の名前など日常語中心だが、「みんぞく」「りょうし」など、難しい単語も含まれる。
no.27	50	76%	83%	3/4	18	すべてひらがな。動物や食べ物の名前などの日常語が中心だが、「こっき（国旗）」という単語も含まれる。
no.30	95	100%	100%	4/4	20	カタカナや漢字をまじえて表記。動物や花の名前に加えて、「かざぐるま」などの日常ではあまり使われない単語も含まれる。
no.33	50	71%	67%	0/4	11	すべてひらがなで日常語中心
no.35	90	76%	58%	3/4	拒否	
no.47	80	94%	75%	4/4	26	一部漢字とカタカナを使用。キャラクター名や副詞や話し言葉もあるが、国名のほか、「ろっかっけい（六角形）」や「にみり（2mm）」といった算数概念に関する語彙も含まれる。
no.55	95	88%	67%	0/4	18	すべてひらがな。動物の名前など日常語が中心。「ましまろ」、「こわら」、「こしか」など、誤字もある。
no.63	90	94%	75%	4/4	35	一部に漢字とカタカナが含まれるが、「びーる」など、正確ではない表記もある。動物の名前など日常語が中心だが、「まんと」「ちず」「ずこう」「るうと」といった単語も含まれる。
no.66	75	88%	83%	1/4	13	カタカナ表記あり。動物の名前中心だが、「きり」や「チョウオンパ」といった単語あり。
no.77	75	71%	83%	4/4	拒否	
no.85	95	76%	75%	3/4	22	すべてひらがな。動物の名前など日常語中心だが、「ぬの」「のこぎり」といった単語も含まれる。
no.86	90	65%	92%	4/4	24	すべてひらがな、動物の名前など日常語中心だが、「だんろ」「ろうや」「はいご」「こくはく」といった単語も含まれる。

表1-5　対象児の普段の学習の様子

no.18	「勉強はめんどくさい」という発言や、ゲームやお菓子といった報酬のために宿題や課題をこなす傾向がみられるものの、字のきれいさで表彰されたり、読書好きで掲示されたりしている。 学校の勉強には問題なくついていけているが、国語の文章の読み取りはやや苦手、算数は得意である。 理科が好きで特に虫に詳しく、社交的な性格であるため虫好きがきっかけで公園遊びでもだれとでも仲良くなる。 なぜ雲はあるのか、鉄はなにからできているのか、といった疑問を母親にぶつけるなど、好奇心旺盛な側面もある。
no.19	好奇心が強く勉強が大好き。学校でもきっちりと積極的に参加し、先生からも頼りにされる存在。活発で明るく友達も多い人気者。 宿題や学校準備も習慣づいており、自分でなんでも率先してできる。読書好きで習慣もあり、学校の図書館でよく本を借りてくる。 普段の遊びのなかで、自分で算数の文章題を作って解いたり、お手製の原稿用紙に小説を書いたり、手作り図鑑を作ったり、作曲をしたりと、クリエイティブな側面もある。 担任の先生が怖くて聞きに行きにくいということもあり、算数に対する苦手意識が3年生になって増してきた様子もある。
no.27	小学校入学からしばらくしたころは勉強や宿題を嫌がることもあり、適当にこなしている時期もあったが、2年生になって自分から取り組めるようになった。 調査の一環で実施したテストにも、嫌がることも過度に緊張することもなく素直に取り組み、しりとり調査はかなり楽しんでいた。 担任教師との相性が悪く、2年生の2学期から不登校状態だった。母は家でドリルをやらせるなど学校での勉強についていけるように働きかけていたが、本人のやる気はその日によって波があり、母も動機付けに苦労していた。その後学校に行けるようになり、勉強への苦手意識はあるものの前向きに取り組んでいる。
no.30	調査で課したテストも集中力を発揮し、きちんと見直しをしたうえで短時間で終わらせた。テストや勉強に対して非常に前向きで、新しいことにはなんでも楽しんで取り組む姿勢がある。学校のテストもほとんどが満点である。 漢字の書き取りなどの単調な宿題は嫌がるものの、音読が大好きで、自宅でやっている通信教材などは創造力を発揮し、楽しみながら取り組めている。 読書も大好きで、年齢から考えるとやや難しいと思えるような内容の本を、時間をかけて毎日読むことが習慣化されている。
no.33	1年生の2学期から、学習支援の教員が授業中につくことになったが、授業が面白くなったと本人は喜んでいる様子。 国語はあまり好きではなく算数は好きで、計算問題などの宿題にもしっかりと直しをし、積極的に取り組んでいる。 学校の勉強がめんどくさいという発言や、読み聞かせ調査等でも集中力に欠ける様子が見られたが、学校では積極的に発言し、読書や読み聞かせにもクラスでもっとも集中している姿が観察されている。 非常に人懐っこい性格であり、母曰く、「学力とかは別にして、そういう部分の生きていく力みたいなのは、すごいあると思うんですよ」と表現されるほど、コミュニケーションが得意である。

no.35	学校の宿題はきっちり丁寧に楽しみながら取り組み、自学自習の習慣ができている。非常に自己主張がしっかりしており、思い通りにいかない、できないことがあると機嫌を損ねがちである。社交的で、表現力も豊か、人前でも堂々とできる度胸をもっている。フランス語を完璧に話せる。本人の希望で英語も習うようになり、少し話せるようになった。読書が好きで音読も得意。大人との会話の中で知らない単語がでてくると、積極的に意味を尋ねてくる。調査者との遊びで、足し算の問題を出し合って台車で届けるというようなことを考案するなど、遊びのなかの学習にも意欲的である。
no.47	塾に通っており、2－3学年先の学習をしている。計算も得意で、1年生の時点で漢字やカタカナの読み、3桁の計算が必要となるような人生ゲームを兄と楽しむ。勉強はよくでき、対象児も自信をもっている。本人にとっては簡単なはずの学校の宿題についても、1年生から変わらずまじめに丁寧に淡々とこなしている。几帳面な性格で、時間をかけて丁寧に翌日の学校準備をひとりでする。調査の中で実施した学力テストにはあまり前向きでなく、はやく将棋がしたいために見直しもなく早々に終わらせてしまった。
no.55	勉強に対しては前向き。1年時には、自ら希望し購入してもらった問題集をやりきったり、時間のあるときには辞典を開いて漢字を覚えたりしている。学校準備も自分で行い、玄関先にランドセルを用意するようにしている。運動が得意で、母もそれを伸ばそうとしている。庭先に幼虫をみつけると、熱心に絵を描き色塗りをして遊んだり、玄関で生き物を育てたりしている。夏休みに学校から持ち帰った朝顔も立派に育ち、学校の先生の話もきちんと聞けている様子。通知表の所見欄には、「がんばりやさんです」「とっても真面目です」などと書かれている。
no.63	1年時は宿題が嫌いで泣きながらやっていたが、2年生からは嫌いながらも泣かなくなった。夏休みの宿題などは計画的に進めている。母が用意し与えている高学年用の論理問題にも意欲的に取り組み、調査で実施したブロック課題も「頭を使うのは楽しい」と前向きに取り組んだ。国語は好きだが算数が嫌いと本人は話しているが、通知表では国語が思っていたよりも悪く、算数のほうがよかった。算数検定を実施する際に、対象児は「やった！」と発言し、算数は苦手だが「テスト」には肯定的なイメージをもっている。学力テストも、制限時間ぎりぎりまで一生懸命問題をとき、きちんと見直しをすることで間違いにも気づき訂正していた。
no.66	学校の勉強に対する苦手意識はあまりなく、嫌いな科目もない。テストの際には、ひらがなで書くところを漢字で書いたりするなどのケアレスミスがあったり、問題文の読み取りと言葉を文章に当てはめて書くのが苦手な様子も見られた。塾に通っており、そこでの全国テストの結果では、国語・算数ともに平均程度であり、学校の勉強には問題なくついていけるレベルである。

no.77	1年生の最初のころは宿題を終えてから遊びに行くなど計画的だったが、徐々に遊び優先になってきた。 勉強は苦手ではないが、家で落ち着いて勉強できないため本人の希望もあり公文へいくことになった。 算数検定実施時は見直しをすることもなく、答え合わせにも関心を示さなかった。 学力調査は、始まる前はしたくないと言い張るが、やり始めると意外とできることに気づき、やりとげた。できないことへの不安が拒否反応につながった様子であった。
no.85	学校の勉強は簡単で、すでに知っていることばかりしている、テストもできて当たり前、教科書の文字数が少ないと調査者に不満を漏らしたこともある。 読書感想文賞をもらうなど、学校での勉強はおしなべて得意であり、担任教師に「塾に行っている」と勘違いされていたというエピソードあり。 学力テスト時は、過度に緊張し落ち着かない様子で取り組み、思ったようにできなかったために1時間近く泣いていた。 自分はできる、うまくやりたい、という気持ちが非常に強い。
no.86	学習に対して非常に肯定的。楽しそうに学習に取り組んでおり、好奇心も旺盛。調査の過程で実施した課題にも、いつも楽しみながら積極的に取り組んでいた。 宿題にも集中して取り組み、夏休みのワークも1日で終わらせた。 読み聞かせが大好きで、わからない言葉がでてくると、「○○ってなに？」と、問いかけてくる。 読書感想文のようなものは苦手だが、想像力を働かせて自由に作れる文章は得意なようで、物語づくり調査の際もスラスラと書いていた。 学年を追うごとに算数への苦手意識を感じ、嫌いという発言もでてきている。

❖注

▶ 1　同センターが実施している「子どもパネル調査」の分析結果については、赤林英夫・直井道生・敷島千鶴編著（2016）『学力・心理・家庭環境の経済分析 ──全国小中学生の追跡調査から見えてきたもの』有斐閣、を参照されたい。

❖参考文献

ベネッセ教育総合研究所『第 3 回　乳幼児の父親についての調査　速報版』https://berd.benesse.jp/up_images/research/Father_03-ALL2.pdf（最終閲覧日 2019.06.25）

石川由香里他著（2011）『格差社会を生きる家族 ──教育意識と地域・ジェンダー』有信堂高文社。

前馬優策（2011）「日本における『言語コード論』の実証的検討──小学校入学時に言語的格差は存在するか」『教育社会学研究』第 88 集 , pp.229-250.

敷島千鶴・直井道生・山下 絢・赤林英夫 (2011)「JHPS お子様に関する特別調査──学力テストの信頼性と妥当性の検討」樋口美雄・宮内 環・C.R. McKenzie・慶應義塾大学パネルデータ設計・解析センター編『教育・健康と貧困のダイナミズム──所得格差に与える税社会保障制度の効果』慶應義塾大学出版会 , pp 23-48.

内田伸子・斎藤有・菱山祐子（2012）「しつけスタイルは学力基盤力の形成に影響するか──共有型しつけは子どもの語彙獲得や学ぶ意欲を育てる鍵」内田伸子・浜野隆編『世界の子育て格差──子どもの貧困は超えられるか』お茶の水女子大学グローバル COE プログラム・格差センシティブな人間発達科学の創成（2 巻）, 金子書房：pp.141-154.

第 2 章

インタビュー調査からみる就学前の子育て

金南 咲季・伊佐 夏実

1. はじめに

　本章では、訪問調査に先立って実施した、就学前の子育てに関する「聞き取り調査」の分析結果についてみていく。具体的には、父母学歴と子どもの性別に着目し、子育ての階層差やジェンダー差がどのような点においてみられるのかを、習い事（第2節）、就学前教育機関の選択（第3節）、小学校に向けた準備（第4節）、読み聞かせ・読書活動（第5節）の四つの領域に分けてみていく。今回の分析では、大卒／非大卒という階層差のコントラストをより明確にするため、父母ともに短大あるいは四年制大学、大学院を卒業している「大卒家庭」42件（男児：29、女児：13）と、父母ともに中学校もしくは高等学校、専門学校（看護学校等の医療系を除く）を卒業している「非大卒家庭」15件[1]（男児：8、女児：7）のデータのみを使用し、父母の学歴が違うケースやシングル家庭については分析から除外する。

　なお、聞き取りデータには対象者の属性を、父母学歴、対象児性別、ID の順でカッコ内に示す。ID については、聞き取り調査への参加申し込み順に番号を振っており、その中には調査が実現しなかったケースも含まれている。そのため、実際の対象者人数よりも大きい数字表記が含まれている。

2. 習い事

　はじめに、就学前の子どもたちの習い事の実態についてみていくことにしたい。具体的にここでは習い事の数、種類、費用、選択理由の順に確認していく（以下では、対象家庭の少なさを考慮し、割合ではなく実数で表を作成している）。

　まず、幼稚園（保育園）年長時点での子どもの習い事の数をまとめたのが**表2-1**である。習い事をしていない子どもの数は、大卒男児で4/29件、大卒女児で2/13件、非大卒男児で0/8件、非大卒女児で2/7件であり、全体的に1〜2個程度は習い事をしている子どもが多いことがわかる。ただし、3個以上習っている子どもは大卒家庭に限られている。

　続いて次の**表2-2**は、習い事の種類を示したものである。スイミングや体操、学習系の習い事をしているケースが全体的に多く、特にスイミングは、大卒男

表2-1　1人あたりの習い事数

習い事数	大卒男児 (29)	大卒女児 (13)	非大卒男児 (8)	非大卒女児 (7)
0	4	2	0	2
1	7	6	4	1
2	11	3	4	4
3	6	2	0	0
4	1	0	0	0

出典：著者作成（以下同様）。

表2-2　習い事の種類

習い事種類	大卒男児 (29)	大卒女児 (13)	非大卒男児 (8)	非大卒女児 (7)
スイミング	15	3	5	0
体操	7	2	1	2
学習系	14	6	3	4
ピアノ	1	2	1	2
サッカー	7	0	1	0
バレエ	0	2	0	1
その他スポーツ	6	0	0	0
囲碁・将棋	1	1	0	0
工作	1	0	0	0
造形	0	0	1	0

児の場合で 15/29 件、非大卒男児で 5/8 件と多くの男児が選択している。スイミングは一般的に、幼少期の習い事として人気が高いが、特に X 市では、義務教育段階で水泳に力を入れていることが知られており、後述するようにその準備も兼ねて幼稚園のあいだから習わせる家庭も多くみられた。

　次に、習い事にかかる費用の 1 カ月の平均額については、習い事の数が最も多い大卒男児が 9220 円、次いで非大卒女児が 7000 円、大卒女児が 6409 円、非大卒男児が 5714 円となっている。通常、ピアノやバレエといった女児に選択されやすい習い事は費用がかさむため、男女で比較すると女児の学校外教育費が高くなる傾向にあるが、今回の調査では、大卒男児の教育費が最も高いという結果となった。

　また習い事の提供場所としては、「通園している幼稚園」との回答が多く聞かれた。特に私立幼稚園は、多種多様な習い事を手頃な価格で提供している場合が多く、それらを利用している家庭が多くみられた。今回の調査家庭の多くが 1 ～ 2 個程度の習い事をしていた背景には、こうした幼稚園教育の影響があると考えられる。そのため、世帯収入に大きく影響を受ける習い事の数は、幼稚園卒業に伴って大きく整理されていく可能性があるといえる。

　続いて習い事の選択理由についてみていこう。先行研究では、大卒以上の母親は、習い事の意義に自覚的であり、意識的に選択を行う傾向がみられることが指摘されている（本田 2008）。今回の調査でも、習い事の数や種類に比べると、選択理由において父母学歴による違いが顕著にみられた。

　まず、学歴を問わず共通に聞かれたのは、先述の「幼稚園で提供されているから」や「母親自身の幼少期の経験に基づいて」「体力づくりや健康を意識して」「子どもの友だちやきょうだいがやっているから」という理由であった。一方で非大卒家庭と比べた際にみられる大卒家庭の特徴としては以下の二点があげられる。一点目は、子どものやりたいことを尊重しつつも、ある程度の方向づけが親によって行われているという点である。

　※（調査者、以下同様）：英語と体操を習わせようと思ったのはなんですか？

　A（対象者、以下同様）：なんていうかな、私も以前留学していたことが

あって、それでやっぱり早い時期からやっていた方が、楽しめるしいいかなぁと思って。今、英語を使う仕事ってめちゃくちゃ多いでしょ？　何でもいるかなぁと思って、だからこそ早いほうがいいかなと思ったんですよ。特別な言葉じゃなくなってきてるんで、英語が。

（大卒男児 90）

※：これだけは守らせたい、とか家で決めてらっしゃることはありますか。
A：特にないですね、やることやって……やることっていうのはこの子の場合は公文の宿題なんですけど。ただ習い事もやりたいものだけ……一応、私がやらせたいものを聞いて、（子どもが）選んで。やることやって、残った時間で精いっぱい遊んでほしいな。

（大卒男児 47）

このように、母親たちは子ども自身が楽しんで取り組むことを大切にしていたが、程度の差はあれ意図と計画性をもって、望ましいと考える方向へと導いていく側面がみられた。同様に、習い事をさせていない場合においても、母親たちは意図と計画性をもって「あえて今はさせない」という方針に基づいて選択を行っていた。

※：公文とかよくお聞きするんですけど、そういうふうなのは？
A：そうですね、やってないですね。できれば、小学校入ってからお勉強は頑張ってほしいなと思ってるんで。
※：おうちでやっておられることってありますか。
A：お勉強ですか。今までドリルみたいなのやったことなかったです。なんか今すごい早いじゃないですか。ちょっと迷うところなんですけど、そんなに急がなくてもいいのかなという方針で。

（大卒女児 73）

無理やり自分が親に色々とやられたので、ピアノと習字と英語と。（…………）今ちょっと年長になってから英語を自分が教えているんです

けど、子どもには歌を聴かせたり踊ったりさせてて。教育方針は、夫もいろいろ習い事をやらされていたという感覚で途中でやめたいってなりましたので。好きというわけでもなく、やめると親が怖いという感じで。だから子どもに関してはあまりやらせないというのが二人の考えでして。今のところは年長でもさせる予定はないですね。

（大卒女児30）

このように、大卒家庭では子どもの意思を尊重し、楽しく取り組めることに重きを置きながら習い事の頻度や種類を吟味している様子がみられたが、それと同時に、親の意向もうまく取り入れながら、自身の教育方針に沿って子どもたちを方向づけていく側面もみられた。

二点目は、大卒家庭の特に男児において、小学校生活との接続を意識した習い事の選択が行われている点である。

X市は水泳が厳しいって聞いたので、小学校入って泳げなかったらかわいそうかなって思って。なんせ、できないと思って劣等感じたら引きずるじゃないですか。ある程度はできるようになったらなって。あと、よく風邪をひいていたので強くなるためにも。

（大卒男児88）

対象家庭では先述のとおりスイミングを習う男児が多くみられたが、その選択理由として「体力づくり」だけでなく、上の語りにみるように、「X市の小学校では力を入れていると聞いたので」といった理由をあげる割合が、大卒男児でとりわけ多くみられた。同様に、学習系の習い事として比較的多く選択されている公文についても、小学校進学後の学習環境に慣れさせておきたいといった理由が挙げられていた。

（公文を習わせている理由として）他の子がいるところで自分のペースで勉強できるかなーっていうのが。小学校行くとね、いろんな子がいて勉強しなきゃいけないし。気が散ってばかりだとね、やっぱり。

（大卒男児 67）

　このように、大卒男児の親は他の層に比べて、卒園後の学校生活を意識しながら、その準備につながるような習い事を選択している傾向がみられた。

3. 就学前教育機関の選択

　習い事同様、就学前教育機関をどこにするのかという選択は、特に X 市のような都市部ではさまざまな特色をもった選択肢があるため、親にとっては悩ましいものである。ここでは、親たちがどのような基準や意識のもとで就学前教育機関を選択しているのかについてみていくことにする。対象家庭がインタビュー当時に利用していた就学前教育機関は、幼稚園が 52 件、保育所が 5 件であった。保育所は親が共働きであるという事情から選択される場合がほとんどであるが、幼稚園を利用している場合は選択基準は多様であった。以上を踏まえて以下では幼稚園に絞り、公立か私立かという選択に焦点を当ててみていくことにしよう。

　まず、公立幼稚園を選択している家庭はすべて、家から一番近い幼稚園に通っていた。公立幼稚園では親の送迎が必須であり、徒歩や自転車での通園が一般的である。一方、私立幼稚園では、幼稚園バスを利用することで離れた地域からも通園している傾向がみられる。

　日本全国の幼稚園数は、国立 49 園・公立 3737 園・私立 6688 園で、私立の割合が 63.9％である。在園者数でみると、国立 5330 人、公立 18 万 6762 人、私立 101 万 5792 人で、私立の割合が 84.1％となっている（文部科学省 2018）。私立幼稚園の割合が多い理由としては、設備が整っていることや特徴的なカリキュラムが人気につながっていること以外に、自治体によっては公立幼稚園が非常に少ない（場合によっては一つもない）地域があるという事情も関わっていると考えられる。一方、調査対象の X 市には、公立幼稚園が 13 園、私立幼稚園が 13 園あり、園の数としては半々である。ただし在園児数でみると、公立幼稚園が 1057 人、私立幼稚園が 3625 人で、私立の割合が全国平均とほぼ変わらない 77％と、公立より私立幼稚園に子どもを通わせる割合が高くなってい

表2-3　幼稚園（公立・私立）および保育所の選択

	大卒男児 (29)	大卒女児 (13)	非大卒男児 (8)	非大卒女児 (7)
公立幼稚園	7	2	5	4
私立幼稚園	19	10	2	3
保育所	3	1	1	0

る（X市ホームページ）。

　表2-3からは、本章の対象家庭においては非大卒家庭より大卒家庭、また男児より女児の家庭において私立幼稚園を選択する割合が高いことがわかる。またインタビューからは、公立幼稚園では定員割れをしている場合も少なくないのに対し、人気の高い私立幼稚園では入園が難しい実態があることも浮かび上がってきた。

　私立幼稚園の選択理由としては、「園の教育方針に賛同した」「3年保育やバス送迎、預かり保育がある」「幼稚園内でできる習い事が充実している」などが多く聞かれた。一方、公立幼稚園の場合は、公立小学校と同じく一番近い幼稚園に通うことが決まっているためか、「積極的にここを選択した」という語りはほとんど聞かれなかった。しかし、「毎日親が送迎をするため、子どもや園の様子がよくわかる」「X市の"のびのび保育"の方針が子どもに合っている」など、親の満足度は概して高い様子がみられた。

　他方、私立幼稚園を選択した家庭では、前節でもふれたように、幼稚園が終わった後に追加の費用を払って、園内で行われる体操・サッカー・英語などの習い事をさせているケースが多い。こうした園内の習い事に対しては、「幼稚園外での習い事に連れていく時間や労力を考えると非常に助かる」「安全面でも心配がない」「子どもの帰宅が遅くなるのでその分、家でゆっくりできる」といった肯定的な評価が多く聞かれた。また、私立幼稚園では小学校を意識した働きかけも多く行われており、しつけの厳しさに大きな魅力を感じて選択したという家庭も少なくなかった。

　　大体（幼稚園で）<u>英語をやってるところは、教育に厳しいところだと</u>思ってるんですよ。……っていう基準で幼稚園を選んで。で、実際厳しいです。すごい厳しいです（笑）。

（大卒男児 54）

　　この幼稚園は PTA とかもなくて、でもしつけはすごいしっかりしてるって有名で。なんやろう、厳しいってとるか、しっかりしてるってとるかは、人によって違うでしょうけど。<u>まぁしっかりしてて、小学校に行っても恥ずかしくないようにって感じになってます。</u>

（大卒女児 89）

　「小学校に行っても恥ずかしくないように」といった語りは、幼稚園を選択する時点で、その後の学校生活を意識した選択が行われていることを示している。このように、幼稚園を学校教育に向けた準備機関として捉えて慎重に選択する様子は大卒家庭において強くみられた。

4. 小学校に向けた準備

　それでは、小学校生活に向けた準備は具体的にどのように行われているだろうか。ここでいう「小学校準備」とは、ランドセルの準備や小学校 1 年生の学習内容の予習といった狭義の準備だけでなく、日々の学習習慣の形成なども含めた広義のものである。インタビューの際に「聞き取れていない／詳細不明」を除く有効なデータ件数は、大卒男児が 28 件、大卒女児が 11 件、非大卒男児が 6 件、非大卒女児が 7 件であった。

　調査家庭では、小学校準備を一切行っていないという家庭はみられず、いずれの家庭においても、「お風呂やトイレにひらがな表や日本・世界地図を貼っている」「市販の教材や幼稚園で使用しているドリルを使って読み書きや計算練習をさせている」「迷路やブロックといった知育遊びを取り入れている」といったように、何らかの取り組みが行われていた。ただし、どの程度それらに積極的に取り組んでいるかについては、父母学歴と子どもの性別によって差がみられた。

　なかには、「幼稚園帰宅後や就寝前に毎日、母が横について文字や算数ドリルに取り組ませている（非大卒男児 4）」「幼稚園帰宅後から大体 15 時まで、通

信教材に自分で取り組ませている、また母が自分で英語を教えている（大卒女児73）」「通信教育（Z会）を続けている。また月2回ほど本屋に行くので、そこで本人の好きなドリルを買い与え、就寝前か朝にやらせている（大卒男児88）」といったように、小学校を意識しながら熱心に学習に取り組んでいる家庭もみられた。こうした「小学校準備に積極的な家庭」は、大卒男児で14/28件、大卒女児で5/11件、非大卒男児で4/6件、非大卒女児で2/7件みられた。

　続いて、インタビューで「あえて積極的な準備や勉強をさせない／させすぎないこと」や「のびのびと育てること」を重視しているとの語りがみられた家庭は、大卒女児において6/11件と最も多く、大卒男児の8/28件や、非大卒女児の1/7件と差がみられた。具体的な語りとしては、「楽しいというものを今は与えたい。切り貼りをしたりかるたをしたり間接的に楽しんで学習してもらって、自分で将来何かやりたいと思った時にやってもらえばというアプローチ。習い事は勇気がいるがあえてやらない（大卒女児30）」「習い事をさせないとか、やりたいことをやりたい時にやらすというのを今は大事にしている（大卒女児73）」といったものである。このように大卒女児においては、自覚的に「あえて」積極的な準備をさせていないという家庭が多くみられた。

　また、「楽しんでやらせる」（「本人が楽しんでやる」という語りも含む）ことを重視する語りについても父母学歴・子どもの性別によって差がみられた。こうした語りは、大卒男児で13/29件、大卒女児で4/11件に対して、非大卒男児で1/6件、非大卒女児で0/7件みられた。

　　こっちが（勉強を教えようと）必死になると多分嫌になると思うんですよ。だから週末にさりげなくBGMが英語だったり、子どもが好きな英語の歌だったり、トイレにアルファベットの表を貼ったり、朝の挨拶を英語で言ってみたりだとか。そういう感じでなるべくさりげなく取り入れて。勉強っていう感じでは入れたくないので。（……）別にそれ（市販の学習教材）も毎日やりなさいとか、口うるさく言いたくはないですし。嫌いになられるのが一番怖いので。嫌になられないように、無理しないように。

（大卒男児49）

　ひらがな表はお風呂に貼るやつをいただいたので。使いすぎて使えなく
なったんですけど、でもそれですごく覚えて読めるように。そこに数も書
いてあったので勝手に覚えてくれてよかったかな。お風呂に「おもちゃの
金魚いくつ入れてー」とか言って遊びながらやったり。あとはひらがなの
本とか練習というか、なぞるようなのとかすごろくとか、知育になるんで
すかね。とにかくなんでも楽しくやってほしいなと思ってるので。

（大卒女児 61）

　（DVD 映像と連動した図鑑や漢字の絵本など楽しく学べるものを）本屋で私
が勝手に買ってくる。本人が興味をもった時に、地図のパズルだったりと
か、漢字の「木」と「大」って一本棒があるかないかだけだよね、とか。
勉強っていうより、聞かれた時に教えたり、クイズっていう感じで。a は
どれ？　とか。（……）そんな教えてるわけじゃないけど、ひらがなカタ
カナは読めるようになって、アルファベットは多分わかってて。

（大卒男児 26）

　さらに、以上のような「楽しんで学習に取り組んで欲しい」という親の志向
性のもとで、とりわけ大卒男児においては、子ども自身が主体的に学習に取り
組んでいる様子が伺われた。「小さい頃から数字とか計算も大好きで、車のナ
ンバープレートもすぐ覚える。学ぶことに好奇心旺盛。漢字を読んだり、日本
地図も覚えていて都道府県の名前なども全部言える（大卒男児 88）」といった
ように、子どもたちのあいだには 5 歳時点で既に、学習的な事柄に対して「楽
しい」という感覚を抱き、主体的に取り組む姿勢を有しているかどうかという
点において差がみられることが示唆されていた。

5. 読み聞かせ・読書活動

　最後に、「絵本の読み聞かせ」や読書活動についてみていくことにしたい。
昨今では、幼稚園や健診・相談の場で、読み聞かせが親子間のコミュニケー
ションや語彙力の向上のためにも重要であるとの情報が親に伝えられることや、

子どもが幼稚園から定期的に本を借りてくることも多い。そのためか調査家庭では、子どもに読み聞かせをしたことがないという家庭はみられなかった。ただし、その頻度や内容については、父母学歴や子どもの性別によって差がみられた。

まず**表 2-4** は、読み聞かせの頻度を示したものである。「定期的」とは、少なくとも1日1冊、「準定期的」は、週に2〜3回、「ランダム」は、月に1回程度や子どもが読んでほしいといった時だけ読むという場合を指す。

表 2-4　読み聞かせの頻度

	大卒男児 (29)	大卒女児 (13)	非大卒男児 (8)	非大卒女児 (7)
定期的	9	7	0	1
準定期的	4	1	4	4
ランダム	16	5	4	2

表からもわかるように、大卒家庭では非大卒家庭と比べて、読み聞かせの頻度が高く、意図的・計画的に読み聞かせをしている家庭が多くみられた。また女児と比べて男児では、「好きではないみたいで、読んでいても『もう終わり』『違うことして遊ぼう』と本を閉じられてしまう（大卒男児 54）」、「読んでも閉じられるか、読めていないのに次のページに進もうとされる（非大卒男児 4）」などと、読み聞かせをすること自体への難しさが語られることも多く、読み聞かせをしようとする親の意思がうまく実現していない様子が伺われた。

また、読み聞かせをあまりしていない「ランダム」に振り分けられる家庭では、「第一子にはよくやっていた」「（対象児が）小さい頃はよくやっていた」「子どもが自分で読めるようになったのでもう読み聞かせはしていない」など、第二子以降で頻度が減ったり、子どもの成長とともに自然とやめていく傾向がみられた。

続いて**表 2-5** は、図書館を利用する頻度を示したものである。「聞き取れていない／詳細不明」を除く有効なデータ件数は、大卒男児が21件、大卒女児が9件、非大卒男児が4件、非大卒女児が6件とデータ件数が少ないものの、結果からは大卒家庭は非大卒家庭に比べて図書館に「よく行く」傾向があることが示されている。

表 2-5　図書館の利用頻度

	大卒男児 (21)	大卒女児 (9)	非大卒男児 (4)	非大卒女児 (6)
よく行く	14	4	0	1
たまに行く	4	2	1	3
ほとんど行かない	3	3	3	2

　最後に本の内容と読書環境についてもみておこう。インタビューの結果から
は、大卒家庭では非大卒家庭に比べて、本の選択にある程度介入を行っている
様子がみられた。たとえば非大卒家庭では、「『アンパンマン』ばっかり借りて
きて心配。また『アンパンマン？』みたいな感じで。で、ざっと読んで返して、
そしたらまた『アンパンマン』借りてくる感じで（非大卒女児 2)」「乗り物図
鑑を借りてくることも多くて、読み聞かせしたい時も図鑑ばっかりだったり
もする（非大卒男児 37)」など、子どもの借りてくる本が、母が期待するよう
な「物語系」ではなく、キャラクターものや視覚的情報に焦点を当てたものに
偏っていることがしばしば指摘されていた。一方で、大卒家庭では確かに同様
の語りも聞かれるものの、そうした場合にも、「ヒーローものが好きだがそれ
はあまり読まないようにしている」など、ある程度親による介入が行われ、選
書が子ども任せにならないように気を配っている様子がみられた。
　そのほか、本を身近に感じさせたり自然と手に取って読むことができるよう
な環境を意図的に整備している様子も、大卒家庭の特徴としてみられた。

　　絵本は、（対象児の）お兄ちゃんの時に結構いっぱい買ったのをずっと
　手の届くところに並べるようにはしています。お兄ちゃんの時にはすごい
　やったんですけど、この子は図書館で借りてきた本を（子どもが自分で）
　消化しきれない時しか読み聞かせはしていないですね。（子どもが自分で読
　む場合も含めて）週に 3〜4 冊読めばいいかなって。

（大卒男児 47）

　A：絵本の読み聞かせは毎日です。私が読むよって言ったら集まってきて。
　　本棚からとか、あとは図書館で借りてくるんです、私が毎週必ず行っ
　　て。図書館すごい好きで。週に 1 回は必ず行って、絶対手の届くと

<u>ころに本を置くようにしたんですよ、必ず。</u>もうリビングのここに積むって決めてるところがあって。ほんで毎日、そっから1冊ずつ持っておいでーとかっていうふうにしてたんですけど。

※：そうですか。それはなんでそういうふうにされようと思ったんですか？

A：<u>自分がめっちゃ本が好きで。本当に、図書館の本ほぼほぼ全部読んだんちゃうかっていうくらい読んでるんで。自分の本を借りに図書館に行くじゃないですか？　で、子どもの本も置いてたら子どももみるかなぁと思って積んでると、暇やったら本開くんで。</u>（……）それはずっと続けてて。そしたら勝手にペラペラみて、いつも瞳をキラキラさせて聞いてくれるので。

（大卒男児 39）

　上の語りにもあるように、父母自身が本好きであるとの語りや、絵本の読み聞かせを「子育ての楽しみ」に挙げる語りも、大卒家庭において多く聞かれた。

6. おわりに

　本章では、就学前の子どもをもつ親へのインタビュー調査から得られたデータをもとに、「習い事」「就学前教育機関の選択」「小学校に向けた準備」「読み聞かせ・読書活動」を取り上げ、父母学歴と子どもの性別による差異について分析を行った。

　習い事については、概して非大卒家庭に比べて大卒家庭において、就学前から子どもにさせるケースが多く、費用も高くなっていた。特に大卒男児においてそうした傾向が強くみられ、習い事の種類についても小学校との接続を意識するなど、本人の意思を尊重しながらも意図的な選択が行われている様子が特徴としてみられた。幼稚園選択についても同様に、非大卒家庭よりも大卒家庭において、幼稚園を学校教育に向けた準備機関として捉えて多面的且つ慎重に検討している様子がみられた。小学校生活に向けた具体的な準備については、全く準備をしていないという家庭はみられず、いずれの家庭においても、学習

材を用意したり、遊びのなかに学習の要素を取り入れるなど何らかの取り組み
を行っていた。しかしその程度については大卒家庭と非大卒家庭のあいだには
違いがみられ、前者の方がより積極的に準備を行っている傾向がみられた。ま
た子ども自身が「楽しんで取り組むこと」を重視しているとの語りは、非大卒
家庭ではほとんど聞かれず、大卒層に特徴的なものとしてみられた。

　このような「楽しさ」に関する語りを解釈するにあたっては、片岡（2009）
が、子どもに小中学受験をさせた経験をもつ母親像の類型の一つとして提示し
ている「勉強ハビトゥス再生産型」の母親像が参考になる[2]。「勉強ハビトゥ
ス再生産型」の母親は、自らが有名大学を出た高学歴主婦もしくは専門職の
母親であり、「勉強が好き」という特徴をもつゆえに、「子どもにも勉強好きに
なってほしい、そうすれば子どもが自分で自分の将来を選ぶ可能性が広がるか
ら」と考え、子どもの自立性を重んじつつ、子どもの知的発達を重視した学校
選びをする傾向があるという。本章の対象者のなかには、早期受験を目指すよ
うなタイプはほとんどいなかったため、片岡が提示する母親像とはやや異なる
側面はある。しかし、大卒家庭の母親のなかには、勉強の「楽しさ」を感じる
経験をしてきたがゆえにその感覚を子どもに継承しようと、子ども自身が勉強
に対して「楽しい」という肯定的な感情をもって主体的に学習に取り組むこと
ができるような働きかけを意識的に行う層が存在している。内田・斎藤・菱山
（2012, p.152）は、「子どもも大人も『楽しい』『うれしい』『わくわくする』よ
うな気分のときに学ぶ力が最大になる」と述べているが、こうした「楽しさ」
を重視した日々の体験の積み重ねは、長期的にみても子どもたちの学力と無関
係ではないだろう。

　最後に「絵本の読み聞かせ」については、非大卒家庭に比べて大卒家庭にお
いて、また男児に比べて女児において、読み聞かせの頻度や習慣化されている
割合が高くなっていた。また、「選書に関してある程度親が介入を行う」「子ど
もが本を身近に感じたり、手に取って読みやすい環境を整備する」「親自身も
読書が好きで絵本の読み聞かせが子育ての楽しみの一つになっている」なども、
大卒家庭の特徴としてみられた。「絵本の読み聞かせ」をはじめとする親子の
日常的な関わりは、親子の関係性や、子どもの将来的な学力の基盤となる語彙
力やリテラシー（読み書き能力）などとも密接に関わるものと指摘されており

（浜野・内田 2012）、そのあり方は長期的に子どもに影響を及ぼしていくものと考えられる。

　以上、本章の知見からは、就学前の子育てのいくつかの側面について、父母学歴と子どもの性別による差異がみられることが示された。本章の知見をまとめれば、概して非大卒層と比べて大卒層において、学校教育との接続を意識した意図的で計画的な子育てが行われており、ある部分ではジェンダーによる違いも交差しながら、子育ての階層差が明確に浮かび上がる結果がみられたといえる。とはいえ、以上は限られた対象に対する一時点のインタビュー調査の結果である。より長期的な視点から明らかとなる、子育てにおける階層とジェンダーの複雑な様相については、本書第Ⅱ部以降でより詳細にみていくことにしたい。また次章では、こうした子育ての階層差と子どもの学力の関係性について、小学生を対象とした統計データを用いて検討していく。

※本章は、伊佐夏実、前馬優策、敷田佳子、志田未来、野崎友花、金南咲季、上田勝江、坂本有貴、山田哲也、堀家由妃代著による「第2章 学力格差形成プロセスにおける家庭教育の影響」『学力格差の実態把握と改善・克服に関する臨床教育社会学的研究：第一次報告書』（研究代表者：志水宏吉、平成27年度日本学術振興会科学研究費補助金（基盤研究（A）、課題番号 26245078））の分析結果をもとに、内容を抜粋・修正したものである。

❖注

▶ 1　第1章で示したように、聞き取り対象者のうち父母ともに非大卒家庭の総数は16だが、1家庭については対象者が日本語を母語とせず、データに不十分な点が多いため分析から除外した。

▶ 2　その他の類型として、「代理競争型」「苦労回避型」「身分文化再生産型」「他者同調型」が挙げられており、「勉強ハビトゥス再生産型」を含む五つを、子どもに早期受験をさせる典型的な母親像として提示している。なかでも「勉強ハビトゥス再生産型」は、母親自身が受験競争の「勝ち組」であり、子どもに勉強だけでない多面的な活動機会を与えるとともに、母親が自身の生きがいを追求するといった特徴がみられるという。

❖参考文献

浜野隆・内田伸子（2012）「幼児期における読み書き能力の獲得過程とその環境要因の影響に関する国際比較研究」『お茶の水女子大学人間発達教育研究センター年報』第4巻，pp.13-41.

本田由紀（2008）『「家庭教育」の隘路──子育てに強迫される母親たち』勁草書房。

片岡栄美（2009）「格差社会と小・中学受験──受験を通じた社会的閉鎖、リスク回避、異質な他者への寛容性」『家族社会学研究』第21巻第1号，pp. 30-44.

文部科学省（2018）「平成30年度　学校基本調査」https://www.e-stat.go.jp/stat-search/files?page=1&toukei=00400001&tstat=0000010115282016/3/31（最終閲覧日 2019.08.22）

内田伸子・齋藤有・菱山侑子（2012）「しつけスタイルは学力基盤力の形成に影響するか──共有型しつけは子どもの語彙獲得や学ぶ意欲を育てる鍵」内田伸子・浜野隆編著『世界の子育て格差──子どもの貧困は超えられるか』金子書房，pp.141-154.

第3章

統計データからみる
子育てと学力

X市における学力・アンケート調査から

中村　瑛仁

1. はじめに

　本章ではX市の保護者への質問紙調査から、X市全体の子育ての実態や、学力格差の状況などを概観していく。

　子育ての実態といっても、子育てのやり方は家庭によってさまざまである。その多様な違いを把握する上で有効なのが、家庭の社会階層である。これまでの研究でも、家庭の世帯収入や保護者の学歴といった指標から家庭の社会階層を把握し、子どもの学力格差の実態やその背景として保護者の養育行動が検討されてきた（国立教育政策研究所編 2016; お茶の水大学 2018）。

　家庭の収入や保護者の学歴によって、家庭の子育ての仕方に違いがでてくることは多くの人が予想できるだろう。では、実際にどのような行動や意識に違いがみられるのだろうか。社会階層ごとに、その特徴はどのような違いがあるのだろうか。また小学校低学年時点でそうした子育ての違いは、どの程度みられるのだろうか。

　ここでは保護者への質問紙調査から得られたデータを用いながら、X市全体の子育ての傾向や特徴を描いていく。分析では、都市部における子育ての実態とともに、家庭の社会経済的な背景による子育ての違いや子どもの学力格差を

検討する。

2. データの概要とX市の特徴

　本章では、関西圏X市公立小学校の保護者に行った質問紙調査を用いる[1]。調査はX市のすべての公立小学校（32校）を対象に、小学校2年生の子どもをもつ保護者に質問紙を配布した。保護者質問紙とともに、子どもへの学力調査、質問紙調査も学校経由で実施された。各調査のサンプル数と回収率は**表3-1**の通りである。分析では主に保護者質問紙のデータを用いるが、適宜子どもの学力データや質問紙データも併用していく。

　本章で用いるデータは、本書のフィールド調査が対象とする家庭の一学年上の家庭が対象となっていることに留意されたい。学年がずれている理由としては、X市で同様に実施した学校フィールド調査との関係で、今回は学校調査を優先して調査設計をしたことによる。こうした留意点はあるものの、本データからは事例研究では把握しにくい、X市全体の子育ての傾向や家庭の基本的な特徴を捉えることができる。特に小学校低学年のデータは貴重なため、本章ではこのデータを用いてX市の子育ての特徴を探っていく。

　分析では、全国学力調査の追加分析の際に使用された「社会経済的背景指標」（以下SES（Socio-Economics Status）と表記）を用いて、家庭の社会階層を把握する（お茶の水大学　2018）。SES指標とは、保護者調査から得られた「父親学歴」「母親学歴」「世帯年収」を合成し、得点化して作成されたものである[2]。SESのポイントが高いほど、両親の学歴が高く世帯収入が多い家庭であることを示すことになる。分析ではSES指標を四分割して（社会階層「上位」「中上位」「中下位」「下位」）用いている[3]（図表では、SES「Highest」「Upper Middle」「Lower Middle」「Lowest」と表記）。

　次にいくつかの指標から、X市の子育て世帯に関する基本的な情報や地域性を確認しておきたい。まずアンケートに答えた保護者の平均年齢は、父

表3-1　保護者調査のサンプル数

	サンプル数	回収率
保護者質問紙調査	2221	80.6
子ども学力調査	2669	96.8
子ども質問紙調査	2668	96.8
全児童生徒数	2757	

出典：X市データより著者作成。

41.2 歳、母 39.5 歳とやや高めである。各家庭の子ども数は「１人」13.7%、「２人」53.9%、「３人」26.9%、「４人以上」5.4%と、「子ども２人」の家庭が最も多い。子どもの数の平均をとると 2.25 人となり、全国の平均（1.69 人）と比べても子どもの数はやや多い[4]。

次に家族形態と父母の職業をみてみよう。家族形態については、両親のみの核家族家庭が 83.8%と最も多く、全国と比べても核家族の割合は多い（**表3-2**）[5]。一方ひとり親家庭も、さまざまな形態を合わせると 7.5%と、一定数確認することができる。父母の就業形態については、「正職員＋専業主婦（主夫)」の家庭が 35.6%、「共働き（正職員＋非正規等）」家庭が 31.4%と全国と類似した分布となっている（**表3-3**）[6]。

さらに世帯年収と父母学歴をみてみよう。世帯年収については、500 〜 599万円が 16.2%と最も多くなっている。分布をみると、1000 万円以上の家庭が13.1%と相当数いる一方、300 万円以下の低所得世帯も 9%と一定数いることがわかる（**図3-1**）[7]。次に父母の学歴を確認すると（**図3-2**）、父学歴では大卒が 46.2%、大学院卒が 11.5%、母学歴では短大・高専が 31.7%、大卒が30.2%となっており、同世代の全国の学歴構成と比べると高学歴の保護者が多い[8]。

就学前教育の利用については、「保育園のみ利用」32.5%、「幼稚園のみ利用」61.5%、「保育園＋幼稚園両方利用」5.6%、「どちらも利用なし」0.4%、と全国と比べても「幼稚園のみ利用」が多くなっている[9]。職業形態の数値と多少ずれるものの、子どもが小学校にあがった後に復職する層が一定数いる

表3-2　家族形態

		%	N
両親あり	両親のみ（核家族）	83.8	1861
	両親＋祖父母世代	5.3	117
ひとり親	ひとり親家庭（母）	5.4	121
	ひとり親家庭（父）	0.7	15
	ひとり親＋祖父母世代	1.4	30
その他		2.3	50
不明		1.2	27
合計		100	2221

出典：Ｘ市データより著者作成。

表3-3　父母の就業形態

	%	N
共働き（父母共に正職員）	14.9	332
共働き（正職員＋非正規等）	31.4	697
正職員＋専業主婦・主夫	35.6	790
自営業家庭	8.8	195
その他	2.7	60
不明	6.6	147
	100.0	2221

出典：Ｘ市データより著者作成。

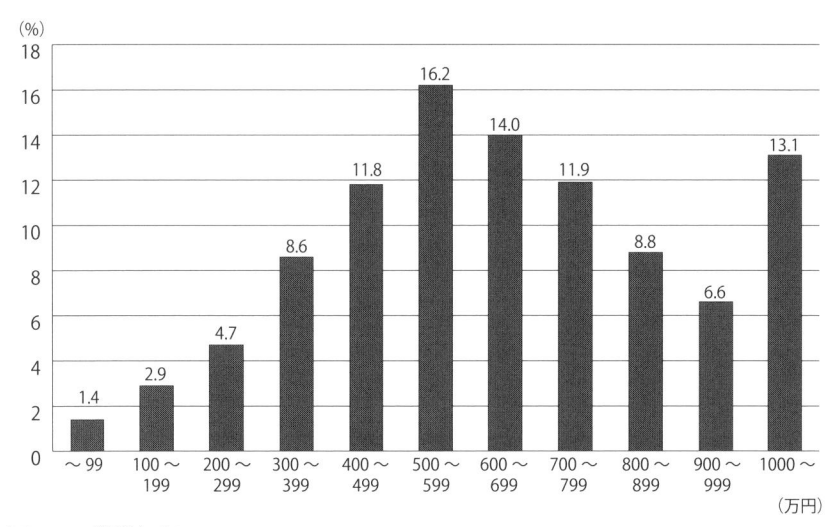

図 3-1　世帯年収
出典：X 市データより著者作成。

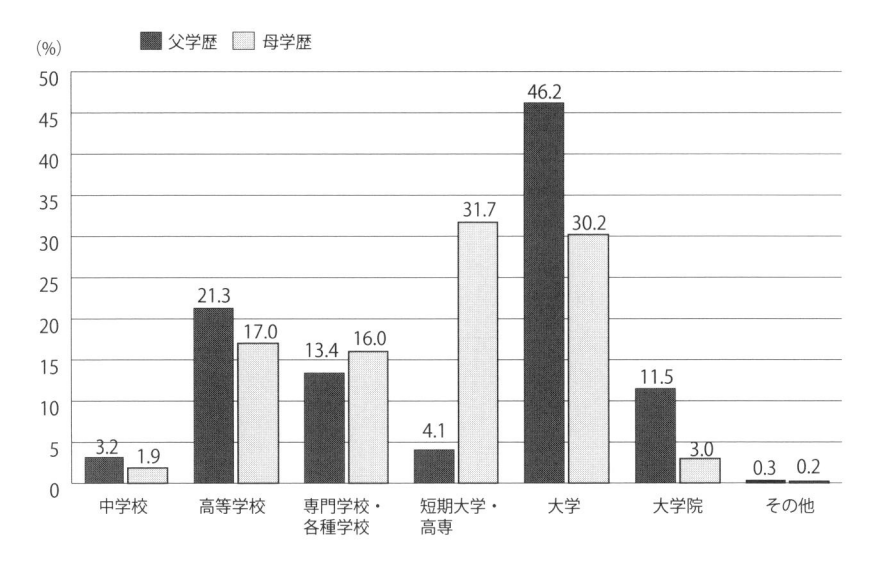

図 3-2　父母最終学歴
出典：X 市データより著者作成。

ことが予想される。

3. 社会階層と子どもの学力・生活

まずは家庭の社会階層によって、子どもの学力や普段の生活がどのように異なるのかを確認しておこう。**図3-3**は、子どもの学力をSES別に表したものである。ここでの学力とは算数の学力テストの偏差値を用いている[10]。

グラフをみてわかるように、SESが高いほど学力が高くなっており、HighestとLowestの間には8.6ポイントの差がみられる。ここでの学力テストの教科は算数のみだが、こうした傾向は他の教科でも、概ね同様の結果が報告されている（国立教育政策研究所編 2016; お茶の水大学 2018）。ここで注目したいのは、小学校2年生の時点でSESによる学力差が確認できることである。学校教育の2年目の時点で、子どもの学力には家庭環境の影響が明確に表れていることがわかる。

こうした学力差の背景には、どのような要因があるのだろうか。次に子どもの生活・行動の違いを子どもの質問紙調査からみてみよう。**図3-4**は、子ども

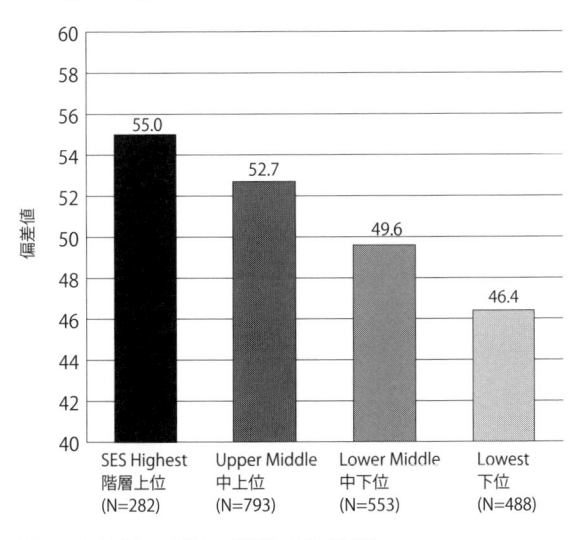

図3-3 子どもの学力（算数の偏差値）
出典：X市データより著者作成。

の授業の様子をSESごとにみた結果である。グラフをみてわかるように、実は小2の時点では、授業中の様子にSESによる大きな差はみられない。「授業中におしゃべりをする」「忘れ物をする」といった一部の行動に差が表れているものの、「黒板をノートにとる」「発表する」「先生の話を聞く」など、授業中の基本的な行動はSESによる明

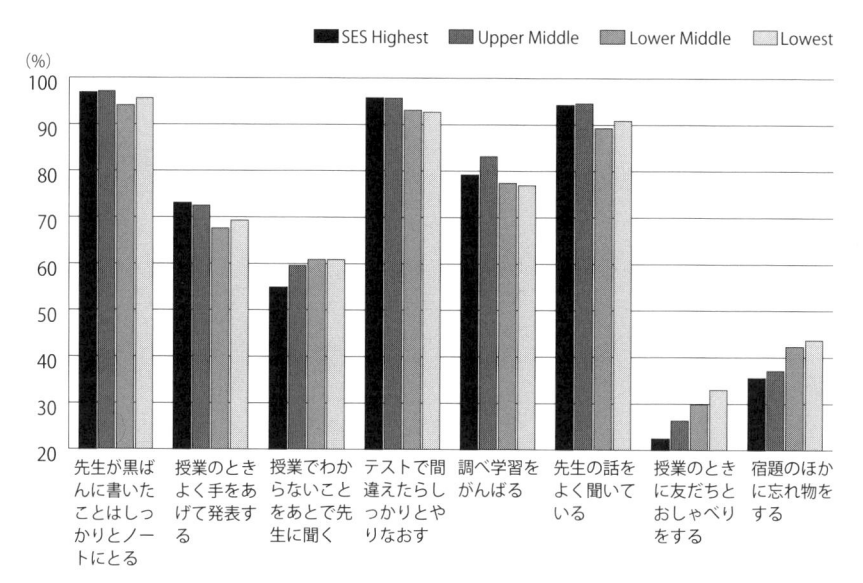

図 3-4　授業・クラスでの様子

注：「よくある」＋「ときどきある」の％。
出典：Ⅹ市データより著者作成。

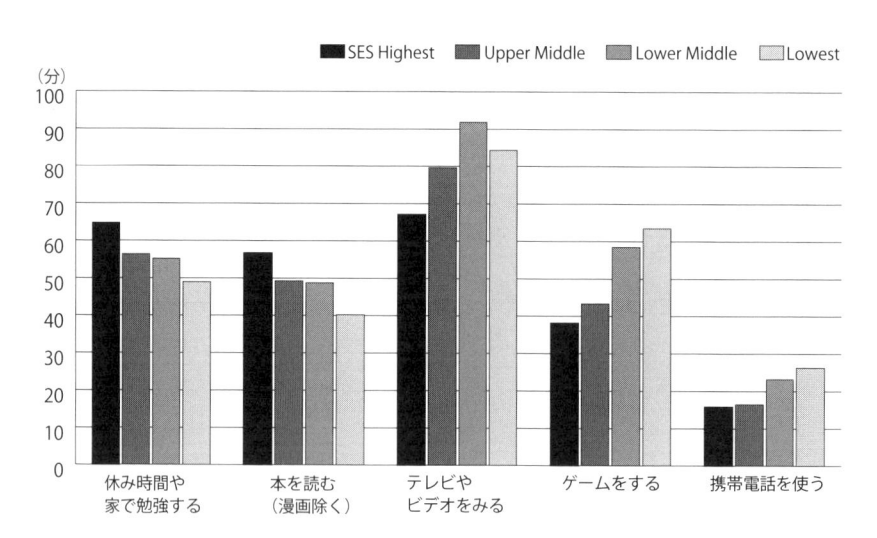

図 3-5　家庭での様子（学校のある平日 1 日あたりの時間）

出典：Ⅹ市データより著者作成。

確な差はみてとれない。

　SES による差が比較的みられるのは、家庭での生活である。**図 3-5** は、家庭での子どもの行動時間を表しているが、家庭での学習、読書量、テレビ、ゲーム・携帯電話の使用、これらの行動に小 2 時点で明確な差がみられる。SES が高い子どもほど、家庭学習や読書に時間を使い、その反対にテレビやゲームに使う時間は少ない。

　なかでも家庭学習への取り組み方は特徴的で、毎日の宿題の量や宿題にかかる時間は SES ごとに差があるわけではない。しかし「宿題の他に自分で勉強する」「テスト前の学習」といった行動に SES ごとに差がみられる（図表は省略）。小学校低学年時点ではそこまで宿題の量は多くはなく、学校で課された宿題については、多くの子どもが取り組んでいる。しかし SES の高い子は、それにプラスした学習や読書をしており、こうした家庭での日々の行動が、子どもの学力につながっていることがうかがえる。

4. 保護者の子育てと教育意識

　次に保護者の子育てによりフォーカスして、子どもの学力格差の背景を考えてみたい。ここでは保護者へのアンケートから、保護者の子育てや家庭生活を SES ごとに比較し、その特徴を整理していく。

4.1　親子の関わり

　まずは家庭での基本的な親子の関わり方をみてみよう。**図 3-6** は保護者の子どもへの関わり方を尋ねている。グラフをみると、「朝食を食べさせる」「決まった時刻に寝かせる」といった基本な事柄では、SES による明確な差がないことがわかる。図表は割愛するが、親子の会話（学校の話をする、心配ごとを聞く等）についても、同様の結果であった。

　その一方で、違いがみられるのは「新聞を読むようにすすめる」「絵本の読み聞かせをした」といった読書習慣に関わるものである。これは子どものアンケートの結果と重なる点でもある。小 2 時点で、家庭が活字に触れる環境かど

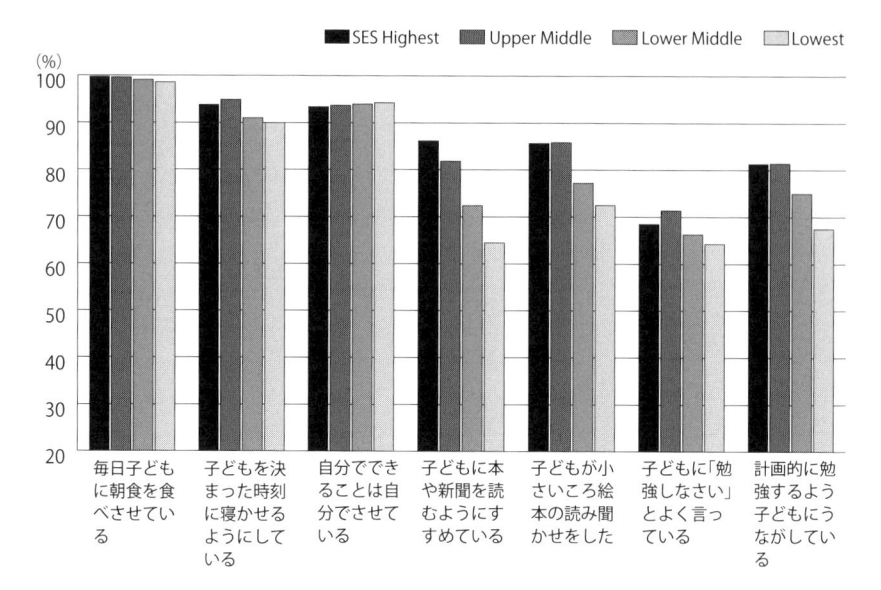

図 3-6　家庭での子どもへの関わり

注：「あてはまる」＋「どちらかと言えばあてはまる」。
出典：X 市データより著者作成。

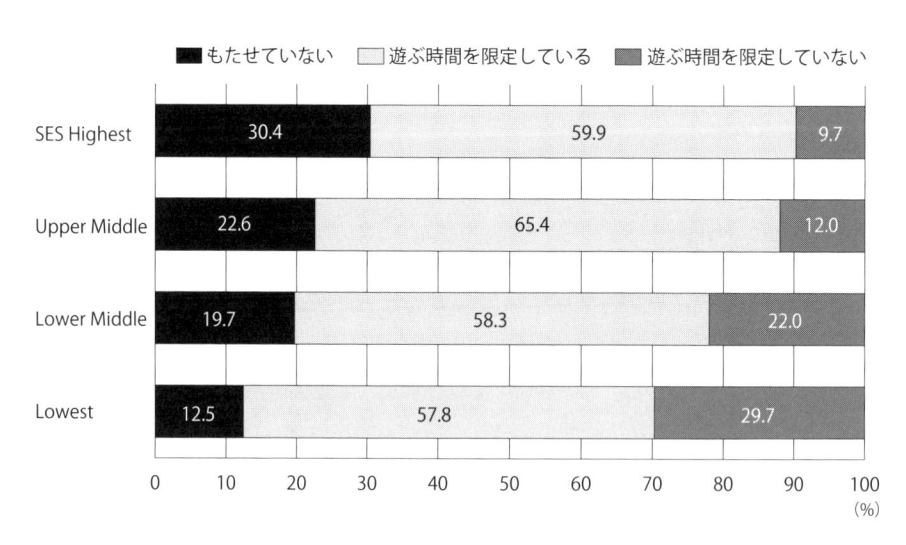

図 3-7　保護者によるゲームの管理

出典：X 市データより著者作成。

うかは、SES によって差があることがわかる。

　続いて明確な差がみられたのが、保護者によるゲームの管理である（**図3-7**）。SES が高い保護者ほどゲームをもたせていなかったり、遊ぶ時間を限定している。Lowest でも約6割の保護者がゲームの管理をしているが、3割の保護者は子どもがゲームで遊ぶ時間を限定していない。これも子どものアンケート結果と重なる点であり、ゲームや携帯の利用環境は SES ごとに明確な違いがあり、それは実際の子どもの行動と結びついていることがわかる。

▍4.2 教育観・進学期待

　続いて、教育観や学歴期待など教育に関わる保護者の意識をみてみよう。まず保護者自身の教育観を確認すると（**図3-8**）、「良い成績をとることにはこだわらない」「高い学歴を身につけさせたい」にみられるように、SES が高い保護者ほど子どもの成績や学歴への意識が強いことがわかる。ただし「塾や習い事に通わせないと不安」というのは SES にかかわらず約6割の保護者が感じ

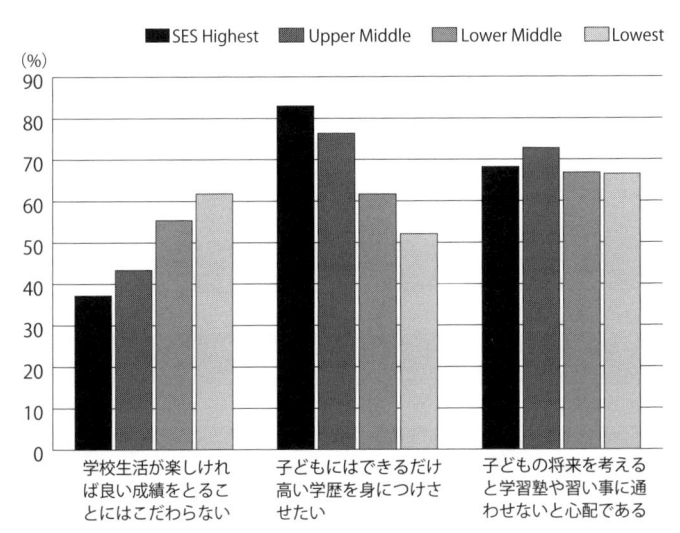

図3-8 保護者の教育観
注：「あてはまる」＋「どちらかと言えばあてはまる」。
出典：X市データより著者作成。

ている。

　保護者の学歴期待をより具体的にみたのが**図 3-9** である。Highest の場合、小 2 の時点で約 8 割の保護者が大学までの進学を期待しており、さらに約

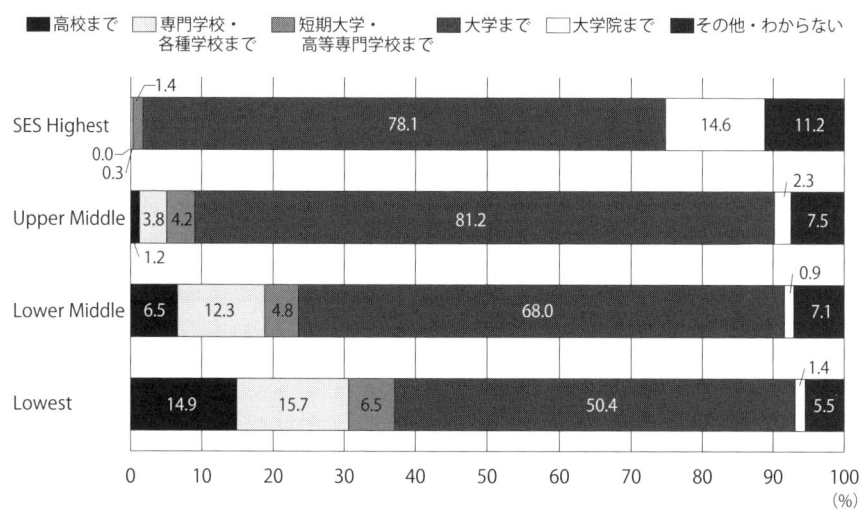

図 3-9　保護者の学歴期待
出典：X 市データより著者作成。

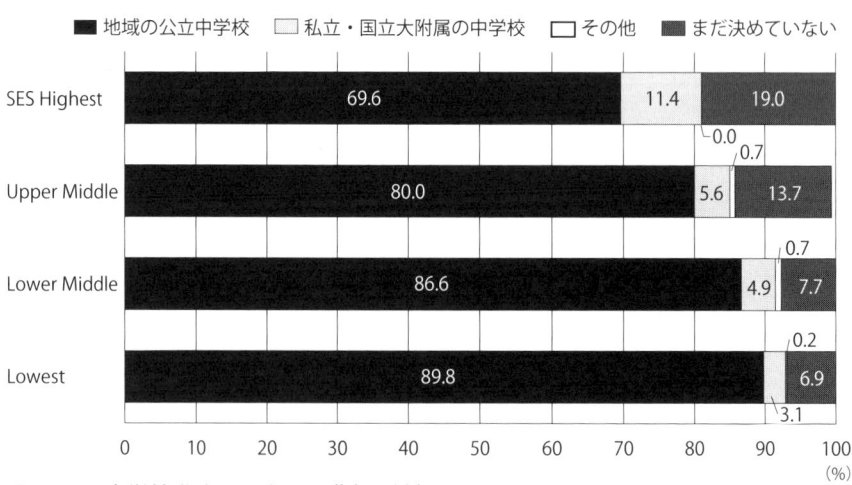

図 3-10　中学校進路に関する保護者の希望
出典：X 市データより著者作成。

15％は大学院までの進学を期待している。他方で Lowest の場合は、大学までの進学期待は5割程度で、高卒や専門学校、短大卒と多様な子どもの進路を想定している。

こうした保護者の学歴期待は、小学校卒業時の中学受験にも表れている。**図3-10** は中学校進学の際の保護者の進路希望を尋ねているが、SES が低いほど地元の公立中学校への進路を考えている。他方 Highest の場合は、11％が私立中学校や附属中学校を考えており、「まだ決めてない」という未定の層も19％と多い。SES が高い保護者ほど、子どもの進路の選択を早い段階で意識していることがわかる。

4.3 教育投資

保護者のこうした学歴に対する意識が行動として表れているのが、保護者による教育投資である。まず学習塾や習い事といった学校外教育支出について確認すると（**図3-11**）、子ども一人につき1カ月の教育支出には SES ごとに大きな差がみられる。Highest の場合 Lowest の約二倍の支出があり、小学校低学年の時点で保護者の教育投資には明確な差が確認できる。

具体的にどのような支出をしているかを確認したのが**図3-12** である。まず単純に学習系の習い事の利用率（一番左）に明確な差がある。点線内の学習系習い事の内訳をみると、塾よりも通信教育の利用に違いがみられる。このことは小学校

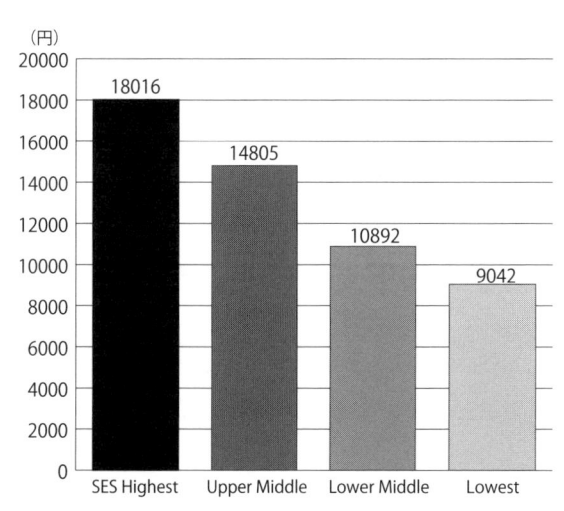

図3-11 学校外（学習塾や習い事）の教育支出（子ども一人／1カ月あたり）
出典：X市データより著者作成。

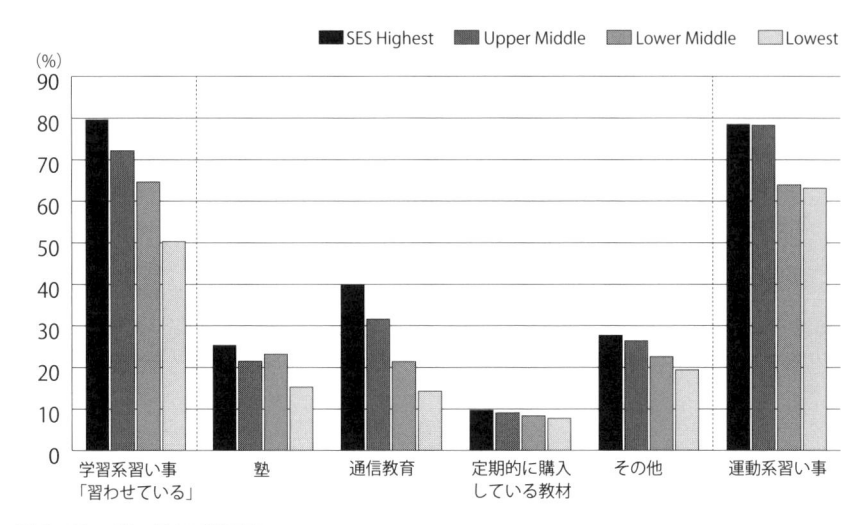

図3-12　習い事の利用率
出典：X市データより著者作成。

の低学年であることが関係しているのかもしれない。加えて、習い事の利用率は学習系だけでなく、運動系においても SES による差を確認することができる。

　習い事利用率が全体的に高いのは、都市部の地域性が関連しているかもしれない。基本的に多くの保護者が、小学校低学年の時点で習い事を利用している。ただし、同時にこうした支出に対する負担感も感じており、SES による若干の違いはあるものの、全体で約4割強の保護者が教育にかかる支出を「負担」だと感じている（図表は省略）。

5. 厳しい家庭環境でも学力を下支えしている家庭

　ここまでみてきたように、SES によって子育ての仕方や家庭環境、そして子どもの学力には違いがあり、家庭の社会経済的な背景は子どもの学力格差の重要な要素となっている。

　しかし SES が低いからといって、子どもの学力が必ず低くなるわけではない。ここまで示した結果は、あくまでその集団内の平均であり、全体的な傾向を示したにすぎない。例えば、SES が Lowest のなかでも学力の高い子どもは存在

する。

　例えば**表 3-4** は、SES ごとの子どもの学力分布を示している。学力分布は偏差値ごとに区切りをいれて、それぞれの学力層にいる子どもの割合を SES ごとに示している。結果をみると、基本的には SES が高いほど学力が高層の学力Ⅲや学力Ⅳの割合が多くなっていることがわかる。これは先の SES ごとの学力平均をみたときと同様の傾向である。

　注目したいのは、Lowest のなかでも学力高に位置づく学力Ⅲや学力Ⅳのグループである。確かに Lowest では全体平均と比べて学力Ⅲ・Ⅳの割合が少ないが、それでも全体の 40.1％が偏差値 50 以上の学力を有している。家庭の社会経済的な条件は厳しいものの、こうした学力を下支えしている家庭も一定数いることがわかる。それでは、そのような家庭ではどのような子育てをしているのか。

　ここでは、Lowest のグループのなかでも学力低層（学力Ⅰ＋Ⅱ）と学力高層（学力Ⅲ＋Ⅳ）に分けて、両者の子育てや家庭環境の違いをより詳しく吟味してみたい。この分析を通じて、家庭の社会経済的な背景が厳しい環境でも、子どもの学力を下支えしうる取り組みを探ることができる。Lowest の学力高と学力低のグループを比較した結果、Lowest 学力高グループについて次のような特徴が見出された。

　第一に、「本に触れる環境」である。Lowest の中でも学力高の家庭は、学力低の家庭と比べて、子どもが本や活字に触れる環境をつくっている。例えば、**図 3-13** は保護者が子どもと一緒に図書館を利用する頻度を表している。全体的には SES が高いほど頻度が多くなるが、Lowest 学力高のグループは、

表 3-4　SES ごとの学力分布

	学力Ⅰ （偏差値 39 以下）	学力Ⅱ （偏差値 40 ～ 49）	学力Ⅲ （偏差値 50 ～ 59）	学力Ⅳ （偏差値 60 以上）	合計	N
SES Highest	6.0%	14.5%	49.6%	29.8%	100%	282
Upper Middle	9.8%	24.1%	46.0%	20.1%	100%	793
Lower Middle	15.7%	31.3%	42.7%	10.3%	100%	553
Lowest	25.4%	34.4%	35.0%	5.1%	100%	488
全体合計	14.5%	27.1%	43.1%	15.4%	100%	2116

出典：X 市データより著者作成。

Lower Middle と同程度に図書館を利用していることがわかる。

こうした傾向は「小さいころ絵本の読み聞かせをした」「子どもに本・新聞を読むように進めている」「親自身が本を読む」といった他の項目でも同様であった。Lowest で学力高の家庭は、限られた資源の中でも本などの活字に触れる環境を

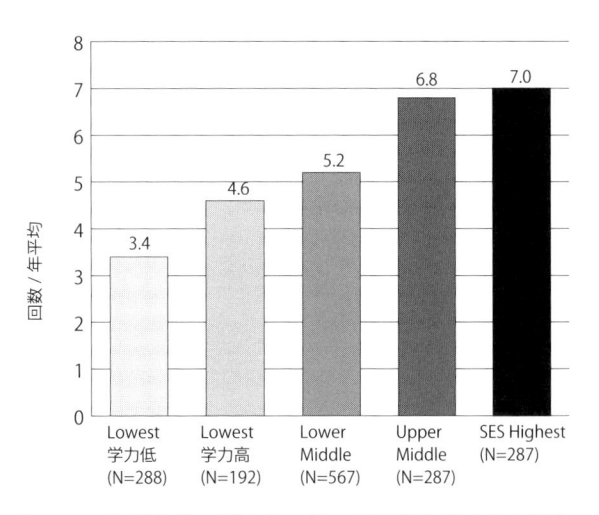

図 3-13　保護者が子どもと一緒に図書館を利用する頻度
出典：X 市データより著者作成。

つくっており、それが子どもの学力の下支えにつながっていると考えられる。

　第二に「子どもへの教育期待」も特徴的である。Lowest の中でも学力高の家庭は、学力低の家庭よりも子どもに対して高い教育期待を抱いている。例えば学歴期待をみてみると（**図 3-14**）、前節で確認したように、SES が低いほど保護者の進学期待も低まる。しかしながら、Lowest 学力高の家庭では、学力低よりも短大や大学までの進学期待を抱いている保護者が多いことがわかる。

　子どもの進学は家計の余裕に左右されるものだが、Lowest 学力高の保護者は家計が厳しい中でも、子どもに対して高い期待を有している。その期待は、教育支出費や子どもの習い事にも表れており、Lowest 学力高はより積極的に子どもに投資しており、こうした保護者の教育期待が子どもの学力形成に結びついていると言える（図表は省略）。

　第三に、「学校・地域とのつながり」がある。Lowest 学力高の家庭では、学力低よりも学校行事や地域の活動に積極的に参加している。**図 3-15** をみてわかるように、Lowest 学力高の保護者は、「学校行事への参加」「学校でのボランティア」「PTA 活動」など、学校とより活発に関わっている。また「自治会等の地域活動」に表れているように、地域での活動にも積極的に参加しており、

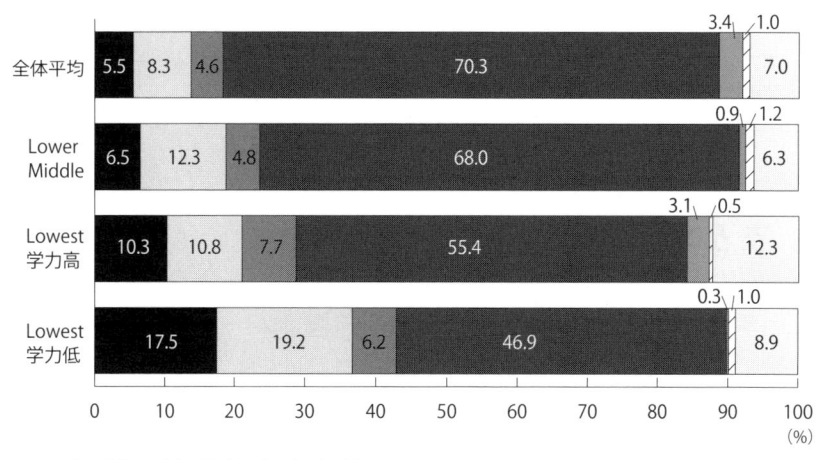

図 3-14　保護者の学歴期待（一部省略）
出典：X 市データより著者作成。

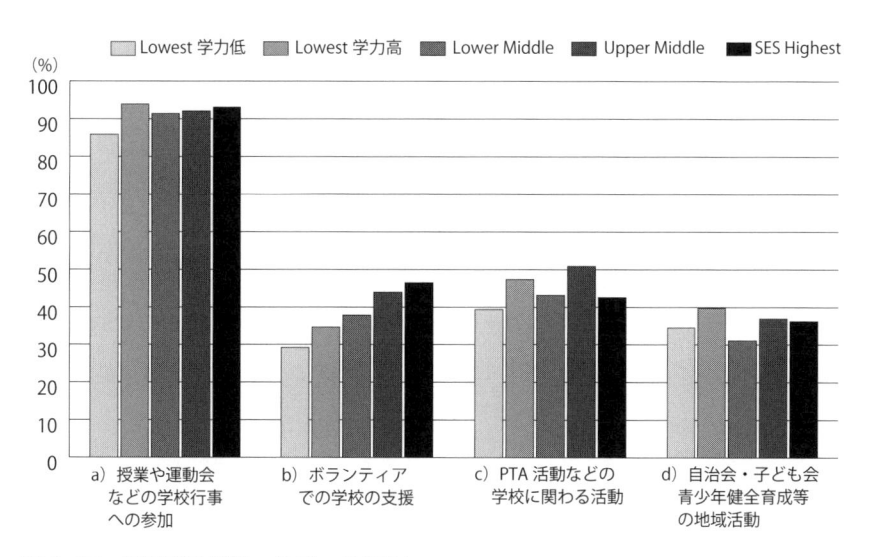

図 3-15　保護者の学校・地域への参加
注：a）は「よくする」の％、b）は「よくする」＋「ときどきする」の％、c）d）は「普段している」（多重回答）の％。
出典：X 市データより著者作成。

その割合は Lower Middle を上回っている。

　学校や地域とのつながりによって、学校や子育てに関する情報を獲得したり、保護者同士でサポートし合うネットワークを得ることができる。こうした社会関係は、保護者の子育て環境を支えたり、子どもの成長を後押しするものとなる（志水 2014）。Lowest 学力高の家庭は、社会経済的に成約された環境の中でも、これらの社会関係を資源として上手く活用していることが考えられる。

6. まとめ

　本章では小学校 2 年生の保護者への質問紙調査などを用いて、X 市における子育ての様相や学力形成の実態を確認してきた。ここでの分析結果を要約すると次のようになる。

　第一に、小 2 時点で、SES による学力差が確認でき、Lowest と Highest の間には 8.6 ポイントの偏差値の差がみられる。

　第二に、子どもの学校・家庭生活については、学校生活よりも家庭生活において SES による違いがある。SES が高い子どもほど、家庭学習や読書活動により積極的に取り組む傾向がある。

　第三に、保護者の子育てや教育意識にも SES による差がみられた。SES が高い保護者ほど子どもに読書活動を促したり、ゲームの管理を意識的に行っている。また彼らは子どもへの学歴期待が高く、小学校卒業時の中学受験をより意識している。教育投資でも同様に、SES が高い保護者ほど子どもの教育にお金をかけ、さまざまな習い事をさせている。

　第四に、SES Lowest の中でも学力高と学力低の家庭を比べたところ、学力高の家庭は、限られた資源の中でも、子どもが本にふれる環境を積極的につくり、また子どもに対する高い教育期待を抱いていた。さらに保護者自身も、学校や地域とのつながりをつくり、子どもを支えるための資源を獲得していた。

　第 2 章のインタビュー調査では、就学前の保護者を対象に子育ての様子を聞き取った。就学前の子育て状況をみると、非大卒家庭と比べて大卒家庭では、より小学校を意識した習い事や幼稚園の選択が行われており、また家庭での関わりも、子どもが学習を「楽しい」と感じるような働きかけや、積極的な読書

活動が実践されていた。

　上記の結果と小学校2年生の保護者を対象とした本章の分析結果は、概ね重なっていると言えるだろう。就学前における子育ての特徴は、基本的に小学校においても引き継がれている。ただ小学校では、学校の宿題やゲームの使用など子どもの活動の幅も広がっていくが、SES の高い保護者ほど、それに合わせて子どもへの必要な介入や支援を「計画的に」選択していると言える。こうした就学前後の取り組みが、小2時点での子どもの学力や学校適応の結果につながっていると考えられる。

　中でも小2時点で明確な差がみられたのは、保護者の教育期待である。小学校2年時点で、SES の高い保護者ほど、明確な子どもの学歴期待を有しており、そのための中学受験を見据えていた。家庭学習や習い事の利用、読書活動など明確な差がみられた行動の多くは、中学受験や進学につながる学習に関わる活動であり、そうした活動は小2時点でも違いが顕著に表れていた。

　インタビュー調査と厳密に比較することは難しいが、学年があがり、こうした学習に関わる活動の選択肢の幅が広がるほど、より家庭の中で子どもの学習環境に違いが生じていくことが予想される。もちろん小2時点では、家庭での日常的な親子の会話や親子の関わりに階層による大きな違いがあるわけではない。多くの家庭で、基本的な生活習慣の形成や、親子のコミュニケーションが行われている。しかしながら、就学前から小学校にあがるにつれて、こうした進学や学歴を意識した保護者の養育行動は、ゆっくりと、しかし確実にその差がみられるようになっていると言えるだろう。

　他方で注目すべきは、SES が低位でも子どもの学力を下支えしていた家庭の存在である。彼らは子どもへの教育期待を保ちながら、限られた資源を動員して意識的に子どもの教育に関わっていた。ただし、これはあくまで小2時点での結果である。上記したように学年があがるにつれて子育て環境に差が広がっていけば、彼らの実践が子どもの学力をどこまで支えられるのかはわからない。この点の検討については、他日を期したい。

❖注

▶1　質問紙調査は、2016年にX市教育委員会の協力のもと、X市の全公立小学校を対象に行われた。質問紙は学校経由で各家庭に配布され、任意で回答をお願いした。

▶2　SES指標の作成方法について、世帯年収は各回答項目の中間値を用い、父親学歴、母親学歴は最終学歴を教育年数に換算した。次に、それぞれの変数を標準化し、三つの変数の平均値を算出した。なお、いずれかの変数が欠損の場合も、残りの変数で平均値を算出している。こうして算出された指標を標準化し、最終的なSES指標は平均が0、標準偏差が1となっている。作成方法の詳細については垂見（2018）を参照されたい。

▶3　SESを4分割した際の分布と、階層ごとの基本指標の平均は**表3-5**の通り。なお教育年数は、高校卒＝12、大学卒＝16と数値化した平均である。

表3-5　SES4指標の分布と各カテゴリーの基本指標の平均

SES	%	%	N	父教育年数	母教育年数	世帯年収
Highest	13.3	9.7	289	19.4	16.3	863.5
Upper Middle	37.2	27.2	810	16.0	14.9	724.9
Lower Middle	26.1	19.2	570	14.2	13.9	583.7
Lowest	23.4	17.2	511	11.6	12.9	493.2
SES不明	—	(26.7)	796	—	—	—
合計/全体	100.0	100.0	2976	15.0	14.4	650.8

出典：X市データより著者作成。

▶4　「国民生活基礎調査」（2016年）の「児童のいる世帯の平均児童数」より。

▶5　「国民生活基礎調査」（2016年）の「児童のいる世帯数の世帯構造」によれば、「夫婦子世帯」73.5%、「ひとり親世帯」6.9%、「三世代世帯」14.7%、「その他」4.8%となっており、X市は全国と比べると核家族世帯が多く、三世代世帯が少ない。

▶6　「国民生活基礎調査」（2016年）の「母の仕事の状況の構成割合」によると、末子6歳の女性の就業状況は、正規16.7%、非正規36.3%、その他9.6%、無職37.4%となっている。概ねX市と類似の状況だが、X市は有職者のうち正規が若干全国よりも多い。

▶7　X市の世帯年収の平均は650.7万円、中央値650.0万円となっている。「国民生活基礎調査」（2017年）によれば、全国の世帯所得の平均は560万円、中央値は442万円、児童（18歳未満）のいる世帯に限れば、平均は739.8万円、中央値は650万円となっている。X市調査の場合、質問紙上で1000万円以上の値については細かく聞いておらず、「1000万円以上」と尋ねているため、やや全体平均がやや低く見積もられている。このことを勘案すると、X市は全国と比べてやや世帯年収が高いことが推察される。

▶8　「国勢調査」（2010年度）から全国の年代別の学歴構成をみると、40代男性の場合は、短大・高専卒が10.7%、大学・大学院卒が36.0%、40代女性の場合は短大・高専卒が31.7%、大学・大学院卒が14.5%となっている。

▶9　『少子化社会対策白書（令和元年）』（内閣府）の「保育園と幼稚園の年齢別利用者数及び割合（2018年）」の5歳時利用状況によると、全国の就学前教育の利用状況は保育

園 40.7%、幼稚園 43.2%、認定こども園 14.4%、未就学園児（推計）1.7%となっている。なお X 市の就学前教育の利用形態ごとに子どもの学力を確認すると、「どちらも利用なし」がややポイントが低いが、そのほかについては同程度の学力であった。

▶ 10　偏差値の作成は市内全体の正答率の平均値と標準偏差から正答率を標準化し、10 をかけて、50 を加えた通常の偏差値の作成方法に準じている。

❖参考文献

国立教育政策研究所編（2016）『生きるための知識と技能 6——OCDE 生徒の学習到達度調査（PISA）2015 年調査国際結果報告書』明石書店。

お茶の水女子大学（2018）『保護者に対する調査の結果と学力等との関係の専門的な分析に関する調査研究』http://www.mext.go.jp/component/a_menu/education/micro_detail/_icsFiles/afeldfle/2018/07/10/1406896_1.pdf（最終閲覧日 2019.09.18）

志水宏吉（2014）『「つながり格差」が学力格差を生む』亜紀書房。

垂見裕子（2018）「家庭の社会経済的背景（SES）の尺度構成」お茶の水女子大学『保護者に対する調査の結果と学力等との関係の専門的な分析に関する調査研究』, pp.10-12.

おわりに

伊佐 夏実

　第1章の調査概要と対象家庭のプロフィールで確認したように、本書の対象家庭は、その社会経済的背景としては決して恵まれた層ばかりではない。それにもかかわらず、小学校3年生の時点での対象児童の学校生活や学習への取り組み方、学力状況にはそれほど大きな差異が見られなかった。就学前インタビューをもとにした第2章でみたように、子育てのいくつかの側面には階層やジェンダーによる違いが表れており、大卒層は非大卒層に比べて、学校教育との接続を意識した意図的な子育てをする傾向にある。X市全体の統計分析においても、子育てと階層が関連づいていることは明らかであり、子どもの学力や学習に対する取り組み方に関しても、社会階層による違いは明確に存在している。そしてその差は、就学前より就学後のほうがより鮮明になっていく可能性も示唆された。

　ただし、統計分析の結果からは、家庭の社会経済的背景が厳しい場合においても、一定の学力を保持している子どもがいること、その背景にある子育ての特徴としては、子どもが活字にふれる機会をもっていたり、子どもへの教育期待が高い、さらには学校や地域とのつながりが豊富であることが見いだされた。

　たしかに、全体的な傾向として社会階層間の学力格差は存在し、子育ての違いがそれに影響していることは否定できない。しかしながら、本書の対象家庭のように、さまざまな工夫を凝らすことによって子どもたちの学力を支えているケースも多くありうる。第Ⅱ部と第Ⅲ部では、そうした家族の姿を豊富な質的データによって描き出し、どのようにしてそれがなされているのかを解き明かしていきたい。

子育て家庭のエスノグラフィー

——資本活用の視点から

はじめに

伊佐　夏実・敷田　佳子

　第Ⅱ部では、訪問調査を行った13の家庭から四つを選び出し、それぞれの家庭における子育てや子どもの様子をエスノグラフィーとして描き出す。第Ⅰ部で示したように、本書の対象家庭の子どもたちは、おおむね肯定的な学習態度をとり、学習への興味関心も高いと言える。このような子どもたちの姿を生み出す背後にある家族の子育て戦略を考えるにあたり、本書では、それぞれの家庭が異なる資本を用いながら子育てを行う様子を示す。家庭で用いられる資本にはさまざまなものがあるが、ここでは、三つの資本に着目し検討していく。一つ目は、金銭や資産などの経済資本、二つ目は親の学歴や資格、家庭の蔵書や美術品、知識や教養、価値観などの文化資本、そして三つ目は、いわゆる人脈などの社会関係資本である（Bourdieu 1984＝1990）。学力や教育達成の階層差のメカニズムを明らかにする上で、この三つの資本はたびたび言及されてきた。

　とりわけ、経済資本や文化資本は階層が高い層で多く保有されており、それらが子どもに積極的に投資されることを通して階層間格差が生成されるという見方が一般的である。子どもの教育にお金をかけ、文字や数字に慣れ親しませたり、学習に対する肯定的な姿勢を身につけさせたりするかどうかによって、学力やその後の進路に差が出てくるとされるのだ。

　これら二つの資本に加えて、社会関係資本と学力の関係について言及する研究もある（志水・中村・知念 2012; 芝野 2016）。志水らは、子どもがもつ社会関係資本がとりわけ低所得層において、文化資本よりも学力に影響を与えていることを示している。また、社会関係資本は先の二つの資本に比べると、社

表Ⅱ-1　資本活用の指標

経済資本活用	小学校2年生時までの学校外教育費の額
文化資本活用	家庭での読み聞かせや読書活動の程度、蔵書数、美術館や博物館、科学館、図書館の利用頻度
社会関係資本活用	学校・地域参加の程度、学校生活に関する相談先の多寡、親族や近隣住民、ママ友からの情報を子どもの教育に利用する程度

出典：著者作成（以下同様）。

会的不利益層にも「開かれた資本」であると指摘する。本書では、親の社会関係資本に焦点をあて、それらがどのように活用され、学力を下支えしているのかを明らかにしたい。

　本書の対象家庭では、これら三つの資本のすべて、あるいはいずれかを活用しながら子育てを行っていると考えられた。そのため、それぞれの資本が活用されている度合いに基づいて13の家庭を、経済資本を活用する家庭、文化資本を活用する家庭、社会関係資本を活用する家庭、すべての資本を活用する家庭の4タイプに分類した。具体的な指標は、**表Ⅱ-1**に示す通りである。

　13家庭の分類にあたっては、就学前インタビューの記録や質問紙調査の結果、フィールドノーツをもとに各家庭の訪問担当者が議論し、もっともあてはまるタイプへと位置づけた。

　図Ⅱ-1は、それぞれの類型と各家庭の対応関係を示している。全資本活用に3家庭、文化資本活用と経済資本活用にそれぞれ2家庭、社会関係資本活用に6家庭があてはまっている。13の家庭はいずれかのタイプにあてはまってはいるものの、それぞれの資本の活用度合いには多少の濃淡が存在することもあらかじめ指摘しておく。

　資本活用タイプの違いを生み出す背景についてはもちろん、各家庭が保有す

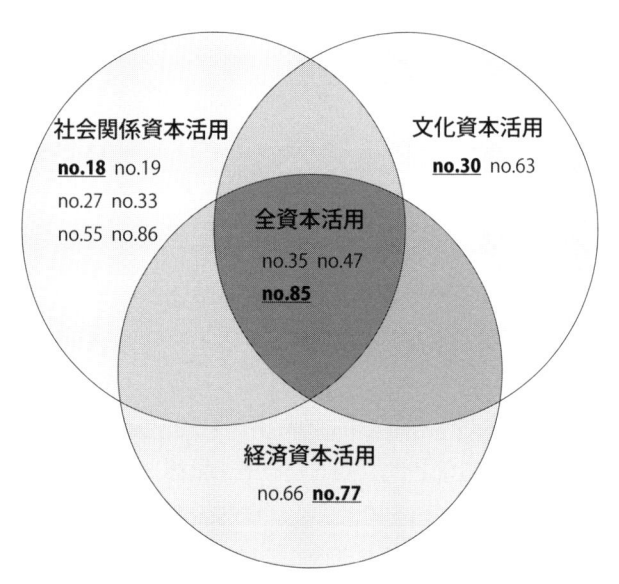

図 Ⅱ-1　資本活用類型と対象家庭の位置づけ
注：下線は第Ⅱ部で取り上げる家庭。

る資本の総量の違いが影響していると考えられる。経済資本と文化資本、社会
関係資本の三つを巧みに使う家庭の場合、父母の学歴や世帯収入の点からみて
も、13家庭のなかでも相対的に上位に位置づいている。ただし、no.35の家
庭については、シングルマザーの母親がパートを二つ掛け持ちし、生計を支
えているため、決して豊かな経済資本があるとはいえない。ただし、この家庭
の場合、母親に留学経験があったり受験難易度の高い大学を卒業していること、
離婚前の生活が裕福であったことなどから、母親自身の文化資本が高く、経済
資本の投資に有効性を見出すような価値観が備わっていることが、子育てにお

ける経済資本活用を促す要因になっていると考えられる。

　そして、社会関係資本を活用する家庭はすべて、非大卒家庭によって占められている。学校外教育にお金をかけたいとは思っていても家計に余裕がなかったり、親自身に読書習慣がないために読み聞かせすることを敬遠するなど、経済資本や文化資本の制約によってそれらがうまく活用できていないという事情がある。そのため、社会関係資本活用以外の類型は、大卒層のバリエーションを表していると考えられる。

　このように、どの資本を活用しながら子育て戦略を展開するのかは、各家庭の階層的背景に起因している。また、階層要因だけでなく子どもの性別も、資本活用に違いをもたらす可能性がある。片岡（2001）では、学校外教育投資戦略と文化資本投資戦略が中3時成績に与える効果を男女で比較したところ、前者は男子で、後者は女子で有効であることが示されている。つまり、男子の場合は学校外教育にお金をかけることが、女子の場合は読書や芸術にふれるような活動を家庭で行っているほうが、成績やその後の進路に有利に働いているということである。すなわち、家族の子育て戦略の効果が男女で異なることが示されているのだ。本書の対象家庭についても、経済資本活用は2家庭とも男児、文化資本活用は2家庭とも女児である。ケース数が少ないため断定的なことはいえないものの、子の性別による戦略の違いが現れていると考えることもできるだろう。

　いずれにしても本書の対象家庭では、それぞれが保有する資本を巧みに活用しながら子育てを行っていた。いずれの家庭の子育ての様子も大変興味深く、示唆に富むものであるが、ここではそれぞれのタイプから四つの家庭を選び出し、その姿をみていくことにする。4家庭の選定基準は、それぞれの類型

の特徴をもっともよく表していること、対象児の性別が2家庭ずつになることの2点である。紹介する家庭は、全資本活用としてno.85の高梨家、経済資本活用としてno.77の花田家、文化資本活用としてno.30の田村家、社会関係資本活用としてno.18の橋本家である。幼稚園時代から小学校3年生までの4家庭の日常を、インタビューやフィールドデータに基づいてできる限り詳細に描写する。なお、データを提示する際には読みやすさに配慮し、内容に支障がない範囲で適宜修正を行っている。また、原稿は事前に内容を確認してもらい、対象家庭から掲載の許諾を得ている。登場人物の名前はすべて仮名である。

　以下の表には、訪問家庭全体を対象とした調査等の日程と内容が記してある。第Ⅰ部第1章の調査概要の記述と重なる部分もあるが、時系列を整理し各章の内容と照らし合わせやすくするために、年表として再掲する（**表Ⅱ-2**）。

表Ⅱ-2　訪問家庭調査に関する年表

年度	学年	月	調査内容等＊
2015	年長	5～7	初回インタビュー
		10～11	訪問調査開始
		2	絵本の読み聞かせ記録
		3	第1回紙芝居調査（録音）・パターンブロック調査実施
2016	小1	8	第2回紙芝居調査実施（作文）
		11	親子パターンブロック調査実施
2017	小2	7～8	しりとり調査実施
		3	算数検定実施
2018	小3	4	質問紙調査実施
		8	慶応学力調査実施
		10～3	訪問調査終了

注：＊家庭の事情等により、実施時期には1-2カ月の幅が生じている場合がある。

❖参考文献

Bourdieu, P.（1984）*La distinction : critique sociale du jugement* , Hervard University（石井洋二
　郎訳（1990）『ディスタンクシオン――社会的判断力批判』藤原書店）.
片岡栄美（2001）「教育達成過程における家族の教育戦略――文化資本効果と学校外教育投
　資効果のジェンダー差を中心に」『教育学研究』第 68 巻第 3 号 , pp.259-273.
芝野淳一（2016）「社会関係資本と学力の関係――地域背景の観点より」志水宏吉編『マイ
　ンド・ザ・ギャップ！――現代日本の学力格差とその克服』大阪大学出版会。
志水宏吉・中村瑛仁・知念渉（2012）「学力と社会関係資本――「つながり格差」について」
　志水宏吉・髙田一宏編『学力政策の比較社会学【国内編】――全国学力テストは都道府
　県に何をもたらしたか』明石書店 , pp.52-89.

第4章

全ての資本を巧みに活用する家庭

支援するのは子どもの意思決定

志田　未来

写真 4-1　休日に行ったロハスフェスタ
出典：家庭提供。

高梨家のプロフィール（2019 年 3 月時点）

家族構成：母・ユミ（30 代後半）、父・サトシ（40 代前半）、対象児・エミリ
（小 3）、長男・ケン（小 1）

母：大学卒業後、歯科衛生士学校に進学し、卒業後は歯科衛生士として働く。
現在は専業主婦として子育てに専念している。

父：修士課程修了後、大手企業の技術職に就職。子どもたちが「パパ今度いつ
　　来る？」と聞いてしまうほど長時間勤務をこなしている。

エミリ：絵本とバレエが好きなしっかりもの。

ケン：本と恐竜、電車が大好き。笑い上戸な高梨家のムードメーカー。

　（なお、**表4-1** は 2019 年 3 月時点以前の出来事をまとめたものである）

1. 初めて受ける学外のテスト──エミリちゃんの危機

　エミリちゃんが小学 3 年生の 6 月。今回の訪問調査に関わってもらっている
対象児たちの学力を把握する目的で、算数と国語の 20 分のテストを受けても
らうことになった。エミリちゃんはテストが始まる前からすごく緊張している
面持ちだった。ため息をついて落ち着かない。その様子をみてお母さんが「大
丈夫、エミリちゃん、落ち着いて」「落ち着いたらできるからな？」と声をか
ける。テストを始めてすぐ、「わっ！　あと 16 分しかない！」と慌てる。お母
さんは「まだ 4 分しか経ってへんやん」と笑って冷静にツッコみ、エミリちゃ
んの勉強机の方まで行って「問題はこんだけしかないねんで？　絶対大丈夫や
から。落ち着いて。な？」と声をかけて背中をぽんぽんと優しくたたいた。

　テスト中、エミリちゃんは「電話」を漢字で書く問題につまずいてしまう。
悩んでいるエミリちゃんに対して、ユミさんは「『わ』ってつく言葉考えて
みたら？　自分で考えてみ。ママは答え言われへんから（笑）」と声をかける。
エミリちゃんは時間をかけて悩んだあとで「わからへん……！」と困り果てた
声をあげた。ユミさんは「もうわからんかったら、思いつく『わ』っていう漢
字書いておいたら？　それで、最後までやってから戻ってきてゆっくり考えた
らいいやん」とアドバイスをする。エミリちゃんは「うん……」と力なく生返
事をした。テスト終了後に答案をみてみると「電和」という漢字になっていた。
エミリちゃんは時間を目いっぱい使って考えていた。

　テスト終了時間になるものの、エミリちゃんは電話の「話」が出てこない
ことに納得がいかない様子。机に突っ伏して撃沈している。ユミさんがエミ
リちゃんのところに行って声をかけるものの、エミリちゃんは完全にご機嫌ナ
ナメ。エミリちゃんはママにも、調査者にも、採点会社の人にも自分のテスト

表 4-1　対象児に関する出来事年表（年中～小 3 まで）

年度	学年	月	対象児に関する出来事			
			学校関連	学校外関連		
				学習・生活	習い事	家族関連
2013 2014	年中				バレエ　YMCA　英語	
2015	年長	5				
		12				
		2				
		3			▼	父消防団を退団
2016	小 1	4		下旬に弟の分もあわせて学習机を購入	バレエが週 2 に増える	子ども会入会
		5	担任が代わる		Z 会始める	
		6				
		7		ママ友と子どもたちとでアドベンチャーワールドにお泊り旅行 ラジオ体操に参加		
		8	担任交代についての説明会		短期の水泳教室	
		9	担任が代わる			
		12		Kindle と Fire を購入し電子媒体でも本を読むようになる。	バレエ発表会	
2017		1			水泳　短期スキー合宿	
		2				
		3				▼
2017	小 2	4	PTA 広報役員		チャレンジを始める 日本児童英語検定 6 級合格	
		6				母テニスを始める
		7				
		8			短期の水泳教室	父夏休み一日だけ
		9				
		10				
		1			短期スキー合宿	
		3	▼			
2018	小 3	4				
		6				父 GW からずっと仕事が忙しい
		7			バレエ発表会	
		10				
		1	冬の読書感想文で受賞		短期スキー合宿	
		3			▼ ▼ ▼　▼ ▼ ▼	

出典：著者作成。

をみせないで欲しい、と訴える。そんなエミリちゃんにお母さんは「そしたら志田さんも困っちゃうわ。やってきてって言われてるやつやもん」となだめすかすが「だってできなかった！」とエミリちゃんは強く反論する。ユミさんは、採点する人もエミリちゃんのことは知らないし大丈夫、と優しく声をかける。テスト時間が終わった後も、エミリちゃんはずっとそのページを睨み続けて考えている。その様子を見ながらユミさんは「結構こういうのには、粘り強いっていうか……」と感心していた。エミリちゃんが学外のテストを受けたのはこれが初めてだった。普段学校のテストだったら全部できるにもかかわらず、わからない問題があったことが余計ショックを受けてしまったのではないか、と話してくれる。落ち込むエミリちゃんに対して、ユミさんは「全部できなくてもいいから。ママも間違った時あったで？　答え書く時に一個ずらして書いちゃって、すんごい間違えたわ（笑）。32点取ったわ」と自分の失敗エピソードを持ち出し、場を和ませようとする。

> ※（調査者、以下同様）：解答ズレちゃうのありますよね。ズレないかドキドキします。
> 母：ドキドキしますよね！　ズレてたら終わった！　って思いますよね。別に全然終わりじゃないんですけどね。
> ※：でもその時には終わったって思いますよね。
> 母：今あの子がその状態ですね（笑）。

エミリちゃんはしばらく悩んだが、やはり思い出すことができず、ぐすんぐすんと泣き始めてしまう。ユミさんは少し慌てた様子で「そんな泣かんでいいから（笑）。テストできひんかったら、エミリちゃん殺されちゃうん？」と声をかける。エミリちゃんは「ううん」と力無く答えた。「このテストできひんかったからって、大学行かれへんくなるわけじゃないやろ？」「大丈夫」と声をかけ続ける。しばらく力無く泣いていたが、少し経つとエミリちゃんは大泣きしはじめる。「うわーん‼‼」と叫んで、リビングの机のところにいるお母さんの胸に飛び込んで抱きついて大声で泣いた。

> **母**：どうしたん？　ママに説明してみて。な？　……くやしかったん？
> **エミリ**：くやしかった……。……わかりたかった……。
> **母**：わかりたかったん？　わかりたかったんかぁ。そう思えるのはすごいことやなぁ。ママやったらわからんとこあっても、わからんかったわぁ〜ハハッてなるだけやけどなぁ。偉いなぁ。そんなに一生懸命で偉いわ。テストできなくたって大丈夫やから。

　大泣きするエミリちゃんに対して、ユミさんは「エミリちゃんは東大入りたいん？」「ふざけたりしてたわけちゃうやろ？」「一生懸命やったやろ？」と声をかけ続ける。そう言われても、できなかった自分に納得できないエミリちゃんは「でも間違った！」と泣きながら怒る。ユミさんは「間違ってもいいねん。間違えることは恥ずかしいことじゃないねんで？」と優しく伝える。どんな言葉をかけても泣き止まないということを悟ったユミさんは、エミリちゃんの背中をぽんぽんとたたきながらなだめ「もうスッキリするまで泣き」と声をかけた。しばらくするとユミさんは、エミリちゃんを抱っこしたまま「書き直しはもうできひんからな？」と念押しし、ティッシュ箱にボールペンで電話の漢字を書く。エミリちゃんはティッシュ箱に書かれた漢字を見て「……話す」とポツリとつぶやいた。ユミさんは「そう、話す。習ったやろ？」と優しく声をかける。エミリちゃんは「うん……」と消え入りそうな声で言った後、再び大泣きする。

> **母**：大丈夫やって。ここだけやろ。
> **エミリ**：でもその後のもわからんかった……！
> **母**：その後のところは、ママも見たけど合ってたと思うで？　いいやん、一問だけ。99点。

　エミリちゃんは「99点」と聞いて、さらに大声で泣いた。「間違えることは恥ずかしいことじゃないねんで？　ママも、32点取ったって言ったやろ？　あれは恥ずかしかったけど……（笑）。先生に思いっきり教科書で叩かれたわ（笑）。なにしてんねーん！　って思いっきりばしーって叩かれたわ（笑）」とユ

ミさんは再度自分の失敗談を持
ち出して、少しでもエミリちゃ
んを笑わせようと試みる。しか
し、エミリちゃんの落ち込みよ
うはひどく、まったく泣き止ま
ない。結局エミリちゃんはお母
さんの胸に顔をうずめた状態で
1時間ほど泣いていた。そんな
エミリちゃんの様子を見て、ケ
ンくんは何かを思い立ち、エミリ
ちゃんが泣き崩れる根源となった

**写真4-2　ケンくんからエミリちゃんへの
　　　　　メッセージ**
出典：調査者撮影。

漢字の書き取りのページ下部のスペースにメッセージを書き始めた。「100　げ
んきだして　すごい　ケンより」（**写真4-2**）。ケンくんは、お母さんに抱きつ
いたまま泣いているエミリちゃんの肩をひっぱり、メッセージを見てもらおう
とする。エミリちゃんは「もうなんなん?!」とさらに怒って泣いた。ユミさん
も「ケンくんやめて。ややこしくなるから」とケンくんに伝える。しかし、ケ
ンくんもメッセージを見て欲しいためあきらめず「エミリちゃんにこっち来て
欲しい！」と主張する。エミリちゃんをなだめるのに精一杯なユミさんは「な
んで？　もうややこしくなるからやめて」と制する。その後、ユミさんはエミ
リちゃんに「テストに名前も書いてないから、エミリちゃんのテストってわか
らないから大丈夫」と伝えているのを聞いて、ケンくんはハッと気づいてメッ
セージに書いた「ケンより」というのを消しゴムで消しさらに上から鉛筆で黒
く塗りつぶした。残念ながらケンくんのメッセージはエミリちゃんにもユミさ
んにも見てもらうことはできなかったが、ケンくんの優しい心遣いが垣間見え
たシーンだった。

　本章では、エミリちゃんがなぜこんなにもテストに真剣に向き合うことがで
きたのか、ここまで悔しがったのはなぜなのか、その背景にあるものを明らか
にしていきたい。結論を先取りするならば、このエミリちゃんの勉強に対する
ひたむきさと高い学力の背景には、豊富な経済資本、文化資本、社会関係資本
がある。これらの資本が総動員され、エミリちゃんの高い学力が支えられてい

る。以下では訪問調査によって得られた家庭の様子を紹介しつつ、様々な資本が活用される高梨家の姿を描いていきたい。

2. 高梨家との出会い

　筆者は映画『ベイブ』が好きだ。心優しい豚のベイブが主人や周囲の動物と信頼関係を築き、恐怖で羊たちをコントロールする牧羊犬たちとは違って、信頼と優しさによって羊たちを導いていく牧羊犬コンテストのシーン。なぜこんな映画の話を始めたかというと、高梨家に3年間通わせてもらい、その家族の姿を整理する中で、似ている部分があるのではないかと思ったからだ。家の中まで招き入れて下さった高梨家の方々を豚や羊に例えるなんて！　と怒られるかもしれないが、のびのびと生活する子どもたち、そしてそれを温かく見守る家族、親戚、ママ友たちの姿は、心優しいベイブの姿に重なる部分があるように思えた。そしてその優しさの中で育てられている子どもたちはのんびりと生活している。それでもそれはただ奔放に暮らしているのではなく、優しい導きによってゆったりと通るべきゲートを抜けていく。そんな風に感じていた。

　高梨さんのお家に初めてお邪魔したのは2016年の春。調査メンバーからの引き継ぎのため、もう一人の院生と一緒に駅近くの高層マンション上階にある高梨さんのお家に向かう。呼び鈴を鳴らすと、元気いっぱいのエミリちゃんと弟のケンくんの声がインターホン越しに聞こえる。エミリちゃんがドアを開けて中に招き入れてもらうと、ベランダから入る風と光が遮られることなく玄関を吹き抜ける。整理整頓が行き届いたお家に、たくさんの光が入って明るい。家の中から外を眺めると、展望台に上ったかのような風景が広がる。遠くの高層ビル群や近くの公園のモニュメントが一望でき、夜になるとその風景が美しい夜景へと変わる。

　調査初日、子どもたち二人からの元気いっぱいの歓迎の後、奥から母親のユミさんに出迎えてもらう。来年度から訪問調査の担当が私になることを説明させてもらい、簡単な挨拶をした。実際にはユミさんにお会いしたのはもっと前。2015年の5月、家庭班としての調査が始動した時だった。インタビューから始まった子育て調査の依頼にこたえてくれたのがユミさんだった。その時には

静かにクラシック音楽が流れる高梨さんのマンションのロビーで話を聞かせて
もらった。団地生活が長かった筆者は、マンションにこんなおしゃれな場所が
あるのか……！　と、場違いな感じがしてドギマギして緊張していたが、ユミ
さんの物腰柔らかい雰囲気と優しい笑顔で子どもたちの様子を教えてくれる姿
が私の緊張を解いてくれた。訪問調査でもそんなユミさんの印象は大きく変わ
ることはなく、落ち着いた優しい雰囲気で包み込まれるようだった。家庭の中
だからこその変化を挙げるとするならば、より生活に根差した母としての力強
さだろうか。食事作りや洗濯の家事を担い、宿題のチェックや学校に必要なも
のの用意など、子どもの学校生活を全面的にサポートする。家族の生活を守る
者としてのたくましさがあった。それでも、そういった日常に翻弄されている
ような印象はなく、楽しみながら全てをおおらかに受け止める優しさがあった。

　高梨家長女のエミリちゃんが本調査の対象児であり、この章の主人公の一人
である。エミリちゃんを表す四字熟語を一つ選ぶとするなら「文武両道」。幼
い頃から読書が好きで、ひらがなやカタカナも問題なく読むことができていた
エミリちゃんは、小学校入学後も勉強は簡単だと感じていた。入学してすぐの
4月、エミリちゃんに学校は楽しいか質問すると、「なんか、知ってることばっ
かりするの。ひらがなとか、学校でやるの！」とケラケラと笑いながら語って
くれた。2年生の終わりに返却された1年間の目標には「テストでぜんぶ100
点をとれるようにべん強する」と書かれていた。有言実行のエミリちゃん。機
会がある度に見せてもらうエミリちゃんのテストはいつも満点だった。2年生
時の初めての懇談の時には、その優秀さから塾に行っていないにもかかわらず、
担任教諭から塾に通っていると思われてしまい、母親のユミさんが戸惑ったと
いう経験を語ってくれた。エミリちゃんの秀でた学力は学年が上がっても維持
されており、3年生に上がってから改めて学校の勉強についてたずねた時には
「なんか、遊びみたい」と、相変わらず学校の授業の物足りなさを語った。

　こういったエミリちゃんの持つ優れた能力は学業面だけにとどまらない。エ
ミリちゃんの身体能力は非常に高い。3年生の春、学校では休み時間にドッジ
ボールをするのが流行っていた。「ボールを怖がるってことが全然なくて。男
の子とやりあっても勝っちゃうんですって」とユミさんが教えてくれる。それ
に続いて、エミリちゃんも「全然怖くない！」「顔面セーフ‼」と元気いっぱ

写真 4-3　元気いっぱい運動会の様子
出典：家庭提供。

**写真 4-4　綺麗にデコレーションを施した
　　　　ケーキを作成中**
出典：家庭提供。

いに答えてくれた。こういった普段の様子からもわかるようにスポーツも器用にこなしている。2年生から習い始めたプールでは進級試験に一度も落ちることなく、先に習い始めていた子たちをどんどん追い抜いて、順調に進級していった。「エミリちゃんすごいって聞いたで！」と周囲のママ友たちも驚きを隠せない様子だったという。もちろん、こうしたエミリちゃんの高い運動能力はエミリちゃん自身の持つ物怖じしない素質に由来するだろう。ただしそれは、エミリちゃんの能力のみに任されているのではなく、ユミさんも伴走者として懸命に支える姿があった。

文武両道とだけ聞くと少々いかつい印象にもなりかねないが、エミリちゃんは箸が転んでもおかしいお年頃。天真爛漫な笑顔で、周りにいる人たちもつられて笑ってしまう。この時期独特の前歯が抜けた笑顔もまた可愛らしい。口を大きく開けて、ひっくり返って笑うエミリちゃんの純真さは、周りの人を幸せにする力があった。

3. 高梨家の日常

エミリちゃんの日常は忙しい。幼稚園の頃、誘われて見に行った友だちのバレエ発表会で心を奪われ、エミリちゃんは年中からバレエ教室に通い始める。幼稚園時には週1回のレッスンだったが、小学校に上がってからは週2回

のレッスンへと増えた。他にも習い事として、年中から英語を、小学校入学後に通信教育を、2年生からはプールにも通うようになった。小3の頃には月曜日以外は習い事で、月曜日が唯一のんびりできる日だった。ユミさんは習い事が増えてしまうことで子どもへの負担が大きくなってしまうことを心配してはいるものの、エミリちゃん自身は非常に楽しんで習い事に通っており、習い事後の調査の時でも疲れた様子は一切見受けられることはなかった。

　訪問調査時には、調査者も子どもたちと一緒におやつをいただくというのが最初のルーティーンだった。おやつ

写真 4-5　発表会後。バレリーナ・エミリちゃん
出典：家庭提供。

を食べ終わるとエミリちゃんは宿題に取り掛かり、ケンくんは遊びに没頭、お母さんはほとんどの時間をオープンキッチンで料理作りに費やす。ユミさんは時間があればいくらでも作ってしまうというほどの料理好きだ。リビングのテレビの横に二つ、エミリちゃんとケンくんの勉強机が並べて置いてある。キッチンに立つお母さん、宿題に取り掛かるエミリちゃん、遊びに没頭するケンくんの三人それぞれの空間は緩やかにつながっている。

　高梨家には勉強部屋はない。リビングがエミリちゃんの勉強するスペースである。そのためエミリちゃんの宿題スペースとケンくんの遊び場は同じ空間になる。ケンくんが隣でうるさくしながら遊んでいる時でもエミリちゃんは気にするそぶりを見せない。そんなエミリちゃんの姿を見てユミさんの方が「よくこのうるさい中で勉強できますよね」と感心するほどだった。エミリちゃんの勉強する姿勢は「のめり込む」という言葉が一番適切かもしれない。

　エミリちゃんの通う学校ではたくさんの宿題が出され、1年生の終盤である2月には宿題として2ケタの足し算のプリント50問、2ケタの引き算のプリン

ト50問、漢字ドリルのお直し5ページ分、漢字練習のノート書き取り、漢字練習ワーク、音読1回、計算カードがその日の宿題として課されていた。宿題を終わらせるだけでも最低一時間ほどはかかるという。たくさん出される宿題を終わらせ、翌日の学校の準備のために、ユミさんはエミリちゃんと確認を一緒に行うことを怠らない。小学校入学当初は毎日大量のプリントを持参して帰ってくるため、ユミさんはそれをバインダーファイルに丁寧にしまい、それを見ながら宿題の確認、明日の持ち物、今日の出来事などをエミリちゃんに聞いたり指示を出したりしていた。宿題をする時にも最初の頃はユミさんがぴったりとエミリちゃんの横について、一緒に宿題をやっていた。だんだんと学校生活に慣れていくに連れてエミリちゃんに任せる部分も多くなり、宿題もエミリちゃんがまず自分で行い、それを後からユミさんがチェックする、というスタイルへと変わっていった。それでも完全にエミリちゃんに任せてしまうのではなく、ユミさんが宿題の内容を理解したうえで漏れがないようにしていた。

　宿題として出ていた音読のページをさらっと読み終えた後に「エミリちゃん？　二学期の音読のポイントは、句読点に注意する、ですよ？」とユミさんがどこに気をつけながら読まなければいけないのかということをアドバイスする場面もあった。その後エミリちゃんは句読点に気をつけながらもう一度音読をやり直す。お母さんは少し離れたところで洗濯物をたたみながらエミリちゃんの音読を聞いていた。

　このようにユミさんは宿題の漏れがないようにチェックし、学校から課されているポイントについても熟知していた。しかしそれは「鬼監督」のような厳しいチェックをするのではなく、エミリちゃんのやり方に寄り添った「伴走者」に近い姿であった。例えば、次のような場面があった。算数の宿題の丸つけをユミさんが行っている時、ノートを見ながら「これこんな字ぃ汚くていいの？」と聞く。エミリちゃんが「うん」と答えたので直させるまではしなかったが「字ぃちゃんとキレイに書きや？」と優しく伝える。次のページにくると「＝」がぐちゃぐちゃっとなって「ニ」や「Z」のように見えてしまっていたので「これはあかんわ〜。これ書き直しやな？」と言ってエミリちゃんにそこだけ書き直すようにうながす。お母さんは「ここママが消す？自分で消す？」とエミリちゃんに聞く。エミリちゃんが「消して〜」と言うと、＝のところだ

け消した。その後すぐにエミリちゃんが丁寧に＝の記号を書いた。このように、ユミさんは宿題をチェックしながら、どの程度できれば大丈夫かということを判断しながら、そのラインに届かない分はエミリちゃんにやり直しを求める。完璧なものを作るために一方的に「〜しなさい」という風に伝えることはない。子どもたちに任せつつ、最低限のラインだけは超えられるよう補助的な役割に徹していた。

写真4-6　X市のプログラミング教室でロボットプログラミングの体験
出典：家庭提供。

　母親のユミさんだけでなく、仕事に忙しいサトシさんも時間を見つけてエミリちゃんの勉強姿を見守っていた。サトシさんはすらりとした体型の温厚な男性である。話し方も物腰やわらかく、じっくりと子どもたちと関わっていた。宿題をしている時も、隣に座ってあまり多くは語りかけず必要になれば手を差し伸べるお父さんの姿があった。

　玄関から鍵の開く音がする。エミリちゃんとケンくんは声をそろえて「お父さん帰ってきた！」と嬉しそうに叫んだ。ユミさんからは「お、今日はめずらしく早い」と心の声が漏れる。今日は水曜日。ノー残業デーの日だった。お母さんは玄関の方までお父さんを迎えに行き、二人でリビングに戻ってくる。ユミさんはサトシさんの後を追いながら、今日スイミングの試験に飛び級で合格したことを嬉しそうに報告した。ユミさんは「日曜日の特訓の成果があったなぁ？」と笑って言う。子どもたちの水泳の上達具合が芳しくないと判断したユミさんは、市内のプールでエミリちゃんとケンくんを連れて特訓をしに行ったのだという。普段は割高なプールだが、日曜の4時以降には半額になるため、その時間帯を狙って特訓に行ったのだという。サトシさんは着替えないまま、

ユミさんの話を聞きながら、勉強しているエミリちゃんの横についた。エミリちゃんは漢字練習帳をやっているところだった。書き順を書く部分があったようで、お父さんはエミリちゃんの机の中から子ども用の辞書を取り出し、エミリちゃんがやっていた漢字を調べて「三画やって。ほら……」と言って辞書を見せた。その後もエミリちゃんが漢字練習帳をしている間、お父さんはずっと横のイスに座って辞書をぱらぱらめくりながら宿題の様子を見ていた。

4. 宿題──生活に必要なものとして、コミュニケーションツールとして、そして努力の証として

　エミリちゃんは勉強が得意な分、答えに自信が持てないものに対してはとても慎重になる。あてずっぽうで言う、ということがなく、うーん……と考え込んでしまう時が多い。そんな時にはお父さんが「言ったらいいやん。別に間違ってたってなんもならんねやから」と声をかけていた。ユミさんもそのサトシさんの言葉に応じて「そうそう、言ったらいいやん。間違った方が覚えられんねんで？」とエミリちゃんにさらなる助け舟を出す。二人に見守られながらじっくりと宿題を進めていくエミリちゃんの姿があった。

　ただ宿題が終わればいい、というのではない。宿題は目的ではなく、手段である。課される宿題の量が多ければ多いほど、宿題を終わらせることに目が行きがちだが、終わらせることがゴールなのではなく、宿題のその先に学びがあることをユミさんの働きかけは伝えている。エミリちゃんが1年生の夏休み、毎日することになっている計算カードの宿題をやるようにユミさんが声をかける。エミリちゃんからお母さんに読んで欲しいとリクエストがきたので、ユミさんは快諾する。エミリちゃんはユミさんの膝の上に座って、ユミさんがカードをめくり、エミリちゃんが答えを言っていく。単語帳のようになっている計算カードには計算式が、1+1＝、1+2＝、1+3＝……と、順番通りに並んでいるので、計算しなくても答えが言えてしまう。エミリちゃんの様子を見て、ユミさんが「エミリちゃん、ちゃんと暗記してる？　ちゃんと暗記しなあかんねんで？　暗唱してるだけやと意味ないねんで？　……二学期からは漢字も習うなぁ？　漢字読まれへんかったら困るなぁ？　……お店行った時、引き算できひんと、お釣りもらわれへんで？」と声をかけた。お母さんは勉強の意義を伝

えながらエミリちゃんに宿題のやり方を正すように伝える。エミリちゃんが計算カードをしている間、お母さんはエミリちゃんに占領されるような状態。お母さんとエミリちゃんが楽しそうにしているのをケンくんはうらやましそうにして、近くで見ていた。ケンくんはユミさんの椅子によじ登ったりして、ユミさんにくっつく。ユミさんは「ケン

写真 4-7　YMCA でのハイキングの様子
出典：家庭提供。

くんも１年生になったらあれもらえるからな？　それか、エミリちゃんが２年生になったらもらおうか。お下がりで。もう２年生になったらあのカード使わへんと思うわ」と声をかける。ケンくんはそれににこにこしながらうなずいた。計算カードに特別感を見出しているようだった。

　途中からエミリちゃんは自分で計算カードをめくり始める。答えを言うタイミングが少し遅く、裏面の答えを見てから言っているようにも見える。

　　母：（計算カード）めくる前に言わな。
　　　お母さんに言われてからもやっぱりタイミングが遅い。
　　母：めくる前！［エミリちゃん目をつぶって○○！　と答えを叫ぶ］そうそう（笑）
　　　お母さんはエミリちゃんと計算カードをしている最中もとても楽しそうで、エミリちゃんも面白そうにニコニコしながらやっていた。

　さらに、こうした勉強を通じて学校生活において成果を出せた時にも、その成果の裏に地道な努力があるということを伝える場面があった。小学１年生の 11 月、エミリちゃんがユミさんに漢字テストで満点を取ったことを報告した時のことだった。ユミさんはその報告を受けて「すごいやんか。えらいなぁ。でもそれはエミリちゃんが毎日ちゃんと勉強してるからやで？　一生懸命して

るからできてんで？」と声をかける。こういった勉強の意義や日々努力することの意義を説明することを通じて、エミリちゃんの勉強に対する動機づけが行われていた。宿題をしているエミリちゃんとお母さんとのやりとりの中にケンくんが遊びをやめて後から入ってきたことからも推測されるように、勉強の時にはお母さんがずっと一緒にいてくれるということを子どもたちは認識しているようだった。宿題で手伝いが必要だと言われればユミさんは離れるわけにいかず、ずっと近くで見ていることになる。エミリちゃんとユミさんの間では宿題を中心とした勉強がコミュニケーションツールとしての役割を果たしているようにも見えた。

5.「学校ってな、図書館あんねんて！」

　両親ともに読書家であることも影響して、エミリちゃんもケンくんも本が大好きだ。休日には一家そろって大型複合施設にある大きい本屋さんに行くことが多い。せっかくいろいろな施設やお店が入っている場所であるにもかかわらず長い時間本屋で過ごしてしまうため、結局本屋にしか行かずに帰ってきてしまい、ユミさんは「あそこまで行く意味あるんかな……」とこぼすこともあったが、エミリちゃんはすかさず「だってあそこの本屋さん広いんだもんー」ととても楽しそうに返していた。「お父さんが数学の本とか買うと、それ見てエミリちゃんが『パパだけずるい！』ってなって、『自分も算数の本買う！』ってなって。『じゃあママも』ってなって。結局全員買うみたいな……」と、本好きな高梨家では誰か一人が本を買うと自分も自分も、となって結局全員本を買うことになっ

写真4-8　エミリちゃんが大好きな本の作家さんのサイン会
出典：家庭提供。

てしまうとユミさんは笑いながら教えてくれた。ママ友からはめっちゃお金かかるでしょうとか、図書館でいいやん、とか言われることも多い。それでも何回も読むということや、サトシさんは幼少期に近くに図書館がなかったため図書館に行く習慣がなかったことなどもあり、「やっぱり絵本ならお金使ってもいっか」とユミさんは考えている。買い溜めた本は家の中だけで収納しきれないほどの量になり、読み終わってしばらくは読まなくなりそうな本は実家の方に送っている。「実家の方も家が沈むんちゃうかっていうくらい本があって……」と笑顔で語る。

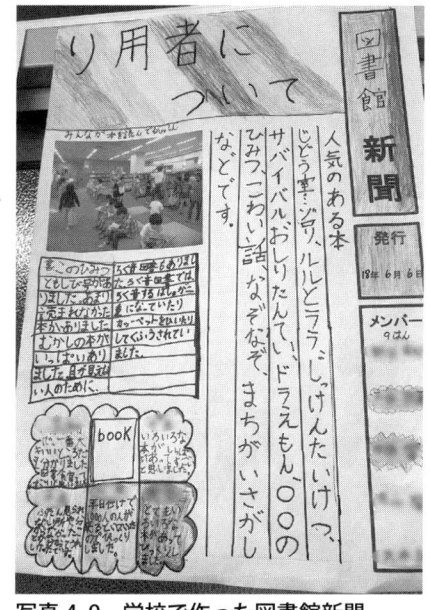

写真4-9　学校で作った図書館新聞
出典：家庭提供。

　小さい頃から本に慣れ親しんできたエミリちゃんは小学校入学にあたって楽しみにしていたことがある。それは学校の図書室である。幼稚園の年長時、「学校探検」という小学校見学の機会が設けられていた。学校探検があった日、エミリちゃんは「めっちゃたくさん本があってな、全部読んでもいいんやって！」と、とても興奮して帰って来たという。幼稚園には図書室がなく、それぞれの部屋に少しだけ本が何冊かあるだけだったため、本がたくさんある小学校の図書室はとても魅力的に見えたのだろう。このエピソードを聞いた時には『美女と野獣』に登場するベルの姿が思い浮かんだ。その読書量に比例して、エミリちゃんの本を読むスピードはとても速い。長期休暇の度に出される課題図書も物足りないと感じており、課題図書の中から一番分量があるものを選んでいた。豊富な読書量に支えられたエミリちゃんの能力は、読書感想文が代表として選ばれ表彰状をもらうほどである。このような膨大な読書量はエミリちゃんの豊富な語彙力をも養っている。

　　エミリちゃんとケンくんが一緒に同じ本を読み始める。ケンくんが前後のページを見ようと力尽くでページを変えようとするのでエミリちゃんがケンくんに注意する。

エミリ：あぁもう乱雑にするんやったらやめて！　もう乱雑にしないで！

母＆＊：乱雑……（笑）

母：もうほんとにねぇ……どこで言葉覚えるんでしょうねぇ ‥‥‥。

※：エミリちゃんすごいボキャブラリー多いですよね。前もびっくりさせられました。なんだったっけな……「たまげた」！

母：あぁ、「たまげた」使ってましたね（笑）。どこで覚えるんだか……。でもやっぱり本でしょうね。

※：そうですよね、そう思います。

母：私も前驚かされたのがあって……「足下」かな。確かに「足下気を付けて」とか言うけど、ちゃんと理解してんねやって。

　このようにエミリちゃんの使う言葉に驚かされることが何度もあった。このエミリちゃんの語彙力はユミさんが指摘するように、読書量に支えられている。そしてその語彙力はただ単に「知っている」のではなく、適切に使うことができるのである。

6. サンタさん、1000万円のプレゼントをお願いします

　小学1年生の12月20日、クリスマスを目前に控えていた。エミリちゃんとケンくんは欲しいプレゼントを記した手紙を、サンタさんに見えるように手紙を外側にした状態で窓に貼り付けて準備万端だった。その日、エミリちゃんとケンくんは勉強机に向かって、トイザらスのカタログを真剣に見ていた。お母さんはその姿を見ながら「それほんまに楽しそうに見てるなぁ？」と目を細めた。二人はカタログを見ながらどれがいいとか何がいいとかいう話を楽しそうにしていた。高そうなおもちゃを欲しそうにしている二人にお母さんが「サンタさんにそんな高いのお願いしたら破産してしまうで。だってサンタさんはみんなにあげなあかんねんで？　プレゼント。サンタさん買ってくれるのは、こ

こ見て？　ここの数字（千の位）が1か、2のものやわ。1かな」と声をかける。エミリちゃんはカタログの一つを指差し、「これいいなぁ」とつぶやく。お母さんは「それなんて書いてある？」と尋ねる。エミリちゃんは素早く「1！」と答えた。「ちゃうやろ、8やろ」とユミさんが冷静にツッコむ。エミリちゃんは「わかってたけどわざと間違えた〜」と、にこーっと笑う。ユミさんはその反応を見て「なんなんそれ（笑）……ほら、これ。なんて読むん？　エミリちゃん」とカタログに書いてある値段の読み方をエミリちゃんに聞いていく。お母さんはカタログの数字を指しながら、4ケタの数字を何て読むのかエミリちゃんに聞く。エミリちゃんがちゃんと読めると「そうそう！　すごい‼」ととてもうれしそう。

母：これはな、1やけど、違う1やからな（桁が上って1万円のおもちゃ）。こっちはもっと高いねん。ほら、こっちから一つ大きくなってるやろ？

エミリ：14……。

母：そう、14！　すごいやん！　そうそう、そういうこと。これな、「まん」って読むの。

エミリ：まん。

母：そしたらこれなんて読むかわかる？　1、10、100、1000、10000やから、ここが10000。10000の位が1ってことは？

エミリ：1000万。

母：ちゃうちゃうちゃう（笑）。1000万やったらやばいわ（笑）。そしたらここ全部でなんて読むん？　全部読んでみて？［エミリちゃんが5ケタの数字を読む］おぉーっ読めるやん！　すごい！

　しばらく経ってからもエミリちゃんケンくんがまたこれがいい、という話をしている。二人とも全然カタログから離れず真剣に見ている。

母：真剣に見てるなぁ。めっちゃ長いこと集中して。その力を勉強に注いだら、むっちゃ……（笑）。

　話をしているうちに、お父さんが帰ってくる。8時少し前。今日はノー残業

デーだ。帰って来ると、ユミさんが今日の子どもたちの様子を報告するようなかたちで、両親揃っておかしそうに子ども二人の話をしていた。一番盛り上がったのはケンくんのかっぱ恐怖症の話。先日ちびまる子ちゃんのアニメを流していた時に、カッパの話が出てきて、カッパが尻子玉を取るというエピソードがあったらしい。それを見てケンくんは河童に尻子玉をとられるということにとてもおびえていた。訪問時、何回かユミさんがケンくんに「サンタさんに来てもらえへんくなるで？」と注意していたが、サンタさんが来なくなる、というよりも「そんなことしてるとカッパが来る」という方が威力抜群だった。「カッパ来るかも」と言うと、ケンくんはすぐに散らしていたブロックや恐竜の人形を片付け始めていた。

> **母**：そんなに怖いん？　なんなん尻子玉って（笑）。
> **父**：キュウリあげたら？
> **ケン**：いや!!!!

　ケンくんとお母さん、お父さんがしゃべっている間に、エミリちゃんはすーっといなくなって、机に一人で向かい練習問題のようなものを棚から出してもくもくと取り組み始めた。ちょっとしてからエミリちゃんが机に向かっているのにユミさんが気づいて「エミリちゃんは急に何してるん？」と言って笑った。エミリちゃんはそのお母さんの声も聞こえないほど集中しているようで、反応せずに黙々と練習問題に取り組んでいた。

7. 夏休みの書道

　小学２年生の夏休み、ユミさんがエミリちゃんに、調査者に夏休みの宿題を見せてあげたら？　と声をかけてくれる。すでにばっちり宿題を終えてランドセルにしまってあり、明後日の学校再開に向けてすでに準備万端な様子。その手提げ袋の中から宿題を取り出して見せてくれる。とても綺麗な文字で「たわら」と書いてある。書道は冬休みの宿題だとばかり思っていたので驚いていると、やってもやらなくてもどちらでもいい自由課題であるということを教えて

もらう。書道のセットは3年生になってから買うことになっているが、ユミさんのお母さんが書道のセットを一式持っているため、それを使って書道に取り組むことに。3年生に上がってから買うのは、書道のセットに加えて漢字辞典。エミリちゃんは既に漢字辞典を持っているため、学校側からはすでに持っている児童はその辞典を使っていいという風に伝えられているが、「みんなと一緒の方が、

写真4-10　国語のスイミーの授業と関連させて絵具で描いた作品
出典：調査者撮影。

先生もやりやすいしって思って。まぁ辞書はそのまま学校に置いておくだろうから、今持ってるのは家用で置いといたらいいか」と考えており、学年が上がった時には改めてみんなと同じ辞書を買う予定である。

> **母：**もうこれ（習字）書くのも大変だったんですよ。何枚も書いて。おばあちゃんにお手本書いてもらって、それ横に置きながら。私がずっと横について見てたんですけど。何枚も書いて、おっうまく書けた！っていうのがあって。もうそれ見て、「もうこれにしよう。これすっごい良いからもうこれにしよう。これが絶対一番いいわ」って。それでそれにしようと思ってて、でも細筆で、名前書いたら、「たかなり」って書いちゃって……（笑）。もうその瞬間終わった‼って思って（笑）。やり直しや！　また書かなあかんってなって。もうイライラする！って（笑）。
>
> **※：**そうだったんですね……（笑）。じゃあこれはその後に書いて上手くいったやつなんですか？
>
> **母：**そうなんです。もうそれでいいよ、それにしようって。もうだんだん疲れてきて。去年も書いたんですけど、細筆まではさすがにたどりつけなくて。それで書いたけど出さなかったんですよ。でも出した方が

よかったらしいんですけど……。うちの母親が、書道してて。師範な
んですよ。別に教室とかはしてないんですけど。私はしてなかったの
で、ちょっと教えてもらえたらいいかなって。

　母方の祖父母も父方の祖父母も近くに住んでいるため、多くの関わりがある。
この夏休みの書道の一件はその代表である。ユミさんのきょうだいの子どもた
ちがエミリちゃんたちと同じくらいの年のため、ユミさんの実家の方には週１
〜２のペースで帰り、よく遊ぶのだという。赤ちゃんの頃から遊んでいるため、
本当のきょうだいみたいに仲良くしているという。子どもの年齢も近いことも
あり、勉強道具や遊び道具、本などをもらったりすることも多い。
　サトシさんの方は、実家はもとより、祖父母が働くお店が家の近所であるた
め週３ほどのペースで会っている。エミリちゃんの習い事の間、たいくつして
しまうケンくんを預かってくれたり、遊びに連れていってくれたりするという。
「お野菜はおばあちゃんが持ってきてくれるので、野菜買うことはほぼなくて、
むしろくれるのをいかに消費するかが大変」とユミさんはインタビューで語っ
ている。サトシさんの両親からもらう野菜は無農薬で、化学肥料も一切使って
いないものだという。そのため「味の濃さが普通に売っているものとは全然違
う」とユミさんは語る。野菜がとてもおいしいためエミリちゃんとケンくんが
取り合いでケンカになるというほどだ。
　ユミさんとの会話で登場する親戚はみんな本が好きという印象だ。エミリ
ちゃんやケンくんよりも年上のいとこのお家から、そちらの子どもたちが読ま
なくなった本などをよく譲り受けるという。お下がりの本を嫌がるような感じ
は全くなく、新しい本が手に入ることの方が嬉しいという反応を見せていた。

8. ママ友・先輩ママとのつながり

　ママ友はユミさんにとって重要なサポーターである。ママ友は、わからない
ことがあったら何でも聞くことのできる重要な相手であり、休日の日には一緒
に子どものことを見ていてくれる共同子育て者でもある。特に、わからない時
に相談できるママ友がいることは心強い。というのも、幼稚園であれば細かく

事前に指示があったのに対して、小学校に上がると子どもから伝え聞くしか情報元がないことが多いからだ。小学校に入学してからの序盤、ユミさんはこの点に不安を感じていた。学校から求められていることがわからない時、ママ友に聞いて確認をする。ある時には、ユミさんがママ友に聞き、そのママ友もわからず、別のママ友に聞き、そのママ友が学校に直接電話を入れてようやくわかったということがあった。「先生に聞くっていう発想なかったですねぇ」とユミさんは少し驚いていたが、どうやら学校に直接問い合わせたママ友は学校で役員を務めていたために学校に直接聞くということのハードルが低かったらしい。このように、エミリちゃんの学校生活は盤石なネットワークに支えられている。

　このママ友のつながりも、ランダムにいろいろな考えの人たちで構成されているというよりは、向学校的なママ友が多いようでもあった。そのため、ユミさんとママ友の子育て観が同じ方向を向いているため、ユミさんにとっても指針となりやすい。例えば、夏休みの宿題に関して、ユミさんが夏休みの宿題が少ないと思ってママ友に話した際、「ママ友とも少ないなぁっていう話して、みんなドリル買ってやらせてるっていう風に話してたんで、うちもドリル2冊ずつ買ったんですよ」ということがあった。

　さらに、ママ友だけでなく、「先輩ママ」と呼ばれる、自分の子どもよりも年上の子ども、それでいて子ども同士の年齢差が大きすぎない子どもを育てているお母さんもユミさんにとって頼れる存在である。その大きな理由も先ほど指摘した、学校からの指示の少なさにある。「幼稚園やったらこうこうこういう風にしてくださいって、めっちゃ細かく指示があるんですけど、小学校になったら全然ないんですね。子どもから口頭で聞くみたいな。でもようわからへんから……同じマンションで先輩ママがいるんですけど、その人に頼りっきり」になるのだという。

　スマホはそんなママ友とのやりとりに欠かせない。「もうスマホじゃないとねぇ……ほら、みんな今日のわかんないのだってなんだって LINE で連絡取るでしょう？　そういうのもできなくなっちゃうから。いろいろわかんないことあっても、ママ友に LINE で連絡して聞いたりするから」と語る。エミリちゃんがユミさんの LINE の友だちリストを説明してくれた時にも、名前が挙がる

のはほとんど「○○ママ」だった。ママ友でなく名前が挙がったのは父親のサトシさんと親戚ぐらいだった。それほどLINEが子育てに関する情報を得るのに欠かせないものになっていた。また、子育てだけでなく学校のことに関しても LINE を通じて気軽に相談することができる。例えば、行事の時にも雨天中止になるかどうか微妙な時には LINE でどうする？　と、みんなで相談することも多い。LINE も情報を得るにはとても重要なツールの一つではあるものの、「わざわざ LINE で聞くほどじゃないし……」と判断に迷う時には同じマンションに住んでいる先輩ママにばったり会った時にいろいろ聞くことができて助かる、という話もしていた。

　また、小学校内のママ友ネットワークのみでなく、これまでに形成されたママ友ネットワークも維持されていた。例えば、2年生の夏休みの時には幼稚園時代のママ友と連絡を取り合い、それぞれの小学校でどれくらい夏休みの宿題が出ているのかということを写メ付きで情報交換をしていた。それを見て、ユミさんは、エミリちゃんの通う小学校は宿題が少ない方であるということを知る。さらにエミリちゃんの通う学校で出される宿題は全部わら半紙で出されているのに対して、市内の他の小学校では市販のドリルが数冊宿題として出されていた。こういった学校ごとの違いを受けて、ユミさんは「でもこんなに夏休みの宿題とか違ってたら、中学校とか入ったら学力とか全然ちゃうんちゃうかなぁって……。お友だちのお姉ちゃんが結構年離れてて、中学なんですけど。最初、X小（エミリちゃんの通う小学校）の時はめっちゃ上の方やって。それでZ塾（関西圏で有名な進学塾）行ったらしいんですけど。結構学校では成績良かったから、塾でも結構上の方のクラスになるんちゃうかなって言ってたんですけど、結局全然やわ〜って。全然真ん中くらいのクラスやったわぁ〜って。お友だちも全国統一模試みたいなのを受けたって言ってて。そんなん聞いたらうちこんなんでいいんかなって。何もせんでいいんかなってすごい不安になって……。でも今から塾に行かそうかとかそんなつもりもないし……。でも不安で……」と頭を悩ませていた。このように小さい頃に形成されたママ友ネットワークは、エミリちゃんが通う小学校以外の情報を得る上でとても重要になる。そういったネットワークから得られる情報を通じて、中学に上がってからのことを見据えつつ、現在の育て方についてユミさんは思いを巡らせていた。

9. まとめ

　高梨家の関わりは、押し付ける、ということがない。「親」であっても「子ども」であっても、それぞれを尊重しあう「空気」が途切れることなく続いていく。そしてそれぞれが、それぞれのやりたいこと、やらなければいけないことに没頭できる環境が整えられている。誰かが自分のことを主張しすぎる、ということがない。お互いのことを思いやりながらそれぞれの生活をすることができているように調査者の目には映った。それでも完全に個人が独自のことをして孤立することがなく、適度な距離感が保たれている。

　この雰囲気を醸成させることを可能にしているのは他でもない母親ユミさんの力である。絶妙なバランスを保つことによって高梨家の成員がそれぞれの生活を営むことができている。膨大な家事をこなし、エミリちゃんの学校生活を支え、子どもたちが楽しみながら成長できるような環境を整え、外で働く父親サトシさんと子どもたちの架橋になる。一人多役をこなす。それでいてユミさん自身がそこでの主役的なポジションに立つことはない。環境を整え、あとはそれぞれに任せる。あくまでユミさんが支援するのはエミリちゃんの意思決定である。学習・成長のトラックをひた走るランナーとしてのエミリちゃんを温かい声援と激励で励ますサポーターとしての母ユミさんの姿があった。

　教育に特化していえば、エミリちゃんが宿題をきちんと終えられるよう、最低ラインは必ず超えられるようにサポートを行ったり、子どもの教育的な興味関心を広げることができるような経験を日常生活の中で提供したりするなど、子どもの成長が促されるような環境を整えていた。その関わりの中にはかならず「遊び」が残されている。全てを手取り足取り教えるのではなく、「どうしたらいい？」と子どもたちの考える余白としての「遊び」がある。その残された遊びの中で、エミリちゃんはどうしようか、と今日も考えを巡らせている。

　ここまで見てきたように高梨家は豊富な経済資本、潤沢な本や辞書などの文化資本、ママ友、先輩ママ友、親族など多様な社会関係資本を有しており、それらの豊富な資本を活用しながら子育てをする高梨家の中でエミリちゃんは育てられていた。またそうした資本を高梨家がただ「保有している」のではなく、

ユミさんによって資本の転換が行われていた。経済資本がたくさんの蔵書やたくさんの習い事、プールの特訓などの文化的な活動といった文化資本へと転換されていた。また、親戚ネットワークやママ友ネットワークも文化的な活動や宿題や学校行事といったエミリちゃんの学校生活をサポートするのに必要な情報となり、さらには長期的な教育戦略を描くために重要な情報源になっていた。豊富な資源を活用しつつ、指揮を執るユミさんを中心とした多くの人たちに導かれて、エミリちゃんはゆったりとまた一つ、また一つ、と着実にゲートをくぐっていく。

第5章

経済資本を活用する家庭

さまざまな体験を将来の財産に！

野﨑　友花

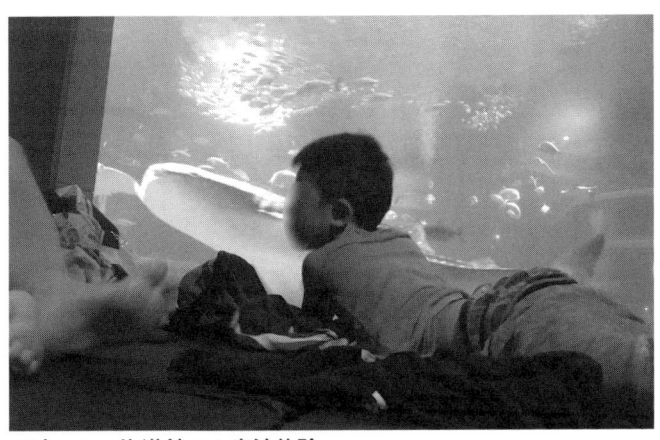

写真 5-1　海遊館での宿泊体験
出典：家庭提供。

花田家のプロフィール（2019 年 3 月時点）

家族構成：母・ミカ（40 代前半）、父・スグル（40 代前半）、兄・マサト（小 5）、
　　　　対象児・リョウ（小 3）。

母：短大卒業後、就職。その後、結婚。第一子の出産後は専業主婦をしていた
　　が、対象児が小 1 の秋から、平日昼間に事務のパートを始める。小 1 時は、

　　小学校の PTA の役員も担当していた。

父：理系の大学院を卒業後、通信系の会社に勤務。対象児が小 1 となる春から
　　勤務地が名古屋へ異動となり、新幹線で通勤している。

マサト：小学校 5 年生。対象児より 2 歳年上。弟に優しいお兄ちゃん。

リョウ：小学校 3 年生。性格は内弁慶。体を動かすことやモノづくりが大好き。

（なお、**表 5-1** は 2019 年 3 月時点以前の出来事をまとめたものである）

1. 花田家のリョウくん

1.1 花田家との出会い

　X 市駅から自転車で 15 分ほどにある閑静な住宅街に、花田家は住んでいる。
10 年前ほどに購入された洋風なレンガ調の一軒家である。花田家への初訪問
日は、リョウくんが幼稚園を卒業間近にせまった時であった。少し春めいてお
り、花粉症の人は「この季節がまたやって来たな」と感じ始める時期でもあっ
た。

　その当時、リョウくんはスイミング、ピアノ、サッカーと平日に週 3 回の習
い事と通信教育を受講しており、幼稚園から帰った後の夕方は大忙しであった。
最初の訪問日も、帰宅してからスイミングに行くまでの時間帯にお邪魔したほ
どだ。

　母はスイミングの送迎があるため、その合間に夕食の支度を行う。幼稚園の
制服から着替えたリョウくんは、母親から「今日は豆ご飯だよ。豆むく？」と
伝えられると、「やったー」と大喜びし、専用のお立ち台をシンクの前に置き、
お母さんの隣でお手伝いをする。この日は夕食のお手伝いをしていたが、通信
教育の教材をすることもあるそうだ。

　幼稚園時代に習い事をしてこなかった筆者は、花田家の子どもたちの忙しさ
に正直驚いた。しかしリョウくんは、あたりまえの日常として過ごしていた。
次頁に示した「対象児に関する出来事年表（年長〜小 3 まで）」を見ていただく
と、リョウくんは習い事だけでなく、さまざまなイベントにも参加しているこ
とがわかる。花田家に行く度に、子どもたちが体験した内容とそこで作った作

表 5-1　対象児に関する出来事年表（年長～小 3 まで）

年度	学年	月	対象児に関する出来事			
			学校関連	学校外関連		家族関連
				学習・生活	習い事	
2015	年長	5			ピアノ、サッカー、スイミング、通信教育 Z 会を習う	
		7		海遊館での宿泊体験		
		3				沖縄へ旅行
2016	小 1	4	・公立小学校入学 ・母、PTA の委員になる			父親転勤：名古屋まで新幹線通勤
		5		・大分へ旅行 ・三重にキャンプ ・貝殻でリースづくり ・アイスづくり		
		8		海遊館での宿泊体験		
		9	市役所で作品が展示される			母親：パート勤務（3 時間）を始める
		12		クリスマスツリーの飾りづくり・ケーキづくり	・ピアノ発表会 ・お絵描きロボットづくり ・チームラボの光ミュージアムに行く ・通信教育 Z 会を退会	
2017	小 2	4			平日に遊べる日をつくるために、スイミングは土曜日に移動	
		7		・7 月中に夏休みの宿題を終える ・夏休みは兄弟のみで留守番をする		母親：仕事場が変わり、週 5 勤務になる
		8		自由研究はカブトムシ、クワガタを粘土で作成		キャンプ
		9			▼	
		12			・ピアノ発表会。発表会後にピアノをやめる ・公文（算数のみ）に通う	
		3		ピアノリサイタル鑑賞		
2018	小 3	4		公文：英語も習い始める		
		7		公文実施の外部テストを受験する		
		8		キャンプで日時計をつくる		岐阜県へキャンプ
		1				
		3			▼　　▼　　▼	

出典：著者作成。

品を説明してくれた。ロボットや盆栽づくりについて語ってくれるリョウくんは、小さい体でありながら知識豊かであった。子どもたちに熱心に教育投資する理由について、母親は自身の被養育経験から語ってくれた。

> **母**：うちの母親はあまり家にいるタイプの人間ではなかったので。すごく小学校の時にさみしい思いをしたので。ほんとに子どもの教育に関してはあんまり無関心な人だったので。自分がされなかったことを子どもにしてるみたいな感じのことはあるかもしれないですね。

　母親ミカさんは、自身の母親を反面教師にして、子どもにはできるだけ多くの体験をさせたいと考えていた。

1.2　学習も遊びもリビングで

　花田家は玄関を過ぎると、リビングとダイビングがつながった広々とした空間があり、IKEA で買われた家具がオシャレに配置されている。2 階もあるが、子どもたちはほとんどの時間をこのリビングで過ごしている。1 階の間取りを下記図 5-1 に示しているが、学校や習い事の宿題は子ども用の小さな机で行っている。学校や習い事の準備も 1 階ですべてできるように用具が置かれている。またよく使うゲームやおもちゃも、1 階に置いてある。そのため、友だちが遊

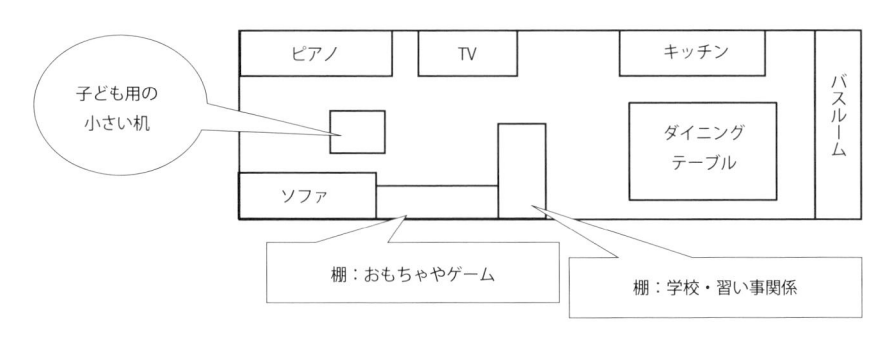

図 5-1　1 階の間取り
出典：著者作成。

びに来てもリビングで過ごす。用途に分けて棚や空間が配置されているため、リョウ君が年長児の時でも、どこになにがあるかがわかり、必要なものを自分で出して準備や片付けができるようになっていた。

　またキッチンで料理をしている母親からは、子どもの様子がわかるちょうどよい距離となっている（図5-1）。

1.3　子どもたちが運動する場所がない!?

　花田家が住む地域には大きな貯水池がある。リョウ君が小1になった訪問時、母親と調査者が「まだ（リョウ君が）帰ってきませんねー」と言って、外に出てみると、ランドセルを背負ったまま溝を必死に覗き込んでいるリョウくんと友だちの姿が見えた。

　下校の途中に、友だちと一緒になってザリガニを探しているのだ。リョウくんは、貯水路が近くにあるため、「小さいエビやカニも、たまにいるねんで。この前は、こーんな大きいザリガニがいたんやで！」と、目をキラキラと輝かせて教えてくれる。「ザリガニ探し」は、学校から家まで30分かかる下校の楽しみの一つとなっていた。

　もう一つのリョウくんのお気に入りの遊び場所は、家の前にある幅5メートルの路地である。子どもたちが「ボール遊びをしたいなぁ」と思った時は、家の前の路地となる。しかし、ボールを思いっきり投げたり、蹴ったりすると、よその敷地に入ったり、坂道を転げ落ちたりする。車もバイクもよく通る路地なので、とても危険である。

　路地で遊ぶ理由は、すぐ近くの公園はボール遊びが禁止されたからだ。リョウくんの兄は「どうにかしてください。子どもの遊び場がなくなっているんですよ！」と真剣な顔で訴えるほどである。いつも温厚な兄とは一変したその様子からも、子どもたちがボールを思いっきり蹴ったり、投げたりできる場所がなくなってしまった悔しさが伝わってくる。

　母もまた、子どもたちを運動させることについて次のように話す。

　　母：子どもたちが遊ぶ場所がなくなってしまって……。少し遠いところに

公園があるんですけど。小学校低学年の子どもだけが行くのには遠くて。子どもに運動させたいと思ったら、お金を払ってさせないとだめなんですよ。だから、お兄ちゃんもサッカーを最近になって習い始めて。

　花田家が住んでいる場所は、お金を出さなければ、思いっきり運動ができなくなっている現状がある。親の経済力に応じて、子どもの遊びや体験でさえも格差が生じていることが示唆される。

　ただし路地での遊びは、近所の人たちと触れ合う機会にもなっている。兄弟でボール遊びをしていると、犬の散歩をしているおばあさんが「いつも、仲良く遊んでいるね」と声をかけてくれる。また近所の猫が近くに現れると、「チロー、おいでー」と名前を呼びながら撫でにいったり、学年が違う女の子が通った時も、「おぉ。今から、どこいくの？　習い事？」「うん。英語」「がんばってなー」といった会話が交わされる。こんなふうに近所の人々と何気ない会話や触れ合いが、その路地では生み出される。

2. より良い学びを受けさせたい──幼稚園と習い事の選択

▌2.1 カリキュラムが充実している幼稚園を選択

　花田家の教育の特徴は、子どもへの教育に対する関心の高さである。より良い学びを受けさせたいという母親の熱心な思いが、幼稚園や習い事の選択に表れている。

　リョウくんが通っていた私立 A 幼稚園は、幼稚園の送迎バスで 15 分ほどかかる場所にある。兄も同じ幼稚園に通っていた。母は兄の入園時期に、近隣の幼稚園をいくつか見学して決めたという。

　※（調査者、以下同様）：幼稚園を選ばれた理由というのは。
　母：第 1 子の時にちょっといろいろ近隣の幼稚園見学をさせてもらってて。
　　　やっぱり自分の行かせたいような幼稚園のカリキュラム内容だった

り教育方針だったりがそこだったので。

※：具体的にいうとどういうところが特徴なんですか。

母：まずあいさつをきちんとする。ごめんなさい、おはようございます、さようなら、いただきます、ごちそうさまでした、そういうのが事細かに。ちゃんと指導してくれるところで。

※：そこで幼稚園でやってる活動内容っていうのもわりと特色があるんですか。

母：一応、造形ですかね。描画とかああいうのには力を入れてるような感じはしますけれども。あと、体育お遊びとか。専任講師招いて体育遊びをしたりだとか。

　文字は、自分の名前ぐらいはちょっと書けるようにしようかなみたいな感じですけど。

※：幼稚園に、満足されていますか。

母：そうですね。

※：どんなところにですか。

母：やはりちゃんと指導してくれる。先生がとても熱心で、すごく教育されている先生なので。わりともう子どもたちも統率取れて動けてますし。そんなにこちらからの要望っていうのはないですね。

　お兄ちゃんの時から知っているので、もう5年目で、もう、よく知っているという感じですので。

　上記から、A幼稚園のカリキュラムや教育方針が、母親が望むような教育内容であったことがわかる。具体的には、挨拶をきちんと指導していることや、造形、描画といった創作活動に力を入れていることである。また、「体育お遊び」といって、専門の講師を招いて体を動かすことにも積極的に取り組んでいる。学習に対しては、自分の名前は書ける程度の指導はしてくれるそうだ。このようにA幼稚園の教育活動は、芸術や体育に特に力を入れており、多様な活動を幼稚園でも経験できるようになっている。

2.2 四つの習い事──教育費は月2万円程度

　幼稚園の時に始めた四つの習い事を通して、リョウくんはさまざまな経験を積んでいた。それは単に小学校準備に向けた学習に関するものだけでなく、子どもの体力づくりや芸術的な感性を育成するものもあった。通信教育の学習内容や学習する時間について、母親は次のように説明してくれた。

　　　母：ひらがなと。あとは計算です。例えば、ここにリンゴが三つあります。
　　　　　袋の中に1個あります。全部でリンゴは何個ですかみたいなとか。点
　　　　　描画っていうんですか。1234と点を順につないで結んでいくっていう
　　　　　ものです。
　　　※：学習する時間って決まっているんですか。
　　　母：幼稚園から帰って来た時とか。ちょっと時間ある時とか3時のおやつ
　　　　　までとか。
　　　　　　朝起きてちょっと時間ある時とかにシャーッと。この時間に勉強を
　　　　　やる時間だよっていうことではなくて。手持ち無沙汰な時にやってる
　　　　　みたいですね。

　毎日の学習する時間を決めてはいないものの、「手持ち無沙汰な時にやる」といったように、文字や計算に触れる機会を常に用意していることがわかる。そのおかげであろう。小学校に入りたての頃に実施した紙芝居の作文づくりでは、リョウくんはとても良い姿勢で、すらすらとひらがなを書くことができていた。

　通信教育以外に、スイミングとピアノとサッカーを幼稚園の頃から週1回の頻度で習っている。スイミングを選んだ理由について、母は「小学校では結構やるみたいで」と語り、学校教育を意識していたようだ。もう一つの理由としては、「体力をつけるため。やっぱり風邪をひかない体。しょっちゅう風邪ひくんで」と話す。

　一方、ピアノを始めたきっかけは、先に習っていた兄の影響を受けており、週1回通うピアノ教室は自宅から自転車で兄と通っている。毎年12月初旬に

は、ピアノ発表会が市にある大きなホールで開催される。そこでは、リョウくんの個人での演奏と、兄と連弾演奏を行い、大きな舞台に立つ経験をしている。また小1の冬には、これまで使っていた電子ピアノの代わりに、母親の実家から運んできた茶色い大きなピアノが置かれ、よりよいピアノの音を感じることができるようになっていた。

　サッカーは、本人が好きで始めたそうだ。家にはサッカーの技術書がたくさんあり、それをいつも読んでいる。またサッカー教室で教えてもらったトレーニング法を、遊びの中でリョウくんが意識的に取り入れて、体力をつけようとしていた。休みの日には、父親と一緒に、近くで開催されるサッカーの試合を見に行くことも多い。

　このように花田家では、習い事を早いうちから行っていること、また同時にホンモノに触れ合う機会をたくさん取り入れることによって、子どもたちがあこがれを抱き、習い事への意欲を生み出すような働きかけがなされている。

3. 花田家の休日

▌3.1 子育てに積極的にかかわる父親

　リョウくんの父親は、通信系の会社に勤めており、土日は完全に休みである。そのため休みの日は、「お父さん、あそぼ、あそぼ」と言って、子どもたちだけではなかなか行けない家から少し離れた大きな公園に行くという。そこで思いっきりボール遊びをするそうだ。

　父親は遊ぶだけでなく、子どもに対してしっかりと怒ってくれるという。母親のインタビューでは、父親の子育てへの関与について次のように語られた。

　　※：お父さんとは、お子さんに対していろんな話をするんですか。怒った
　　　　り叱ったりするのも一緒にという感じですか。
　　母：そうですね。日々の細かいことは私が小言を言ってるんですけど。
　　　　やはり怒ってほしいというかガツンと、ちょっと父親が怒ってくれ
　　　　る時はありがたいですね、すごく。

※：お子さんから見てやっぱりお父さんは怖い存在という感じなんですか。

母：そうです。面白くって、お父さん、お父さんって、遊ぼ、遊ぼって言うんですけど。やっぱり怒られる時はすごく怒るので。

特に小学校高学年になる兄は、母親の言うことを聞かなくなってきたため、父親にビシッと言ってもらうそうだ。訪問時に兄が、宿題をせずにリビングで寝転がっていると、母は調査者に、「いつもこんな感じでダラダラしているんですよ。父親にも、『ほら、その時間、無駄！』といって怒られてるんです」という。

また、兄が漢字の大テストで不合格になった時は、ただ怒るだけでなく、帰ったらすぐにパソコンで模擬テストを作ってくれるなど、テスト勉強につきあってくれたという。テスト当日の朝には、5時に起きて兄と父親と勉強したそうだ。結局、合格点には満たなかったが、父親の学習に対する関与の大きさがわかる。

リョウくんに対しても、図書館に行ってリョウくんがあまり選ばない物語の本を借りてきたり、本屋さんでリョウくんが興味を示した教材を購入したりもするという。父親だけでなく、父親のお父さんも大学院を卒業していることもあり、息子二人に対しても大学院まで進学をしてもらえたら嬉しいと思っている。子どもへの教育期待が高く、そうした意識が教育行動に影響しているといえるだろう。

3.2 さまざまな体験活動

長期休暇は、家族そろって出かけることが多いという。父親がアウトドアを好きということと、子どもたちにできるだけ自然体験をさせたいという母の思いが重なって、夏休みは毎年いろいろな場所へキャンプに行っている。キャンプ場では、川遊びやBBQ（バーベキュー）だけでなく、日時計をつくるワークショップにも参加するなど、体験活動の中に学習の要素も取り入れられていた。

その他にも、休日には芸術にも触れられるようにと、積極的に子どもでも聴きに行けるオーケストラ鑑賞やブラスバンド部の演奏会に足を運んでいる。兄

弟そろってピアノを習っていることもあり、「かっこいい」「こんなふうになりたい」という気持ちを育ませていた。

　また、職業体験ができるキッザニア、チームラボの光と映像のイルミネーションショー、ロボットづくりといったように、体験型の商業施設にもよく足を運んでいる。リョウくんの父親は理系の大学院で研究していたこともあり、理系的感性を養うようなロボットづくりやイベントに触れ合う機会に参加することが多い（**写真 5-2**）。

写真 5-2　イベントで作成したロボット
出典：調査者撮影。

　そしてなんといっても、うらやましかったのは、夜の海遊館での宿泊体験である。昔、『ナイト　イン　ミュージアム』という映画を見たことがあるが、夜になるとミュージアムに飾られた物が動きだすという物語である。夜になったらこんなことになるのかという想像を掻き立てられる映画だった。日中とは異なるミュージアムの姿にワクワクする。

　そうした映画の影響がどうかはわからないが、海遊館も子ども向けに、寝袋を持って水槽の前でお泊りができるイベントを行っているそうだ。子どもにとって、とてもワクワクするイベントであることは間違いない。あまりの人気に、応募してもなかなか当たらないらしい。しかしながら、リョウくんは運よく、去年今年と2回続けてこのイベントに当たったそうだ。さらに当日は、どこの水槽の前で寝るかを選ぶくじ引きでも、リョウくんは運よく1番が当たり、昨年はイルカの前で寝たそうだ。とても良い経験ができたと母も本人もうれしそうに話す。

　このように、家族と過ごす休日では、日常では経験できないような機会を惜しみなく提供している。

▌3.3 学校がある日と変わらない長期休みの生活習慣

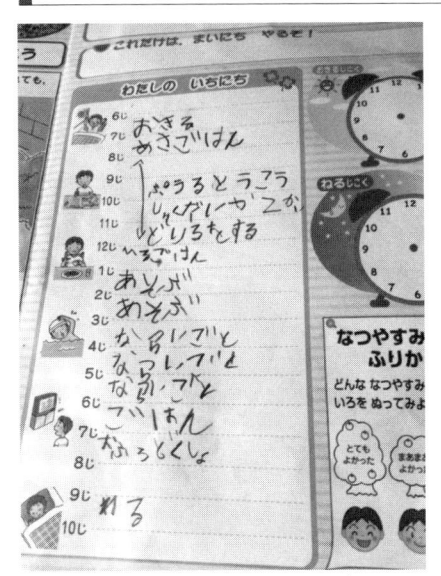

写真 5-3　夏休みの 1 日のスケジュール
出典：調査者撮影。

長期休みの起床・就寝の生活時間は、学校がある日と変わらない。朝は学校のプール登校に行き、お昼ご飯の後に遊ぶ時間が 2 時間ほどある。その後、習い事に行くルーティンが決まっている（**写真 5-3**）。

小 2 になっても、長期休みの生活スタイルは変わっていない。少し変わったことは、母親の仕事がお昼すぎまであるため、1 ～ 2 時間程度を兄弟のみで過ごすことだ。母親がいない時間はゲームをしてはいけないため、プール登校から帰ってきたら、宿題をして、母親が作りおきした昼食を食べるという習慣が身についていた。夏休みの間は宿題が終わったらゲームをしてよいという決まりもあるため、できるだけ宿題を早く終わらせようとしていた。結果的には、7 月中に自由研究以外の夏休みの宿題をすべて終わらせることができていた。

4．家での創作的な活動

▌4.1 通信教育の教材を参考にしたアイスづくり

通信教育には「体験コーナー」という付録がある。それを実際に家族や友だちと体験することもイベントとして取り上げている。

8 月の付録は、手作りでアイスをつくるというテーマであった。ある 8 月の暑い日、母はリョウくんと一緒にアイスを作る準備を始めていた。牛乳やクリームを量って筒の中に入れる作業を、リョウくんはこぼしそうになりなが

らも、母と一緒になんとかこなしていく。アイスが出来上がるのは、この筒を30分ほど転がし続ける必要がある。ちょうど筒を転がす時に、兄と友だちが遊びから戻ってきたので、リビングにあるテーブルの四角にそれぞれが立ち、その筒を転がし始めた。

ただ転がすだけでは、つまらないと思ったのだろう。途中で兄が、低い声で「ドー」と言い出す。す

写真5-4　通信教育の教材を参考に作ったアイス
出典：調査者撮影。

ると続いて、弟が「レ」、友だちが「ミ」、調査者が「ファ」と、音階を言いながらテンポよく筒を次の人に渡していく遊びが始まった。「ドレミファソラシド」まで到達すると、今度は「ドシラソファミレド」と戻っていく。そうしたちょっとした「遊び」を作って楽しみながら、単純な転がす作業も遊びとしていた。母は「なんか、ほほえましいね。おもしろいねぇ。お父さんにも見せないと」と言って、iPadでその様子をとっていた。

30分間という長い時間かけて転がした成果もあり、筒を開けると、その周りにはアイスがちゃんと固まっていた。味もバニラアイスである。手作りのアイスは、こんなに簡単にできるのだと驚いたものであった（**写真5-4**）。

できあがったものをみんなで分けると、ほんの少しずつの量しかなかったが、それがとてつもなくおいしく感じたのは嘘ではない。手作りでつくると、「こんなにおいしいものなんだ」と感じる体験であった。花田家は男兄弟ではあるが、こうしたデザート作りはよくするそうだ。クリスマス・イブでは、自宅でパーティーをしたそうだが、買ってきたパウンドケーキにみんなでデコレーションをしたそう。写真をみせてもらったが、チョコクリームいっぱいに、フルーツがかわいく飾られていた。

4.2 貝殻のリースづくり

デザート作りだけではなく、ハンドメイドで雑貨を作ることもリョウくんは好きである。手作りが好きなことについて、母は「乙女なんです」と述べる。実際に出来あがったリースは写真にあるものだ。夏休みの自由研究としてリースづくりをしたのであるが、それがとても可愛らしかったことからもよくわかる。

リース自体は100均で用意し、それに麻の糸をくるくるとまきつけて、その上に貝殻を木工用ボンドではりつけていくといったものである。貝殻は本物である。春休みの沖縄旅行で買った貝がらに色を塗り貼り付けている。夏バージョンのリースづくりの間は、リョウくんはとても楽しそうに、どの場所にどの貝殻をつけるかを考えていた（**写真5-5**）。

時期は変わって冬の花田家のリビングには、大きなクリスマスツリーが飾られていた。その飾りの多くも手作りであった。色とりどりのボールは、母がいろいろな生地を縫い合わせたもので、その周りにリボンが巻いてあり、その上にスパンコールがつけられていた。スパンコール付けは、リョウくんが「したい、したい」といって、自分から積極的に作業をしたのだという。またツリーの一番上にある定番の星は、きらきら光る折り紙でつくった星が飾られていて、父親とリョウくんが一緒に作ったものだという。

このように、花田家では、勉強、スポーツといったように一つだけに特化するのではなく、クッキングや工作といった体験的な学びも積極的に取り入れていた。また、リョウくん自身もそうしたことが好きなため、積極的に取り組むのである。こうした経験が学校

写真5-5　貝殻で作成したリース
出典：調査者撮影。

での作品づくりでもプラスに働いているようだ。例えば、図工の時間で作った作品が、市役所で展示されるものとして選ばれたそうだ。

5. リョウくんの日常生活

5.1 習い事のない平日

平日は習い事があるため、友だちとゆっくりと遊べるのは週2日となる。習い事のない日の放課後のリョウくんは、「だれと何をして遊ぼうか」ということで頭の中がいっぱいだ。花田家のルールとして、帰ってきたら、手洗い・うがいをして、おやつを食べる。その後、宿題とピアノの練習をして遊ぶといったことが決められている（もちろん、順番が逆になって、宿題の後、おやつの時もある）。このルールに則って、友だちと少しでも長く遊べるように、ササッと宿題を終わらせることが多い。

宿題を終えたリョウくんがする遊びといえば、テレビゲームである。ポケモンのDSやiPadでポケモンGO、マインクラフトをすることが彼のお気に入りである。

ある日も、宿題を終えるとすぐに同じクラスの友だちの家に電話をかけて遊べるかどうかを聞いていた。「N小学校の花田リョウですが、ケンくんいますか。……あっ、ケンくん、今日は公文あるん？　遊べる？　じゃあ、家に行くから待っていて」と話している。友だちのケンくんはリョウくんの家がわからないので、友だちの家に迎えに行くそうだ。電話を切ったら、ケンくんの家に行ってくると言って、友だちの家へと走り、友だちを家まで案内する。

5.2 リョウくんの性格

訪問を重ねていくうえで、リョウくんの多様な一面を知ることととなる。母親がリョウくんを「内弁慶」だというように、家庭のなかでは、兄に対して強気な態度をとる。また、思うように事が進まないときは大泣きして、母親の膝の上にのって甘える姿も見せた。しかし、学校や近所の友だちと遊んでいる時は、

そのような態度はほとんど見られない。

　たとえば、近所に一つ年上の幼馴染がいる。約束せずに気兼ねなく遊べる友だちの一人である。小学1年生の秋、おやつを食べ終わるとすぐに、彼女の家へと颯爽と走って行きピンポンを鳴らす。インターホン口から、「今は公文のプリントをしているので、ちょっと待って一」と断られたのであった。するとリョウくんは、一回家に戻り、幼馴染とその弟が好きそうな折り紙でつくった盾や手裏剣などを取り出して、すぐに遊べる準備をしながら待っていた。

　小学校の友だちと一緒にゲームをして遊ぶ時は、「DS、する？」と勧めて、ゲーム機を友だちに先に貸してあげる。ゲーム機は一人用なので、その間リョウくんは別のことをしながら待っている。時には、横からのぞいて見たり、ゲームの攻略法を教えてあげている。

　このように、みんなが楽しく遊べるように、遊び道具やルールを丁寧に説明してあげていた。また自分が予定していたことが思い通りにいかなくても、ぐっと我慢ができ、その時間が来た時には存分に遊べるように準備している。家族に見せるのとは違う姿をもっている。

▌5.3　ゲーム時間

　リョウくんがいつも遊んでいるポケモンの DS 画面をみると、たくさんの文章が次々と出てくる。漢字にはフリガナがふってあるといっても、文字を読むことに慣れていない小1（当時）の子どもはそれを読んで理解するだけでも大変だ。しかし、リョウくんはそれらの指示文をサッと読んでゲームをどんどん進めていく。その姿は、ザリガニを見つけて喜んでいるリョウくんとはまるで違う。また iPad でマインクラフトのゲームをする時は、その操作はとても早くて慣れており、情報機器の操作能力や文字の読み取り能力はかなり高いのではないかと思うほどだ。

　ゲームをよくすると言っても、花田家では時間が決められている。リョウくんはゲームをする時は、冷蔵庫にあるキッチンタイマーを必ず持ってきて、自分で30分の時間を設定して遊び始めるのだ。そして、ゲームをする場所は、いつも必ずリビングである。2階にも遊ぶスペースはあるが、基本的にオモ

チャ類はすべてリビングにあることからも、友だちが来ても母が見える範囲で遊んでいる。

　時々、「ゲームの時間が長いのでは？」と思うと、「そろそろ、時間じゃないの？」と母から声がかかる。また、個々人が自分のゲームに夢中になることが多く、同じ空間にいても全く喋らなくなる。そのような時に、母は「せっかく、みんなでいるんやし、外でも遊んできたら？」と促したりする。彼らも、「そろそろ、お母さんに怒られるかな」という判断はできるので、キリのいい所でゲームをやめ、外でボール遊びをするのである。

　変化が見えてきたのは、小２の終わりごろである。決められた時間からいかに長くできるかリョウくんは考え始める。ときにはキッチンタイマーを押さずに始めたりもする。母親に「そろそろ終わりや」と声をかけられても「きりのいいところまで」と言って、決められた時間を超過する。

　また、禁止されているにもかかわらず母親が仕事のため留守の時間に友だちを自宅に連れてゲームをしていた。そういうこともあり、テレビでゲームをする時間を兄弟合わせて１時間以上しないように、テレビが１時間を超えると強制的に画面が消えるように父親が設定したという。

　ちなみに、テレビについては、夕方18時半以降に見ることが多いそうだ。私が訪問中の時は一緒にテレビを見たことはほとんどない（実際にはＥテレビでやっている「恐竜」の番組やサッカーの試合を録画でちょっと見たくらいである）。夕方の時間帯では、リョウくんはアニメ、兄はニュースが好きなようで時折ケンカとなるようだ。19時以降はバラエティをみることが多い。21時には二人とも寝るため、それまでにご飯食べて、お風呂に入って、就寝となるので、実質１〜２時間程度のテレビ視聴であろう。

6. 学習に対するリョウくんの変化

6.1　小学校に入った当初の宿題への向き合い方

　先述したように、リョウくんは、学校の宿題はたいてい遊びの前に終わらせている。ある日、「今日の宿題は簡単や」と言って、B4のプリント１枚をラン

ドセルから取り出して解き始める。そのプリントの表は、カタカナの「サシス
セソ」と「タチツテト」を2回ずつ書く練習があり、裏には算数の図形問題が
ある。図形は六つあり、それらが「丸いもの」「筒状のもの」「四角のもの」の、
どのカテゴリーに属するかを選ぶ問題であった。リョウくんはプリントの両面
を10分弱で終わらせていく。カタカナも特に問題ないようだ。

　プリントの宿題以外には、音読練習と計算カードがある。音読は人前で読む
のが恥ずかしいのか、「クレヨンしんちゃん」のしんのすけのモノマネをして、
ちょっとふざけた感じで読み始める。すると、それを聞いていた母から「ちゃ
んと真面目に読みなさい」と注意される。なんとか読み終えると、最後は計算
カードをする。リョウくんのクラスでは、計算カードの時間は測らないでよ
いらしく、自分のペースで何問かカードを選び答えていく。このように宿題は
30分もかからない程度で終わらせることができる。

　訪問時は、調査者がリョウくんの近くにいるからか、もしくはリョウくんが
宿題をするのに困ることがほとんどないからか、母がつきっきりで宿題を見る
ことはない。リビングで夕食の準備をしながら、その様子を見ている。時に、
リョウくんがふざけて音読したり、宿題を途中で辞めてゲームを始めようとす
ると、注意するといった感じである。ちょうどいい距離感が保たれている。

　リョウくんは、小学1年生時点では学校の勉強には十分ついていけているよ
うだ。それは通信教育をしていたこともあって、文字を書くことや計算に慣れ
ているからであろう。毎日の宿題もなんなく解けている。2学期の通知表の所
見では「どの学習でも、興味を持って意欲的に取り組んでいます。ノートや宿
題は普段から意識して丁寧に書こうと努力しています。少しずつそれが身につ
いてきています」と書かれていた。

6.2　学習の変化と母親の介入

　小1の終わり、2月頃になると、「宿題をしてからゲームをする」というルー
ルが少しずつ崩れ始めてきたため、母親は積極的に声かけをするようになって
いた。

　おやつを食べ始めると、母親は対象児のランドセルを開けて、今日もらうはずの PTA からのプリントがあるかを聞く。

リョウ：今日はもらってない。

母：今日配るって PTA で話あったはずやけど。（母は PTA の仕事をしているので、配布物等のことなどよく知っている）

母：各家庭一部やったかな。○○（兄の名前）がもってかえってくるんかな。

リョウ：そうちゃう（という）。

　母親はつぎに、ランドセルから連絡帳を取り出して、今日の宿題を確認しつつ、リョウに話しかける。「今日の宿題はなに？」

リョウ：漢字ドリルと……だけかな。

母：おやつ食べたら、先に宿題しーや（と伝える）。

母：あと、今日は何のお手伝いするの？（と聞く）。

　家でのお手伝いを毎日少ししようというのを学年の取り組みとして行っているそう。学年便りにもそのようなことが書かれていた。毎日何の手伝いをしたのかを、確認するようにしているようだ。

　母親の質問に、リョウは「わからーん。多分洗い物……」と答える。

　おやつを食べ終わると、対象児は宿題をしなければならないので、宿題の漢字ドリルを出す。今日はめっちゃあるから嫌やと言いながらも進めていく。

　このように母親が宿題や配布物に対して声かけをするようになったのは、リョウくんの学習課題が明確化したためである。1年生の2月、リョウくんのクラスではインフルエンザが流行り学級閉鎖となった。元気であったリョウくんには、漢字ドリルの課題がでて、宿題のチェックは母親がすることとなった。宿題を横につき見ていると、書き順通りに漢字を書いておらず、図形として認識して写していること、そして字を丁寧に書いてないことがわかった。そこで母親は仕事に行く前に、書いた文字を何度も消して丁寧にきれいに書けるようになるまでつきっきりで見ていたという。

6.3 集中するために公文へ

　先ほどの事例からもわかるように、母親は子どもの学習のつまずきを早期に気づき、手遅れにならないように何かしらの手だてを打っていた。特に、2年生になってからは宿題の出し方を明確に提示しない担任に不信感を募らせていた。リョウくんが帰ってきたら、宿題チェックは毎日行い、宿題のやり方がわからないときは同じクラスのママに LINE や電話で聞いたり、先生に連絡ノートで尋ねたりしていた。

　母親がリョウくんの学習で気になっていたことは、国語では字が汚く、学校での宿題である漢字ドリルの「お直し」がたくさんあるとのことと、算数では筆算でつまずいていたことである。

　こうした子どもへの課題が明確化するなかで、母親がどうしようかなと思って考えていたら、リョウくんが「友だちも行っている公文に行きたい。僕は家ではだらだらしてしまうから、勉強するなら外で集中してやったほうがいい」と言ったそうだ。

　そこで2年生の秋、公文に入る前に行われるテストを受け、リョウくんの現在の学力をみてもらったそうだ。国語については字は汚いものの、漢字の書き取りや読みなども特に問題がなかった。算数は、1年生のレベルからもう一度やり直したほうがいいと言われたそうだ。最初は公文では国語と算数の2教科を習おうとしたそうだが、公文の先生からは算数の1教科だけでよいと言われ、算数の1教科を、週2回（30分ずつ）通うようになった。

　母親は、このように学習課題に対して早期介入の手立てを打っていると同時に、子どもが興味関心を持った時に素早く対応する感度も高い。たとえば、お出かけをしていたある日、リョウくんがアルファベットをみて、「あれっ

写真 5-6　英語教材
出典：調査者撮影。

て、ABC って読むんやろ？」と聞いたことがあったそうだ。その後も英単語を読んでみたり、子どもが英語に興味をもったタイミングに合わせて、本屋で英語教材を買ったという。

それからは、お父さんと一緒に英語教材で勉強するようになった（**写真 5-6**）。3 年生の途中からは公文で英語も習わせている。母親は、「興味があるときに吸収させたい。勉強が義務になるとやらなくなってしまいそうだから」と語る。

7. まとめ

花田家の子育ての特徴は、学習だけでなくスポーツや芸術といった体験的な活動を存分に取り入れていることであろう。その特徴的なことの例として挙げられるのが、幼稚園と習い事の選択、そして休日の過ごし方（体験活動の重視）である。

幼稚園においては、運動や芸術的な活動が多い教育カリキュラムが揃っていることや、挨拶がきちんとされているといった教育方針が選択の理由として挙げられていた。習い事においては、通信教育では文字や数字を学ばせ、サッカー、スイミング、ピアノをすることによって体力づくりや芸術的な感覚を養成していた。

また家庭では、できるだけ体験的な活動をさせてあげたいという母の考えのもと、男の子であっても、夏の自由研究ではリースづくりに取り組んだり、通信教育の体験コーナーを利用してお菓子づくりをしていた。一方、外で体験型の活動をすることは父親の影響もあるといえる。例えば、父親はアウトドアが好きだということもあって、毎年夏にはキャンプへ行く。また理系出身ともあって、商業施設についてもロボットづくりや職業体験のような施設に積極的に足を運んでいる。

こうした子育ての特徴を生み出している要因には親の被養育経験が大きい。母が子どもの頃は、親が家にあまりいなかったことから、自身はできるだけ家にいてあげ、いろんな体験を子どもと一緒にしたいという思いをもっていた。自身の母親を反面教師にして、子どもたちにはできるだけ多くの体験をさせたいと思っていた。一方、父親の子ども時代は勉強がよくできたこともあり、同

じような教育環境を子どもにも用意させてあげたいと思っている。このような
ことから、花田家では幼い時から、学習だけではなく多様な経験を日々のなか
で取り入れている。

　そしてそれが、願望だけで終わるのではなく現実として可能となっているの
は、経済的に余裕があるからだろう。また、父親の会社は組合が強いことも
あって就業条件が整っているそうだ。そのため、休日は子どもたちと一緒に遊
んだり、勉強をみてあげる時間的余裕がある。こうした経済的・時間的ゆとり
が、勉強だけに特化する子育てではなく、芸術やスポーツにも力を入れること
ができる要因となっていると考えられる。

第6章

文化資本を活用する家庭

母の明確な教育方針のもと編成される日常

敷田 佳子

写真 6-1　宿題の風景
出典：調査者撮影。

田村家のプロフィール（2019 年 3 月時点）

家族構成：母・ユリ（40 代前半）、父・ヒロシ（40 代前半）、対象児・サユリ（小 3）、次女・アヤメ（小 1）。

母：外国語大学を卒業後、教育関係の仕事をしていた。現在は専業主婦。子ど

ものことを最優先に考え、生活を組み立てている。

父：理系の大学を卒業後、就職。一度転職して現在の仕事につく。栄養士と調理師の資格を持っている。優しい性格で子どもたちに慕われており、休日は必ず家族と過ごす。

サユリ：本・縄跳び・けん玉・ピアノなど興味を持ったことには時を忘れて熱中する。おっとりとした優しい性格。負けず嫌いな一面もある。

アヤメ：活動的で明るい性格。お姉ちゃんのことが大好きでいつも一緒に遊んでいる。

（なお、**表6-1**は2019年3月時点以前の出来事をまとめたものである）

1. はじめに

▍ 1.1 田村家の住む地域と家族ができるまで

　田村家の住居は私鉄の大きな駅から徒歩5分ほどのところに位置する20世帯ほどの小規模マンションだ。駅には近いもののマンション周辺はそれほど車や人の通りが激しいわけではなく、静かで穏やかな趣だ。母のユリさんと父のヒロシさんは結婚後に何度かの引越しを経て、6年ほど前に今の家に落ち着いたという（2019年5月時点）。母は子どもと関わることが好きで、外国語大学在学中は塾でアルバイトをしていたこともある。大学卒業後には英語専攻で培ったスキルを活かせる教育関係の仕事につき、長女の出産前まで働き続けていた。父は理系私立大学を卒業後に就職し、結婚前に一度転職を経験した。現在は通信販売で扱う食品の品質管理を司る仕事をしている。二人が結婚したのは母32歳、父36歳の時で、母は34歳で長女のサユリを出産している。

　新築で入居したというだけあって現在もマンションの外観はきれいで、駐車場や駐輪場も整然としておりゴミひとつ落ちていない。田村家はここに両親と対象児のサユリ、それに妹のアヤメの四人で暮らしている。通りの向かいには歴史のある古い書店があり、よく利用している。その隣には一昨年の秋に新しくスーパーが建設された。木目調で落ち着いた外観の建物は街並みにとけ込んでおり、中に入ると生鮮食品だけでなく輸入品や高級食材の品揃えも豊富だ。

表 6-1　対象児に関する出来事年表（年中～小 3 まで）

年度	学年	月	対象児に関する出来事			
			学校関連	学校外関連		
				学習・生活	習い事	家族関連
2014	年中	4	公立幼稚園入園			
		12			通信教育開始	
		2		・カーネーション摘み取り ・動物ふれあい体験		
2015	年長	5				
		12				
		2	小学校説明会・体験会に参加	・カーネーション摘み取り ・動物ふれあい体験		
		3	公立幼稚園卒園	小学校入学へ向けて部屋の模様替え（学習椅子・ランドセルラックの購入）		
2016	小1	4	小学校入学			妹が公立幼稚園入園
		5		日帰りで麦の収穫とチャパティ作り体験		
		7		自由研究も兼ねて福井で紙すき・箸とぎ体験		家族・祖父母・叔母と旅行
		8	学校の水泳指導が楽しく全参加			
		10	運動会の練習（特にダンス）をはりきる			
		12		電子キーボード購入		
		1		餅つき・しめ縄作り体験		
2017	小2	4	クラス替え	CD で九九を学び始める		母、幼稚園の PTA 役員で多忙になる
		7		子ども用本棚の中身を入れ替え 初めて釣り堀へ行く		
		8		近隣で風鈴づくり・万華鏡づくり体験。天文台へ行く 福井で紙すき・箸研ぎ体験（2回目）、海水浴		家族・祖父母・叔母と旅行
		10	運動会の練習（特にダンス）に夢中になる			家族・祖父母・叔母と旅行
		12		初めてのゲーム（DS）購入		
		1		自宅で初めての習字（書き初め）体験		妹が公立幼稚園卒園
2018	小3	4	クラス替え	動物園に頻繁に行く		妹が小学校入学
		8		福井で紙すき・箸研ぎ体験（3回目）。京都で紙すき体験		家族・祖父母・叔母と旅行
		10	運動会の練習（特にダンス）に夢中になる		チアダンス開始	
		3			↓	↓

出典：著者作成。

他にも見渡せる位置に飲食店やクリニック、美容院が立ち並ぶ。

　春の初回インタビュー時にはサユリは幼稚園に行っていたため、2015 年 11 月 4 日の初めての訪問で私は彼女と初めて出会った。少し恥ずかしそうだが好奇心いっぱいの目で私を見つめるサユリ。母が「ご挨拶は？」と促すと、ピンクのメガネをかけたサユリが「田村サユリです。こんにちは」と目を見てしっかりした口調で挨拶してくれた。

　本章では文化資本を活用する家庭として田村家を紹介する。父母のみならず祖父母やおじ・おばが豊富な教育経験を有していることや、両親が明確な教育方針を共有し、親族がこぞって子どもに教育的関わりをしている点がこの家庭の特徴である。以下では、家族の日常をのぞいてみよう。

1.2　子どもが安心できる空間づくり

　田村家の玄関をくぐると、柔らかな色使いの家具やカーテン、小物類が視界に飛び込んでくる。部屋のあちこちに子どもたちの写真や赤ちゃんの頃の手形・足型の置物、折り紙で作った作品が置かれている。また、壁にはサユリとアヤメがクレヨンや絵の具で描いた絵のいくつかが額装店であつらえた額縁にきれいに収められた状態で飾られている。リビングにはダイニングテーブルと椅子のほか、チェスト・小さな卓袱台・本棚・おもちゃのキッチンなどたくさんのものが置いてあるが、木製で淡い色合いのものが多くすっきりと整頓されているので、落ち着いた印象を与えている（**写真 6-2**）。さらに奥の部屋にはソファとテレビが置かれてあり、父親の帰宅後は団欒のスペースとなっているようだが、訪問中にテレビがついていたことは一度もない。

写真 6-2　整理整頓の行き届いたリビング

出典：調査者撮影。

　外が猛暑のうだるような暑さだったり、

146

逆に雪のちらつく凍えそうな日だったりしても、家の中はいつも柔らかな自然光が差し込み、心地よい温度に保たれている。「子どもたちには家ではほっとさせてあげたい」と常々語っている母にとって、癒しの空間としての部屋作りは子育ての重要なパートを占めている。リビングはいつも掃除が行き届いているだけでなく、生活の変化に合わせてまめに模様替えを行っている。子どもたちにもそうした母の思いが自然と伝わるようで、帰宅後の玄関先では少し疲れた顔を見せている時でも室内に入ってくる時のサユリはほっとしたような穏やかな表情になる。

2. 両親の子育て方針

2.1 のびのび過ごした幼稚園時代

　サユリは小学校入学前、2年保育の公立幼稚園に通っていた。入園するまでどこかに預けて母と離れるという経験がまったくなかったので母は心配していたが、すぐに幼稚園での生活にも慣れ、2年間を通じ同学年では唯一の皆勤だったという。入園後からずっと順調な幼稚園生活を送り、大きなトラブルなく小学校入学を迎えた。

　「のびのび保育」を実践しているという幼稚園の生活では外遊びで体を動かす機会が多く、読み書き計算といった先取り学習のようなことは幼稚園でも家庭でもほとんどさせてこなかった。母は、「自分が子どもの頃習い事でつらかったので子どもには無理にはさせたくない」と語っており、サユリはこれまで習い事をしたことが一度もない。

> **母**：小学校に入るまでは……（習い事をさせる予定はない）。今ちょっと年長になってから英語を自分が教えているというか……。無理やり自分が親に色々とやられたので、ピアノと習字と英語と。父がわりと横についてやりたがる人で、私がそれがすごくイヤで嫌いになってしまって。子どもには（英語の）歌聴かせたり踊ったりしてるので。日本語とかも……ひらがなを一回書かせてみたりして。うまく書けなくて年

147

少の時に泣きながらなんとか書いて……その姿を見てから、私も（教えるのを）やめてしまって。今、自然に、私たちがポピー（＝昭和48年より続く通信教育教材）っていうのを、習い事の代わりなんですけど、脳の発達……

※（調査者、以下同様）：なんかこれ、すごい進化してますね。自分が知っているトレーニングペーパーはわら半紙みたいなのに（印刷して）すごいシンプルなのだった。

母：こういうのを脳トレじゃないですけど、自然に。楽しいっていうのを今は与えたいと思っていまして。上の子と下の子と切り貼りをしたりかるたをしたり、こういうものをしたり。自然に字も、教えてないんですけど、見て書けるようになって。勝手に読めるようになっていましたり。それで直接的に……はないんですけど、間接的に何でも楽しんでもらって、自分で将来何かやりたいと思った時にやってもらえればというアプローチですかね……。

※：教育方針や子育てについて旦那さんとは……。

母：同じですね。先ほどお話ししたように夫は大学までずっと私立に通っていたような人でして、私は大学までずっと公立で。全く違うんですけど、考え方も私がわりと細かいこととかごちゃごちゃ考えるタイプで、夫は前向きで。お互い話し合ってみると、（夫は）そんなことは考えてもみなかったけどって……私も（夫の影響で）前向きにならしてもらえるので。教育方針は夫もいろいろ習い事をやらされていたという感覚なんですけど、途中でやめたいってなりましたので。好きというわけでもなくて、やめると親が怖いという感じで。夫は自由な人だったので、自分の意志でやめたりもできたみたいですけど。子どもに関してはあまりやらせないというのが（私たち）二人の考えでして。

父母の教育経験や性格には異なる部分が多いものの、たくさんの習い事を“やらされてきた”と感じている点は共通しており、夫婦ともに子どもには無理強いをせず、のびのび育てたいと考えているという。一方、母が家で英語を教えたり、子どもとともに通信教育の教材に取り組み教え導いてあげたりして

いるという現状からは、家庭の文化資本が豊富であるために、両親が習い事に頼る必要性を感じていないという面があることもわかる。

2.2 反面教師としての自らの経験

　母は、「自分が無駄なものを買い込んで苦しんだので自分の子どもにはそうさせたくない」「自分が親から細かくいわれて神経質になってしまったので、しつけも難しいがなるべくうるさくいわないようにしている」「自分は褒められなかったので、子どもは褒めて自信をもってもらいたい」など、自分の子ども時代を詳細に振り返り現在進行形の子育てに反映させている。また、「何かするなら親も一緒に努力したい」「子どもに合わせて自分も発展していきたい」とも語っており、楽しみながらも真剣に子育てに向きあっている。

　母は、毎晩その日の生活をあれこれと振り返り反省する習慣があるという。日々子どもたちとともにこころ穏やかに過ごし、より充実した生活を送るために母が参照しているのは、両親の生き方や自らの生育経験に加え、尊敬する文筆家の本であったりする。一方、社会関係資本を活用する家庭（次章参照）とは異なり、ママ友との付き合いには慎重なところも見られる。また、サユリの友だちが多くの習い事をしている状況でも焦りを感じたり周囲に影響されたりすることは全くと言っていいほどない。それだけ、母は明確かつ長期的な視野を持って子育てにのぞんでいる。

　小学校入学を3カ月後に控えた年明けの訪問時には、学校準備を兼ねた部屋の模様替えが行われていた。リビング学習用に、ハートをモチーフにした背もたれと半円形の足置きがついている学習用チェアも新たに購入した。3月には、ランドセルと教科書・プリント類が置ける本棚を兼ねたラン

写真6-3　小学校入学直前のランドセルラックの様子
出典：調査者撮影。

ドセルラックが整えられた（**写真 6-3**）。本棚部分には筆箱、お道具箱、ポピーの教材、連絡帳袋、ノートなどが整然と並べられ、一番上には輝くように明るい黄色の通学帽とピンクのランドセルが乗せてある。ピカピカの学用品を前に、親子の高まる期待が伝わってくるようだった。

▌2.3 小学校入学後——ある日の通学路

　嵐のような悪天候の中での入学式を終え、とうとう小学校への通学が始まった。サユリの通う小学校から家までは歩いて 15 分ほどの距離だ。学校が終わると同じ方角に帰る子が何人かでまとまって下校するが、同じマンションに住んでいる子はいないため最後は一人になる。短時間とはいえ一人きりになることが心配で、母は毎日サユリを迎えにいく。入学して 1 カ月少したった 5 月のある日、サユリのお迎えに向かう母と妹のアヤメに同行させてもらった。アヤメがコマ付き自転車に乗り、マンションのエレベーターで下まで降りて道路へ向かう。自転車にてんとう虫がくっついているのを見つけ、母がかごの中に移してあげると、アヤメは嬉しそうにさわっている。信号が変わり、交差点をわたって商店街へと進んでいく。商店街の中は知り合いが多く、左右を見渡し知っている顔に挨拶をしながら進んでいく。午後早い時間の商店街は人もまばらでお店の人もゆったりとした佇まいだ。

　しばらく歩いていくと、下校する小学生の姿が前方にちらほら見えてきた。同じ方向に帰ってくる子は皆揃って黄色い帽子に安全ピンで紺色のリボンをつけている。お母さんがサユリだけでなく、他の子どもたちにも一人ひとり優しく「おかえり」と声をかけていく。

　サユリが少しだけ口びるを切っていることに母が即座に気づいた。「これどうしたん？」と心配そうに尋ねている。「ぶつかった」と落ち着いて答えるサユリ。「いつ？　いま？　わざとじゃないよね？」と、穏やかな口調ながら「ちょっとしたサインも見逃すまい」とする緊張感を漂わせながら母が次々と質問を重ねる。サユリは「うん、わざとじゃない。玄関のところでぶつかった」と話し、その言葉を聞いた母はホッとしたようでそれ以上質問することはなかった。母は、サユリの身の回りの安全を守り、安心した学校生活が送れる

ようにと細心の注意を払っている。

3. 生活にうめこまれた学び

3.1 日常が学びの舞台──命の大切さを教える

　田村家の家庭内での経験は非常に豊かでバラエティに富んでいる。何気ない親子の会話にも、母から子どもたちへ伝えたい思いがちりばめられていることがよくある。調査者である私がはじめて田村家を訪問した日、子どもたちは前日にダリア園で摘んできたというダリアの花びらを使って遊んでいたのだが、その時の様子は田村家の教育を象徴する一つのエピソードとして私の胸に深く刻み込まれた。

　　　サユリとアヤメは少ししぼんできたダリアの花びらを摘んでで本の間に挟み、押し花を作っている。とても仲がよい様子で、二人で協力して作業している。枯れそうな花の花びらは遊びに使ってよいということに（家のルールで）なっているらしく、赤い花びらをつんで色水づくりがはじまった。色水づくりはしょっちゅうしているようで、子どもたちも手慣れたものだ。花びらを水に浸して、スプーンや割りばしで叩いていると、水がだんだんとピンク色に染まってきた。後ほど、絵の具のように使って絵を書くのだという。

　　　茎と花芯だけ残った部分を見て、お母さんが「これはどうする？　せっかく頂いた命だから、何かに使いたいね」と（子どもたちに）問いかける。子どもたちはうーん、と頭をかしげて考えている。ふとベランダに目を移すと、たくさんのどんぐりと砂が置いてある。天気のよい日は、二人でベランダに行き、色水やどんぐり、砂を使っていつまでも遊んでいることがあるそうだ。

　この時の母子のやりとりは気負ったところがなくごく自然で、似たような会話がこれまでにも何度か行われてきたことを感じさせるものだった。また、2

回目の訪問時にお昼ご飯を食べていた折にも、母が「命の大切さ」について子どもたちにさりげなく教え諭すような場面に遭遇した。

　　しらす干しを食べる時に小さなタコやエビが混じっているのに子どもたちが喜んでいる様子を見て、お母さんが「命をいただいてるんですよ〜、感謝してくださいね」と優しい口調でいう。

※：命の大切さをすごくきちんと教えてるんですね。
母：そうですね、やっぱり母がなくなって、まあ一番は震災（95年の阪神大震災）だったんですけど。そのあと母がなくなって、すぐに可愛がっていた犬もあとを追うようになくなってしまって。そうした積み重ねで命の大切さをすごく感じるようになって。

　母は「不器用なので、料理や裁縫はあまりできないが、大切なことを伝えたり、子どもたちが『なんで』と問いかけることにはきちんと答えたりしてあげたいと思っている」と語っており、日々のなにげないやりとりもしっかりした教育方針を背景に行われていることがわかる。

3.2　家族ぐるみの食育

　2017年、サユリが小2の夏には調査の一環として夏休み中の食事の写真を1週間分送ってもらうようにお願いしたのだが、この際のサユリの母とのやりとりも印象深いものであった（**写真6-4**は、その際に母が送ってくれたうちの一枚である。白黒写真だと伝わりにくいが、シンプルな調理法ながら、栄養バランスに配慮した彩りの良い献立が盛り付けられている）。母はこの調査上の要望を「子どもと食事の準備を楽しむための絶好の機会」と捉え、子どもたちが調理に関われるようなメニューを色々と考えたという。

　母：（学校の）プールなんかいって出かける時間がないときは、昨日なんか枝豆を鞘ごと買ってきてむいてもらったり、この間はとうもろこ

しの葉っぱをむいたり。お料理の手伝いまではいかないんですけど、何かちっちゃなことでもそういうイベントっぽいことを入れていけたらなと思っていて。

他にも、焼きそば、サラダ巻き、ホットケーキ、食後の手作りドーナツといった子どもも手伝いやすいメニューを考えてできる限り一緒に料理するようにしたそうだ。母がスマートフォンで調査者に送ってくれた写真の多くにはできあがった食事とともに子どもたちのとびきりの笑顔が写り込んでいる。

写真6-4　夏休みのお昼ご飯
出典：家庭提供。

　田村家の父は調理師と栄養士の資格を持つ「食のプロ」であり、母も普段から食材には気を使っている。休みの日には家族揃って買い出しに行き、帰宅後は子どもたちにも簡単な調理を手伝わせるようにしている。「良質な食材を買い求めて料理し、家族みんなで食べる」という一連の流れが田村家の週末恒例の楽しみの一つとなっており、子どもに食の大切さと日常生活を丁寧に営むことの喜びを伝える重要な機会としても意識されている。

4. 楽しい勉強とそうでない勉強

4.1 母からの豊かな働きかけ

　小学校入学前に先取り学習をしてこなかったサユリにとって、入学後に始まった学習は新鮮なことばかりだったようである。母はサユリの様子を注意深く観察し、「今のうちに良い習慣をつけさせてやりたい」とさまざまな工夫を重ねてきた。

母：最近は漢字が始まりまして、漢字がちょっと時間がかかる、30 〜 40 分かけて宿題をしていますね。その後、ポピーを算数・国語やりまして、全部で 1 時間くらいかかってます。あとは寝る前に絵本を読むのは毎日でして。そこまでで終わってしまう時もあれば、カルタまでやれる日とやれない日がありまして。

※：小学校入っても、読み聞かせしてあげてるんですね。

母：それが自分が唯一してあげられることかなあと思ってまして。自分で読むことと、読んでもらって想像することの両方大切かと。だいたいくまの子ウーフを読んだり、時間がない時は薄い絵本を 2 冊とか。サユリは朝時間がある時は自分で小さい時の絵本を引っ張り出してきて読んでいることもあります。

※：休みの日、出かける時はバタバタして勉強させるのちょっと大変ですよね？

母：そうなんですよ。でも、土日、出かける日でも家庭学習は 10 分 20 分でもやるようにしてまして。まったくやらない日がないように気をつけています。絵本も、ちょっとは読むように。

※：それは、なんでそんなにきっちりやってらっしゃるんですか？

母：毎日の習慣を作ってあげたくて。私自身はそういうよい習慣がなかったという反省がありまして。ちょこまかちっちゃな習慣でも、「やらないと気持ち悪い」っていうふうになったらいいかなと思って。私が唯一、寝ながらでも英語のラジオを毎日 20 分聞くというのを続けていまして。それが自分の経験でよかったのかなと思ってるので子どもにも習慣づけをしてやりたくて。

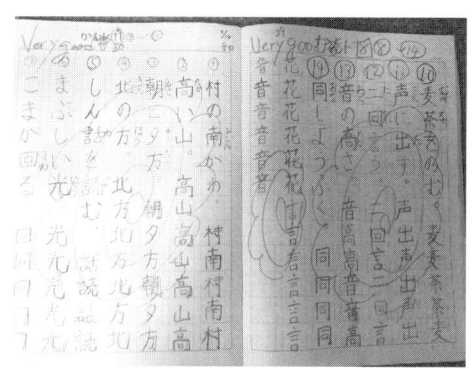

写真 6-5　丁寧に書かれた漢字ノート。提出前に母が細かくチェックしている

出典：調査者撮影。

母の働きかけは子どもに無理がないように、と慎重に行われ

ている。さらに、目先の「プリントを何枚やる」とか「教材を終わらせる」というような短期的な目標ではなく、長期的で将来も役立つような習慣づくりに注力しているという特徴がある。

　また、絵や工作が大好きなサユリは、小学校に入ってからも図工の時間が大好きだという。母は学期末にサユリが作品を持ち帰るたび、一つ一つ丁寧に見て質問したり、感想をいったりする。サユリはいつも嬉しそうに母の言葉に耳を傾け、質問に応えている。

写真6-6　学校から持ち帰った版画作品「スイミー」。色あいも鮮やかで美しい
出典：調査者撮影。

　　母：（持ち帰った版画を見て）ああ、これが版画ね。すごいねえ。どうやってやったの？（岩の上にくっついているヒトデの絵を見て）これ、しいたけみたい（笑）。スイミーやねえ。

　　※：あ、それ私もさっき同じこといいました（笑）。

　　母：（絵の具を絵筆で画用紙いっぱいに散らした絵を見て）これ、すごいねえ。（真ん中に一箇所、色の抜けている箇所があるのを指して）これはなあに？

　サユリ：これはね、こうなるの。

　サユリは新聞で作った恐竜の型を画用紙の白いところにピッタリと合わせる。型の形が白く抜けるように、絵の具の色を散らす時に画用紙においていたのだろう。

　　母：この形はなあに？

　サユリ：恐竜。

　続けて母はかたつむりをかたどった作品を見て、「（幼稚園から持ち帰った）さっきのアヤメの絵といっしょやねえ」といったり、もぐらの絵をみて「もぐとぐるの絵本にそっくりだねえ」とコメントしたりで、一枚一枚の絵を丁寧にみていく。

　母はサユリの持ち帰るものすべてに目を通し、わからないことがあればサユリに尋ね、よくできているものは必ず褒めてあげる。田村家ではこうした丁寧な母子のやり取りが頻繁に行われている。

▌4.2 音読大好き──子どものやる気とそれをサポートする母

　サユリは学校で出される音読の宿題が気に入っており、3回読めばよいところを10回以上読むこともある。母は「そんなにやらなくてもいいんじゃない、しんどいんじゃない？」ということもあるが、サユリがやりたがるため本人の気持ちを尊重している。そして、一旦やると決まれば、ある程度の厳しさを持って対応している。以下は、宿題の音読をする親子の様子の記録である。

　1回目、サユリはすらすら上手に読む。お母さんは「はい、ふつうのマル」「次はもうちょっとはっきり、ゆっくりしましょ」……。顔もしっかり見ながら聞いてあげている。2回目、「上手だったね〜。今度は声以外は◎」とコメント。母が「いつもはもうちょっと大きな声かな」というと、サユリが「いつもこのぐらいだよ」と答える。調査者がいるため、少し恥ずかしがっているのだろうか。3回目。「正しく読めてるね、今度はお口をもうちょっと大きくあけて読もう。でも上手やけど」と具体的なコメント。4回目。「全部◎です」「まだやる？」とお母さんが尋ねると、サユリは頷く。「やるからには大きな声でがんばろう」「（サユリ）はーい」。

　5回目。「上手ね。間違えなかったね、覚えてきたかな」6回目、「うーん、今のが一番上手やったね」。褒められて嬉しかったのか、サユリの声が大きくなる。「今度は意味を考えながら読んでみましょう。ただ読むだ

けじゃなくて」とお母さんのコメント。8回目、「読むのを楽しんでください。あと2回です」「すごいですねー根性ありますねー」と調査者がいうと、お母さんは「ねー、でもいつまで続くのか……」と苦笑している。10回目、「最後の一回は一番上手だと思うのを聞かせて」と母。サユリがちょっとだれ気味なのを見て、「お手々（ちゃんとして）。やるならやる。ちゃんとして」。

　このように、音読の際の母の声かけはバリエーションにとんでいる。「ただ読む」のではなく、「覚えてきたかな」「意味を考えながら」「読むのを楽しんで」などどんな読み方がよいのかが伝わるような言葉で導いてあげており、その時間はいつものリビングがあたかも教室であるかのような緊張感に包まれる。母自身「音読することで言語はもっと伸びると思う。必ず声に出してやらせる。計算も声に出してやらせる」と語っていることから、音読の効果を重視しこのように丁寧な対応をしているのだと考えられる。

　ほかにも母は、「いなばのしろうさぎ」を学習している時は、インターネットで読み聞かせ動画を探したりがまの枝の画像を見せたりしてあげるなど、学校の学習をより深く掘り下げる働きかけを常に行っている。算数の宿題を見てあげている時も、解き方の手順を一つ一つ説明するなど考える道筋を身につけさせるような教師的な関わりをしているのが印象的だ。

5. 日常に根づいている読書活動

　もう一つ、田村家に特徴的なのが日々の生活に読書が習慣として根づいていることだ。本棚はリビングの取り出しやすい場所にあり、子どもの成長に応じて本を入れ替えている。

> **母：**この子たちはルルとララのシリーズが大好きで。この本に載ってるキラキラゼリーを作りたいっていったりするんです。あと、野ネズミの「〜である」みたいな喋り方が面白いっていったり。子どもでもそういうところが面白いんだな、って思ったり。

　他にも最近、お母さんの好きだった柏葉幸子の『霧のむこうのふしぎな町』という本を子どもたちに読み聞かせようと思い買ってきた。1980 年が初版で60 刷以上出されているベストセラーだという。

> **母**：きのうは父親がこれを読んで聞かせてましたら、「わかんなーい」っていってまして（笑）。

　自分が子どもの頃に好きだった作品を子どもとともに再度楽しめることは、母にとって大きな喜びのようである。子どもたちも母が子どもの頃読んだ本だと聞くと、面白がって読みたがるという。今回のように「わからない」という反応があっても焦って押し付けるようなことはなく、折を見てくり返し読み聞かせればいいと考えている。2 年生になってからは寝る前の読み聞かせが父の役割としてシフトしつつあり、読書が家族団欒の一部として位置づいている。
　2 年生になってからは、サユリが一人で本を読む時間も増えてきた。

> 　リビングの本棚はそれほど変わっていないが、その奥のソファ・テレビのある部屋の本棚は新しく買ったという『こまったさん』シリーズやあんびるやすこ作品シリーズに入れ替わっていた。子ども向けの本だが、100 ページ以上あるような読み応えのある本が 10 冊ほどに増えている（**写真6-7**）。
> ※：これ、お母さんと読むの？
> **サユリ**：ううん、一人で。
> ※：ええ、すごいねえ、2 年生でこれ読むのは難しいよねえ。ひとりで、目で読むの？
> **サユリ**：うん、でもめっちゃかかるで。10 日ぐらいかかる。お風呂あがりにね、ドライヤーする時、最近は（暑いのでドライヤーを）あんまりしないけど、ドライヤーしてもらう時にいつも読んでる。お母さんが「もうおしまい」っていっても「もうちょっと、もうちょっと、ここまで」っていってなかなかやめられないの（と、にっこり笑う）。

　母は「本人の本好きな部分を大
切にしてあげたい」とも語ってお
り、生活の中で本選びや読書空
間を整えることの優先順位は高
い。2018 年秋の訪問時には部屋
が再び模様替えされており、リビ
ングの本棚横には子ども二人が座
るのにちょうど良い大きさのソ
ファ兼収納ボックスが置かれてい
た。「ここで読書できるね、なん
て言ってて」と母がいうと、子ど

写真 6-7　本棚にあった本　ページ数が多く、
　読み応えのある本が増えてきた
出典：調査者撮影。

もたちも嬉しそうにソファに座ってみせるのだった。

5.2　創造的な活動と単純作業の隔たり

　好奇心旺盛なサユリだが、学校の宿題には気分が乗らないこともあり、母は
心配している。

　　母：（通信教材の）ポピーは楽しいって、宿題はおもしろくないって。ただ
　　　漢字書かされるとかはねえ、ちょっとおもしろくないみたいなんです
　　　ねえ。ポピーはちょっと学校（の進度）にあってるはずなんですけど、
　　　違う部分でたりない時なんかはネットで無料のプリントなんかをプリ
　　　ントしてやらせたりしてるんです。でも国語でもそんな文章題とかは
　　　やってないんですけど、まあ本を読むくらいで。どっちかというと算
　　　数のほうが気をつけてやらせてるんですけど。やっぱりものを作った
　　　りねえ、生活の部分が好きみたいですねえ。今でもこの子たちも雪が
　　　ふってきたらねえ、形をいろいろみたり楽しいみたいですねえ。図工
　　　も好きみたいです。

　サユリは自由にアイディアを出し、ものを作ったり絵を書いたりすることに喜びを見出していることから、母曰く「創造力を高める」ことをねらっているポピーの学習は楽しんでいるという。逆に、学校で出される宿題の多くは漢字の書き取りや単調な計算問題などで、そうした単純作業は苦痛に感じられるようだ。時間とともに慣れてきた様子も見られるが、幼稚園での遊びを中心としたのびのびとした生活から小学校への移行には親子ともに難しさを感じる部分があったといえよう。

6. 非日常的文脈における働きかけ

▌6.1　五感を使って楽しむ休日

　田村家の休日の過ごし方は多彩である。父親の仕事が休みとなる週末は家族全員で外出し、月に２回は近隣に住む祖父母を訪ねる。長期休み中の平日は母子三人で大型公園や動物園、体験活動などさまざまな場所に出かけている。行き先を計画するのはほとんど母親で、普段からインターネットやローカルテレビの情報をまめにチェックしている。母は以前にも「間接的に何でも楽しんでもらって、自分で将来何かやりたいと思った時にやってもらえれば」と語っており、子どもたちが楽しみつつ五感を通じて知的な刺激を得るような体験を織り込んでいることが多い。

　母は外国語大学の学生だった頃、やりたいことが見出せず日本社会に息苦しさも感じていたという。そんな折に南米ペルーの人々と知り合い、彼らに色々教えられ助けられた経験が生きる糧となったことから、日本に生活するエスニックマイノリティの人々と関わりたいという思いをずっと持ち続けている。そのため、子どもたちにも「世界には色々な肌の色や習慣を持つ人たちがいるんだ」ということを折にふれて伝え、多様な文化を受け入れる広い心を持った人間になってほしいと考えている。サユリが１年生になったばかりの春には、麦の収穫から小麦づくりまで体験できるイベントに子どもたちを連れて行った。小麦を作った後はネパール出身の方にチャパティ（＝インドや中東で食される平焼きのパン）作りを教わり、できあがったものをみんなで食べたという。

　この事例からも母の計画の背景には明確な教育方針があることがわかるのだが、夫婦とも「楽しいと感じることを自発的にやってほしい」と考えていることは調査期間を通じて一貫しており、「子どもが純粋に楽しいと感じることを、親も一緒にやる」ということを最も重要視している。以下は小2の7月に訪問した際、残りの夏休みをどう過ごすかを尋ねた際の母の語りである。

　　あとは、プラネタリウムも〇〇に夜までやってるところがあるので8月のお盆あたりには連れていってあげたいなと思ってて。あんまりお金をかけずに近くでいろいろ体験させたいと思っていて。あとはこの間も、Y公園にお友だちといって、あそこ水が自由に使えるじゃないですか。そこで水遊びをして、水鉄砲やバケツを持っていって遊んで、おもしろ自転車に乗って。それと、夏休みに入ってから飛行機の公園にもいって水遊びをしましたねえ。先週は火曜日から4日間プールにいったら、その合間にご飯の用意をして、宿題やって家で過ごすだけになってしまったので……昨日までの3日間はじっくり遊びました。主人も金曜日からお休みだったので。そのために今日疲れてしまってプールもお休みしたんですけど（笑）。あとは義理の両親の近くで土曜夜市っていうのをやってて7月15日にいってきました。

　また、長期休み中であっても、日常の文脈の延長線上で多様な体験をさせたいと考えており、室内遊びでは粘土、絵の具、ビニールプールを出すなど、学校のある期間にはなかなかできない遊びを計画している。「毎日違うことをしてみようと思って」と母は楽しそうに語る。

　　母：夏休みに入ってからは、なるべく（テーマパークなどの）レジャースポットとかではなく、親が近隣で穴場を探して体験をさせたいと思ってまして。旅行のその次の週はショッピングモールとかいったぐらいですかねえ。昨日はX市の釣り堀に行ったんです。サユリは6匹、アヤメは5匹釣ったんです。
　　※：ええ、すごいねえ！　どのくらいの大きさ？

子どもたち：このくらい（と二人で同時に 20 〜 30 センチを両手で示す）。

※：そんな大きいの、どうやってひっぱったの？　自分が持ってかれそう
　　にならなかった？

　　　さゆりもアヤメも目をキラキラさせて「うんうん」と頷く。

※：網でとってもらったの？

母：大きいのは網でお父さんやおじちゃんがすくってくれたんやね。

サユリ：金魚すくいとか、ボールすくいもあったの。私はやらなかったけ
　　ど。

母：なんだか、Y 市にもそんなとこがあるようでして。あと、T 市にも人
　　のおうちのお庭で 500 円の釣り堀があるそうなんです。あと私、よ
　　くわからないんですけど K 市で 2000 〜 3000 円出せば、本格的な釣
　　り堀があるっていう話で。

※：そういう情報はどうやって探すんですか？

母：もう、情報は「P 県・釣り」なんて入れて（ネット）検索して。

　このように、「近隣で」「お金をあまりかけずに」自然や生き物にふれること、
生活や伝統文化と結びついた体験（箸づくり・紙すき体験、万華鏡づくり、地域
のお祭りなど）をすること、親も一緒にそれらを楽しむこと等が田村家の休日
の過ごし方の特徴と言えるだろう。母は「昭和な子に育てたい」と語っている
が、この言葉は目まぐるしく変化する周囲の環境に流されたり、物質主義に
走ったりするのではなく、家族や身近な人・近隣社会とのふれあいを大切にす
ること、自然の変化を楽しむなど素朴な喜びに敏感であること、自分の手を
使って物作りをすることに価値を見出すこと等を象徴的に表していると考えら
れる。

▌ 6.2 周りの大人はみんな先生

　さらに田村家では、両親だけでなく祖父母や叔父・叔母も子どもたちに教育
的な働きかけをしている。例えば、母方の祖父とは頻繁に行き来があり、子ど
もたちを自然に触れさせたいという両親の思いをサポートしてくれている。現

役時代は半導体を開発する技術者だったという「おじいちゃん」は、仕事について子どもたちに話してくれたり、森や川へと子どもたちを連れ出し植物や生き物の生態を教えてくれたりする。母の弟（子どもたちにとっての叔父）は東京で就職した後、CPA（米国公認会計士）の資格をとり3年ほど前に家族を連れ渡米しているのだが、祖父はニューヨーク郊外に住む弟の家をこれまでに3度訪問している。いつも遊んでくれる大好きなおじいちゃんがフットワーク軽く海外へ出かけていく様子は子どもたちの目に面白く映っているようで、「国旗がかわいい」「トランプ大統領は変だ」など、アメリカへの関心を駆り立てる一因ともなっている。加えて、年一回帰国する叔父にアメリカのゲームを教えてもらったり、学校の様子や食文化、自然豊かな住環境についての話を聞いたりして、子どもたちはまだ見ぬ土地への想像を膨らませている。小学校でも英語の学習が少しずつ始まっているが、サユリにとってはこうして家庭で得た色々な知識がつながっていく感覚もあり、楽しい時間となっている。

　また、夫の両親と同居する叔母（夫の妹）は音大卒で、実家を訪れると子どもたちにピアノを教えてくれる。以前、ピアノが大好きなサユリをみて「こんなに好きなら習わせてあげたらいいのに」とママ友に言われたこともあるというが、サユリ自身も母親も今の状況に満足している。歌が好きな夫方の祖父は子どもたちと通信カラオケで演歌や童謡を歌うのを楽しんだり、あやとりなど昔ながらの遊びを教えてくれたりもする。さらに、縫い物が好きな祖母は裁縫を伝授してくれる。「そういう意味では恵まれていて、習い事をしなくても得られているものがあると思う」と母は語っており、両親だけでなく親族のそれぞれが得意とする分野から、あたたかい雰囲気の中で主には遊びや語らいを通して、子どもたちへと文化資本を投資している。

7. 生活の変化

7.1 習い事に対する親の考え

　田村家ではこれまでもいくつかの習い事を検討してきた。1年生の春には水泳とそろばんが候補に挙がっているという話だったが、何より学校を生活の軸

においていること、そして親が関わるのが重要だと考えていることが次の母の
語りからよくわかる。

> 　私は公文式で、夫がそろばんだったので、まあ公文も確かにいいはい
> いんですけど、繰り返しプリントをもらってやるだけで、先生から指導っ
> ていうのがほとんどなかったので。だから、それだったら親が見てやれば。
> 今、情報誌とかいろいろ見てますと、みんな節約のためとかいろいろな理
> 由があるんでしょうけど、おうちでお母さんが見るっていう方もわりと一
> 通り習い事してみて、あの週に1回くらいいくんだったら、毎日家でちょ
> こちょこやったほうがいいわ、っていう方も出てきてはいるみたいなんで。
> 私も夫も勉強に関しては、ちょうど文系と理系なので、なるべく塾にもい
> かさずに、感情的にならずに見たいと思うんですけども。そろばんが、ま
> あ、ちょっと私ができないので、夫ができるのか、今はどうなのかわから
> ないですけど、そろばんは行かしてみてもいいんじゃないかっていって。
> でもまあ具体的にすぐに1年生からっていうわけではないんですけど。で
> ももし今後やるとしたら、まあ水泳とそろばんくらいですかね。あとは本
> 人が何か言ってきたらですかね。今の所もう今の生活にどうしても習い事
> とかいろいろしても、共倒れになったらあれなので、とにかく学校中心で、
> あの上手に回ってきて、もし余裕があればなんですけど。親としては普段
> まあ宿題をやって、ポピー（紙ベースの通信教育）も続けてますので、そ
> れをやったり、一緒にかるたをやったり、間接的に親がいろいろ関わって
> 学力につながればなって思ってます。

　田村家でこれまで習い事をしなかったのは、生活時間に余裕がなくなりそう
と二の足を踏んでいた部分もあるが、何より家で親が勉強を教えてあげるだけ
でなく、音楽にふれたり手先を動かしたり土日は外遊びで自然に触れたりとこ
れまでのところ「満遍なくやれている」と感じていたことが大きい。3年生に
なり学校でそろばんの授業が始まった時には、実家にあった古いそろばんをも
らってきて父親がサユリにそろばんを教えてあげた。父親が子どもの頃に使っ
ていたそろばんを使って一緒に勉強するという体験は、習い事では得られない

満足感をサユリに与えたことだろう。

■ 7.2 初めての習い事

　結局水泳もそろばんも習い始めることはなかったが、小3の秋からは本人の強い希望で初めての習い事に通い始めた。きっかけは運動会のダンスだったという。1年生の頃から毎年ダンスの練習に夢中になり、特に3年生の運動会頃から「ダンスを習いたい」としきりに訴えるようになったサユリのために母が探しあてたのは、チアダンスの教室だった。同じくダンス好きのアヤメも同時に入会した。

　教室は徒歩圏内にあり、毎週月曜日の夕方に通っている。下校後は少し慌ただしいが、月曜日はなんとなく憂鬱になりがちだったという母にとってもメリハリがつき新鮮な喜びとなっているようだ。

> 　母：自分の中でも習い事するって夢にも思わなくて、でも禁止していたわけでもないのにかたくなになってた自分がいて。で、まああいざやってみたら別に普通にとけ込んで。まあ週に2、3回とかでしたら大変ですけど。

　チアダンスの教室は少人数でアットホームな雰囲気のようだ。子どもたちは二人とも体が柔軟でリズム感が良い。ふりつけを覚えるのも早く、音楽に合わせて踊るのが楽しくて仕方ない様子だ。吟味の末に開始した習い事はあっという間に田村家の生活の一部となった。

8. まとめ──文化資本を最大限に生かして確固とした教育方針を貫く

　これまで見てきたように、田村家の子育ては学習だけでなく自然体験、音楽、ものづくり、運動などあらゆる側面において子どもの好奇心を刺激し、創造力育成を促進しようとするものである。同時に、そうした全方位的かつ用意周到な働きかけはピリピリとした緊張感を伴うものではなく、あくまでも子どもの

興味関心を尊重したゆとりのある雰囲気のもとで行われている。母は自然に親しむことや昔ながらの遊びを大切にしており、テーマパーク等で刹那的な消費活動にふけることよりも、日々のなにげない生活の中で小さな喜びを見つけられる感性を育てたいと考えているようだ。

　こうした教育方針は父母だけでなく祖父母を中心とする親族との関わりにおいても共有され、豊富な経験を有する周囲の大人がこぞって子どもたちに文化資本を投資している。また、「学校が第一」「学校に普通に元気にいけていることがなにより」といった母の言葉からは、学校生活を軸として決して無理はさせず、時間と心の余裕をもって子どもの成長を見守るような、地に足のついた堅実な子育ての姿勢が感じ取れる。田村家では、サユリが第一子であることから習い事など新しいものを始めることには慎重で、子どもの様子を十分に観察した上で判断が下されている。7節に記したように、母親の熟慮と吟味の末、ごく最近になってサユリは初めての習い事に通い出した。これからも子どもの成長に応じて生活は徐々に変化していくだろうが、土台となる教育方針は維持されていくだろう。子どもたちのことを第一に考え全力を尽くす母とそれをサポートする父、そしてその周囲には強い信頼関係で結ばれた親族ネットワークが存在しており、サユリは非常に豊富な教育的資源のもとで成長している。

第7章

社会関係資本を活用する家庭

多様なつながりのなかで流れるあたたかい時間

金南 咲季

写真 7-1　近隣の公園でセミ取りをする母子（小1・7月）
出典：調査者撮影。

橋本家のプロフィール（2019 年 3 月時点）

家族構成　母・シホ（30 代後半）、父・ケンイチ（30 代後半）、長女・マキ（小6）、対象児・タツヤ（小3）、次男・シュンタ（年長）。

母：専門学校卒業後、介護福祉士として働いていたが出産を機に離職。その後専業主婦となったが、シュンタの幼稚園進学を機に再び働き始める。明る

い性格で、子どもと対等な目線で楽しい経験を共有しようとする。

父：専門学校卒業後、近隣市内で介護福祉士として働く。帰宅時間は毎日20時半頃で、休みは平日、休日1日ずつ。シャイな性格だが子どもたちから慕われている。

マキ：外遊びやバスケが大好きな元気っ子。弟たちの面倒もしっかりとみる頼れるお姉ちゃん。

タツヤ：こつこつと努力をできる頑張り屋さん。ゲームの任天堂「DS」とサッカーが大好き。少しシャイな性格。

シュンタ：ダンスやお笑いのネタをたくさん披露してくれる、奔放で物怖じしないやんちゃな末っ子。

（なお、**表7-1**は2019年3月時点以前の出来事をまとめたものである）

1. はじめに

1.1 家族との出会い

Google mapの地図を片手に、集合住宅のある一室の前に辿り着く。メモに書かれた住所をもう一度確認し、少し深呼吸をしてチャイムを押す。ピンポン、と同時に中からばたばたっと走る音が聞こえ、元気よくドアが開く。「はじめまして！　みんなで楽しみに待ってたんです」。母子揃ってにっこりと笑顔で出迎えてくれた日のことを今でもよく覚えている。

橋本家は、30代半ばの母シホさん、父ケンイチさん、小学3年生のマキ、幼稚園年長のタツヤ、3歳のシュンタの5人家族（2015年12月調査開始時点）。特徴を一言でいえば、外部に対してきわめて開放的なことだ。母も子どもたちも人見知りをするタイプではなく、新しい人と関わったり、友人を家に招きいれることにも抵抗がない。家に見知らぬ大学院生が入り込むという一風変わったこの訪問調査を受け入れてくれた背景にも、こうした家庭の特徴がある。本調査の焦点は3きょうだいの真ん中、タツヤだ。調査開始当時、近隣の公立幼稚園の年長だったタツヤも、本章を執筆している時点で、もう小学4年生になろうとしている。以下は、幼稚園年長から小学3年生の終わりまでのタツヤを

表 7-1　対象児に関する出来事年表（年中〜小3まで）

年度	学年	月	対象児に関する出来事			
			学校関連	学校外関連		
				学習・生活	習い事	家族関連
2013				・虫取りをきっかけに自分を表現できるようになる ・母子4人で外遊びが日課に	水泳開始	・マキ、公文を習う（年少〜小4） ・母、月1の小学校登下校見守り当番
2014	年中	4	公立幼稚園入園	・ゲームをやる時は計算・漢字プリントをするようになる		
2015	年長					
2016	小1	4	・公立小学校入学 ・毎週2回、放課後のパソコン教室や「放課後子ども教室」の利用を始める ・母、PTA役員	・順調に学校生活を送る ・宿題を毎日母が横についてみるようになる ・母、学校で本を借りて来るように働きかける		シュンタ、水泳開始 マキ、進研ゼミ開始
		12		・友達を招いた初のタツヤのお誕生日会開催		
		1				父、昇進試験（合格）
		2			友人の父によるサッカー教室開始	
2017	小2	4	・母、PTA役員			シュンタ、幼稚園開始 マキ、バスケ開始（週5）
				友人関係のトラブルなどが時々生じる		
		9			地域のサッカークラブ開始（毎週土日）	母、週4で近所のデイサービスで働き始める
		10			インドアサッカー開始（毎週水）	
2018	小3	4	・クラス替え ・母、PTA役員			・マキ、近所の個人英語塾開始 ・母、自治会の班長
		8		・ゾウさん公園工事が始まり、外遊びが少し減る ・漢字テスト満点に向けた朝の取り組みを始める ・本を100冊読み、学校で表彰される		・マキの部屋がつくられる
		1				・マキ、小学校卒業
		3				・シュンタ、幼稚園卒業 ・母、2019年度の自治会代議員と、タツヤのサッカークラブの役員に選出される

出典：著者作成。

中心とする、橋本家の記録である。

1.2 集合住宅での 5 人暮らし

　大都市郊外にある、11 階建ての大型の賃貸集合住宅。橋本さんの部屋に続く廊下や階段では、いつも小さな子どもからお年寄りまでさまざまな人々とすれ違い、気さくに挨拶をされる。核家族化や個人化が進む現代では珍しい、ゆるやかな地縁がここには存在している。

　橋本さん夫婦は、結婚後すぐにこの集合住宅に住み始め、10 年以上ここで生活をしている。間取りは、ふすまで仕切られた部屋が合計三つ、キッチンが一緒になったダイニングスペース、洗面所・トイレとお風呂。子ども部屋などの個人部屋はない。皆がほとんどの時間を過ごすのはリビングで、ソファやテレビ、テーブルが置かれている。テレビの横には、季節に合わせて雛人形や兜、

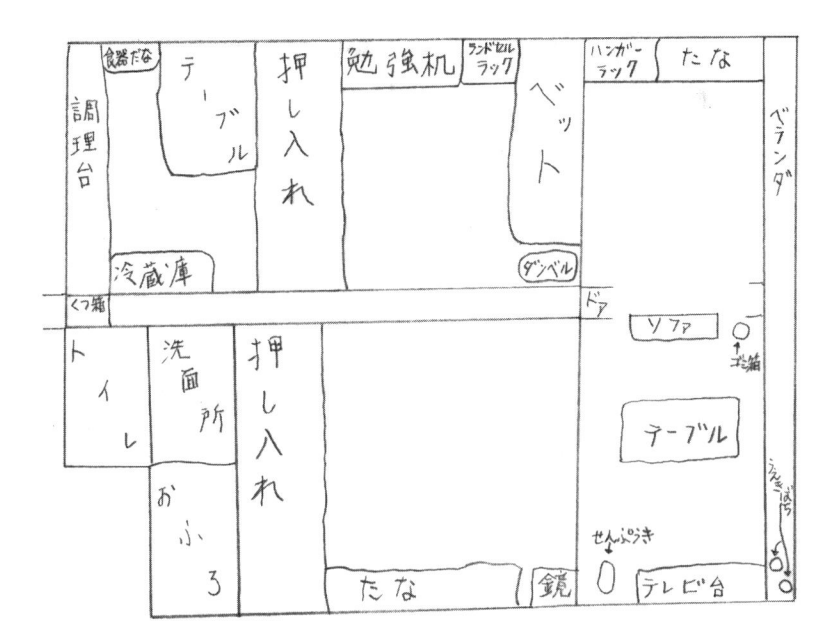

図 7-1　部屋の間取り

出典：長女マキ作成。

クリスマスツリーなどが置かれ、壁には、子どもたちが幼稚園や小学校で書いた絵や作品が飾られている。シンプルな内装の中にも、あたたかみのある雰囲気がただよう空間だ（**図 7-1**）。

　このあたりは父の地元。父側の祖父母も、同じ集合住宅の別の階に住んでおり、普段から行き来も多い。母も近隣市の出身で、祖父や同じ年頃の子どものいる姉と兄家族も週末に気軽に訪問し合える距離に住んでおり、頻繁に行き来がある。「子どもが大きくなれば、いずれはマンションや一戸建てに引っ越したい」と考えているが、同じ集合住宅に住む祖父母に助けてもらうことも多く、当分はこのままの見通しだ。

1.3「ゾウさん公園」

　ベランダに出るとすぐ目の前に公園があることに気づく。橋本家の日常生活を捉える上で欠かせない「ゾウさん公園」だ。区画の半分は、滑り台や砂場、うんてい、ジャングルジムなどの遊具で遊ぶスペース、もう半分はグラウンドになっている。毎日 15 時頃になると、下は幼稚園入学前から上は小学校高学年までの集合住宅に住む子どもたちが元気よく一人、また一人とやってくる。また、付き添いの母親たちも、一人、また一人とおしゃべりの輪に加わっていく。「もう先に行くよー！」と、戸締りをする母を待ちきれず、玄関で足踏みする 3 きょうだいの姿はお馴染みの光景。公園では、年齢や性別を問わずさまざまな子どもたちが即興的に遊びを生み出し、溢れんばかりのエネルギーを放出する。母親たちはそんな子どもたちの姿を横目に、日々の家庭や子ども、職場、趣味の話に花を咲かせる。こうしてゾウさん公園は毎日、日が暮れるまでにぎわう。

　なかでも橋本家の母子 4 人は、多少の悪天候をもろともせず、毎日公園に繰り出す皆勤メンバーだ。昼から激しく雨が降っていたある調査日のこと。雨は一旦上がったものの地面もぐちゃぐちゃで、さすがに今日は外遊びは難しいだろうと思いながらバス停を降りるや否や、公園で遊ぶ 3 きょうだいと数人の子どもたちの姿が目に入る。そして、私に気づいた母が笑顔で手を振る。子どもたちは、すべり台で泥水を流し、長靴で水たまりの上を飛び跳ね、水を得た魚

のごとくいきいきと身体を動かす。母は、子どもたちが泥だらけになることをいとわず心ゆくまで遊ばせ、時折自身も参加しながら場を盛り上げる。再び急に雨が降り出したのを機に、「帰ろうかー！」と撤収の合図を出すと、子どもたちはわーっとそれぞれの家に帰っていく。この公園遊びは母にとって、「子育てにおいて最も楽しい時間の一つ」だという。

▌1.4 父と母の歩み

　専門学校を卒業した父母は、20代初めより介護福祉士として働き始め、職場で出会った。母は7年間勤務した後、出産を機に離職。その後、専業主婦として子育てと家事をこなしてきた。家事を手伝われるのはあまり得意ではなく、「自分ですべてやってしまいたいタイプ」だという。父の分担は、「布団をたたむこと」「お出かけのプランを練ること」、そして「母が言っても聞かない時に子どもたちを叱ること」。そのほか、マキが学校の算数でわからないところがある時には、横についてみることもある。仕事からの帰りは20時頃だが、間に合う時には家族そろって夕食を食べる。お休みは日曜日と平日1日。子どもとゲームをしたり公園で遊んで過ごすことも多く、積極的にコミュニケーションをとっている。性格は、母いわくタツヤに似ているらしく、シャイでよく話すタイプではない。社交の場に出ることが苦手で、公園で遊ぶ時は、人目につく家の前の「ゾウさん公園」ではなく少し遠い公園へ、土日のタツヤのサッカーの練習も、多くの保護者が集まってくるため、顔を出すことはあまりない。

　タツヤが小学1年生の冬、父は、介護の現場職から事務職に異動となり、将来管理職になる際に必要となる社会福祉士の資格を取得した。一方、「落ち着けばもう一度介護福祉士として働きたい」という願望をもっていた母は、末っ子のシュンタの幼稚園進学を機に、平日週4日、9時から13時半まで、家の前の介護福祉施設で働き始めた。仕事から帰って、お昼ご飯も食べずにジャージ姿のまま自転車にまたがり、幼稚園にシュンタを迎えに行く日々。しかし、そんなハードなスケジュールにもかかわらず、愚痴をこぼすことなく「楽しいです！」とはじける笑顔をみせる母の姿からは、本当にこの仕事が好きな様子が伝わってくる。

2. 日常生活の風景

2.1 あたたかい時間の共有

　橋本家で流れる時間は、肩肘をはらないゆったりとした時間だ。「こうでなければいけない」といった規範的な空気を感じることはほとんどない。父母ともにのびのび育てたいと考えており、その言葉どおり子どもたちはのびやかに育っている。

　母は、子どもたちと接する時、彼らの目線にすっとおりていく。上下関係をなるべくつくらず、親子で一緒にあたたかい時間を共有することを大切にしている。私も母や子どもたちに誘われるがままこれまでに、かるた、トランプ、プラバンやスライムづくり、セミ取り、ドッチボール、テレビゲームなど、さまざまな遊びに参加させてもらった（**写真7-2**）。

　ある春の日の昼下がり。部屋の中で固いボールで遊び始めるタツヤとシュンタ。ご近所に迷惑がかかることを心配した母は、注意してやめさせるのではなく、「こうしたらうるさくないし面白いよ」と、代わりに柔らかいビーチボールを取り出し、交互にヘディングをする遊びを始める。「おしい！」「ナイス！」と声をかけ、子どもの投げたボールにもヘディングで返すなどして場を上手に盛り上げるうちに、いつのまにか一体感のある穏やかで楽しい時間が流

写真7-2　一緒にテレビゲームをして楽しむ母子（小4・8月）
出典：調査者撮影。

写真7-3　写真の加工アプリを使って遊ぶ3きょうだいと母（小2・8月）
出典：家庭提供。

れ始める。

　また、公園遊びの前に毎日皆で揃って食べるおやつも、シフォンケーキやマフィン、揚げパンなど、子どもたちと一緒に手作りしたものが多い。こうした親子のあたたかい時間の共有は、日課である公園遊びでもみられる。母は、子どもたちの輪に自然と溶け込み、大なわを回したり、ドッチボールに参加したりして一緒に遊ぶことも多い。夏には、セミ取りに夢中なタツヤとシュンタと連日公園で一緒に過ごすため、他のどのお母さんよりもひときわこんがりと日焼けていた。

　また、こうした親子の距離感がよくわかるのが渾身の「ネタ」の披露だ。3きょうだいはいつも、母の「ちょっとあれやってよ」という声かけに促されつつ、その時々に流行しているお笑いネタや歌・ダンス、変顔や一発芸などを披露し笑わせてくれる（**写真 7-3**）。母は合いの手を入れて場を盛り上げ、子どもたちもそれにのる。こうした笑顔の絶えない母子の日常的な関わりからは、ストレスやプレッシャー、恥じらい、遠慮などのないフラットな関係性が築かれている様子が伝わってくる。

2.2　3きょうだい

　タツヤの成長を捉える上で3歳年上のマキ、3歳年下のシュンタの影響は重要だ。たとえばタツヤが幼稚園や小学校に進学する際、母はマキがいることで、既に内部の様子を知り、先生たちとのつながりも築いていた。またタツヤは、マキと一緒に登下校したり、マキが休み時間にこっそり教室に様子をみにきたりといった環境があるなかで、よりスムーズな学校適応が可能となった。

　マキがいることで、小学校での学習も先取りできた。幼少期より、お風呂場に姉のひらがなや足し算引き算、九九表、日本地図などの教材が貼られていたり、通信教育の教材やおもちゃを手にとる環境があり、タツヤはゲーム感覚でそれらに慣れ親しんできた。学校から帰ってすぐに宿題をするマキの背中を毎日みてきたことも、学習習慣の定着につながったと考えられる。

　一方で、学習の場でもあるリビングに常に姉と弟がいる環境が、集中力をそいでしまうこともある。タツヤが宿題に取り組む横で、シュンタが大音量でゲームをしていたり、マキがテレビをみたり母と会話をしていたりすると、ふ

と手をとめ、ついそこに加わってしまうことも少なくない。母はよく、静穏な学習環境を整えるとともに、「切り替え！　タツヤの苦手分野！」と、集中力を促すことに苦心していた。

　3人の子どもを育てることは容易なことではない。母は育て方の違いとして、1人目のマキの時は、「何をするにも慎重」だったが、その後、タツヤ、シュンタが生まれてからは時間的な余裕も減り、たとえば絵本の読み聞かせに関しても同じようにはできなかったという。また、母が「マキはいつも、タツヤが話し出すとかぶせて話してくるんです（笑）」と話すように、コミュニケーションの密度も、3人寄れば薄れてしまうのも仕方ないことだろう。当然、教育費に関しても配分をよく考える必要に迫られる。たとえばタツヤは姉の通う公文に行きたがっていたが、金銭的な負担もあり、「また今度ねとごまかし」習わせるには至らなかった。母が介護福祉士として再就職した背景には、自己実現だけでなく教育費に充てたいという経済的な動機も大きかったという。

2.3 テレビとゲームが大好き

　橋本家では、生活面に関するしつけは母によってきっちり行われている。特にタツヤが幼稚園年長の頃には、訪問調査中にも、お箸の持ち方や食べ方、姿勢、片付け、電気のオンオフなどについて注意する場面も度々みられた。とは言え厳しく徹底されているわけではなく、放ったままのランドセルやおもちゃを母が片づけたり、食事場面での行儀の悪さを見逃すこともある。また、テレビやゲームなどの時間管理も比較的ゆるやかだ。

　3きょうだいは皆テレビが好きで、手慣れた様子でリモコンを操作し、録画予約や録りためたアニメやドラマをみる。テレビ視聴に関するルールは特になく、長時間ついたままのことも多い。またタツヤは、幼稚園の頃より、家族共有のテレビゲーム「Wii」や、ポータブルゲーム「任天堂DS（以下DS）」を所有し、大のゲーム好きだ。そのため後述するように、「宿題を終わらせたらDSをやってもいい」として、ゲームが学習の動機づけに用いられることも多い。真剣な表情でゲームに没頭し、使用時間を超過することもしばしば。母は時間を守らせようと何度も声かけをするも、無視されたり、「あとこれだけ終

わったら」と時間を引き延ばされるなかで、なかなか徹底させられないことが多い。訪問調査では、約束の15分を大きく越えて1時間以上熱中していることもあった。

3. 学校と家庭のあいだ

3.1 順調な学校生活

2016年4月、タツヤは小学生になった。部屋の片隅には、学校関連の用具を置くための本棚が置かれ、壁には、幼稚園卒業前に書いた「こくごがんバル」という画用紙が貼られていた。タツヤは、学校のことは自分からはあまり話さないが、5・6月の参観での様子や個人懇談での先生の話からは、順調な学校生活を送れているとのことだった。

いつもの公園メンバーも同じ小学校に進学したため、タツヤはそのつながりを基盤として、小学校でも徐々に友だちを増やしていった。夏休みが明けてからは、珍しくタツヤから母に、「最近幼稚園以外の友だちもたくさんできてきたわ〜」と報告してきたこともあった。さらに10月の参観では、休み時間に他学年に交じってサッカーをし、多くの友だちと楽しそうに過ごす姿もみられた。12月には、仲良しの友だちを家に招いて初めて誕生日会も開いた（**写真7-4**）。

写真7-4　タツヤの誕生日会の様子（小1・12月）

出典：調査者撮影。

またタツヤは入学当初から小学3年生終盤現在まで、学校で放課後に週2回開かれている「パソコン教室」と「放課後子ども教室（地域のボランティアが来て遊びやスポーツを教えてくれる教室）」、月1回開かれている「料理教室」に欠かさず通うなど、学校が提供するさまざまな活動にも積極的に参加を続けている。そのほか、

家で姉と一緒に運動会のダンスを張り切って練習する様子や、6年生が修学旅行に行っている間、登校班の副班長を任されるのを心待ちにしている様子などからは、「学校フツー」という本人の言葉とは裏腹に、学校好きな様子がよく伝わってくる。

▌3.2　机から出てくる大量のプリント

　こうして順調な学校生活を送るタツヤであったが、課題がないわけではない。「整理整頓ができてないって先生からも言われてて。懇談の時に、先生と一緒に机の中を恐る恐るのぞいてみると、大量のプリントが奥にごそーっと入ってて」。母が苦笑いしながら話す横で、タツヤもばつが悪そうに笑う。自他が認めるように、タツヤは整理整頓が苦手で、いつもプリントを一度に大量に持って帰ってくる（**写真 7-5、7-6**）。母も一つずつ確認はできないので、大抵ささっと見てそのままゴミ箱に移動させる。こういった調子で、持ち帰るべきものを置いてきてしまい、宿題や時間割の準備ができないような場面もみられた。

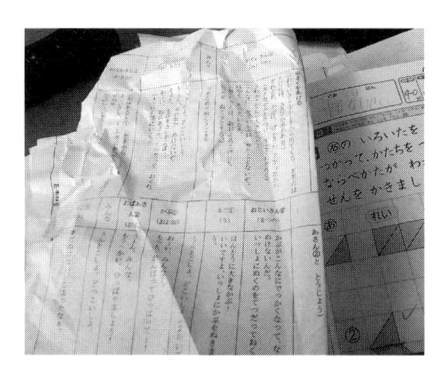

写真 7-5　一度に大量に持ち帰ってきたプリントの山の一部（小1・3月）

出典：調査者撮影。

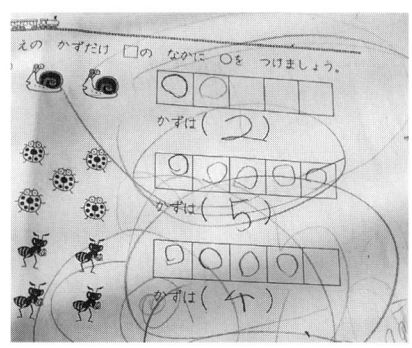

写真 7-6　適当に丸つけをしたプリント（小1・3月）

出典：調査者撮影。

3.3 友人関係の難しさを学ぶ

また、タツヤは特に小学1年生の間、友だちとのトラブルも何度か経験した。

> **母**：小学校に入ってからはいろんな友だちがいて、本人も初めてコミュニ
> ケーションの難しさを経験することが多かったのかなって。言い返す
> というよりは涙に出てしまうタイプなので、しっかり〜！　とは言っ
> てるんですけど（笑）。抱え込んで悩むことも多いみたいなので不安
> です。

入学早々より「言った言われた」の衝突があったとのことで、いつもは楽観
的な母も心配そうな表情を浮かべていた。しかし、こうしたトラブルが生じた
際、母は直接介入するというよりは、極力子どもたち自身が自分たちの力で仲
直りができるようにサポートをしていた。

> 　母、タツヤの友だちであるトモヤくんの母とLINEでやりとりをしてい
> る。
> **母**：（筆者に向かって）なんかやっぱり今日仲直りできなかったみたいで。
> ごめんって言わすことになってたけど、トモヤくんが言えなかったっ
> て帰ってきたみたい。……で、今日も家に遊びに来るけど、皆の前だ
> と「ごめん」って言いにくいから、皆が帰ってから二人の時間つくっ
> てあげてやってくれへん？　ってお母さんから。
> **※**（調査者、以下同様）：あぁそうなんですね。お母さんたちも大変。
> **母**：はい、サポートサポートで（笑）。でも、これはこれでいいのかなぁ
> と思ったりもしますね。子どもたちで何とか解決するというか、あん
> まり親が入るとかえってよくなかったりするような。

このように、母は、他の母親たちとも密に連絡を取りながら、本人たちで問
題を解決できるよう背後からサポートをしていた。また、別件のトラブルの際
にもママ友たちから情報を得ることで、タツヤや学校の先生の話からだけでは

わからないことの詳細を把握するよう努めていた。

> **母**：先月、担任の先生と補助の先生が一緒に家に謝りにきたんです。友だちがタツヤの筆箱を傷つけたということで。でも、なんでそんな些細なことでわざわざ来られたんだろう？　っていう感じで。でも、後日ママ友から、「タツヤくん大丈夫やった？」って聞かれて、「えー？なんのことー？」って言ってたら、よくよく聞けば、クラスのやんちゃな子が、サッカーの時か何かに、タツヤがまじめにやってなかったことに腹を立てて根にもってたみたいで。その日、タツヤの椅子を蹴ったり、筆箱を傷つけたりして。ちょうど4人の先生がクラスにいたので、タツヤをかばって結構大変な状況だったとかで……。

母は、学校に疑問や要望を伝えていく保護者も多いなか、学校に何かを問い合わせたり、働きかけることにはそれほど積極的ではなかった。しかし、こうした問題が生じた際には、周囲のママ友たちからの情報をもとに状況を把握し、どのような対処をとるべきかの判断を行っていた。

タツヤはこうした経験を通じて徐々に、相手の性格も踏まえて関係性を築くことを覚え、トラブルが起きても自分たちで対処できるようになっていった。小学1年生の頃に最も頻繁に衝突していた男の子は、小学3年生には一番の友だちになった。母は、これらの経験はタツヤにとって、多様な子どもと関係性を築く力を養う成長の機会になったと感じている。

▌3.4「DS」を横目に

タツヤが小学校から帰宅する時間は15時頃。姉にならって、手洗いうがいをした後、リビングで宿題と次の日の準備を済ませるところまで一気にやるというリズムが、入学当初より確立されている。母はマキやタツヤが学習に取り組む際は、さっと横に座って様子を見守る。しかしタツヤは、ゲームをしたい気持ちが先行し、すんなりと取り掛かれないことも少なくない。「はー、忙しいなぁ」「勉強いやだなぁ」「早く終わってほしい」「誰か手伝ってくれたらい

いのに」といった否定的な発言が聞かれることもしばしば。特に小学1年生の前半には、宿題と次の日の準備を終えるのに1時間以上かかることもあった。

　ある小学1年生の秋の日のこと。タツヤは、「あー難しいなぁ」と言いながら、嫌々漢字ドリルの宿題を始めるが、しばらく経っても集中できずにいる。母は、「やるときはやる！」と、ぴりっと注意。横に座って、漢字をなぞる箇所やトメ・ハネを丁寧に書くように声をかける。しかしタツヤは、ささっと書いて「これ終わったらD・S！」と相変わらずの調子。すぐさま「宿題全然終わってないよ」と母。タツヤはその後、漢字を二文字ほど書き終えるとドリルをパタンと閉じて、「これでおしまい！　DSしよー！」と立ち上がる。母は間髪いれずに「まだやで」と、計算プリントを前に置く。結局、タツヤはこの日、ゲームをしたいために終始落ち着かない様子で、とにかく早くすまそうという姿勢で宿題に取り組んでいた。こうした様子は、小学3年生の中頃までみられた。「DSやってる時一番幸せな顔するから、悔しいです（笑）」。母はいつも集中するよう注意したりモチベーションを上げさせようと試みたりするものの、タツヤの「DS愛」にはなかなか勝てないようだった。

▌3.5　解けるのに解けない

　　※：1年生も終盤ですが、最近、学校の勉強はどんな感じですか？

　　母：今のところちゃんとついていけてるみたいです。でも、ちょっとおっちょこちょいっていうか、ちゃんとやれば解けるのに急いでやったりするから、ひらがなとか漢字も何かが抜けてたりとか、そういうのがあるみたいで。

　「1くみのかだんには、はなが10ぽんさいています。2くみのかだんには9ほんさいています。あわせてなんぽんさいているでしょう」。以上は、「咲いている花の数」を答える問題であるため、10本と9本を足して「10+9=19」と答えなければいけない。しかしタツヤは、文章中の「2」という数字だけをみて「10+2=12」と答えてしまった。ほかにも、「何個のこりますか」という

質問に対して「○人」と答えるなど
の単位の間違いや、解答を書く箇所
にではなく問題文に直接○をつける
などの簡易なミスが目立つ。このよ
うにタツヤは、解けるはずの問題が、
慎重さを欠くゆえに不正解となって
しまうことが少なくない（**写真7-7**）。

　その背景には、「宿題とプリント
をきちんとやった日はDSをしても
いい」という取り決めの影響もある
と考えられる。タツヤは、幼稚園

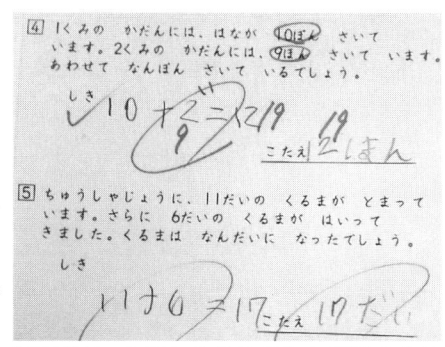

**写真7-7　ケアレスミスをした算数の小テ
スト（小1・9月）**
出典：調査者撮影。

年長時より、DSをする時は必ず、父がインターネットから探してきた無料の
算数・国語のプリント2・3枚に取り組んできた。タツヤは、プリントをしな
ければゲームができないことをよく理解しているため、「早くプリント！」と、
自ら進んでやることも多い。しかし、目的が「早くDSをする」ことにある以
上、問題をじっくり考えたりその面白さを味わうのではなく、与えられた課題
をこなすという姿勢になってしまう。「早く終わらせたいから、この間はその
まま前の答えを写してました」と母が苦笑いするように、焦って早く解くとい
う日々の学習姿勢が、単純なミスにつながっている側面もあるといえる。

　また、小学2年生終盤に聞かれた次の会話からは、タツヤのなかで、何のた
めに計算プリントをするのかという、根本的な疑問が解消されていないことが
示されていた。

　　※：このプリントも長いこと続けておられますよね。

　　母：ですねー。DSやる時は必ず。

　　タツヤ：（問題を解きながら会話を聞いていて）そういえば、なんでDSやる
　　　　時、プリントやらないとあかんの？

　　母：（少し困った感じで言葉に詰まった後）……お姉ちゃんは公文やってた
　　　　けど、タツヤはやってなかったから。代わりにこれをやろうってなっ
　　　　たんやで。

タツヤはそれほど納得していない様子だったが、それ以上何も聞かずに、早くDSをするために黙々と手を動かして問題を解き進めていた。

3.6　学習習慣の定着

写真 7-8　一人で自立して宿題に取り組むタツヤ（小3・2月）
出典：調査者撮影。

しかし、学年が上がるにつれて日々の学習態度にも徐々に変化がみられるようになってきた。調査終了も近づいてきた小学3年生の後半、宿題をさっと出し一人黙々と取り組むタツヤの姿があった。漢字、文章問題、掛け算ともにさくっとこなし、すべて正解。宿題をかばんにしまい、「終わったー」と母に報告。高学年を目前に、学習リズムも摑めてきたようだった（**写真 7-8**）。

小学3年生の2学期からは、「漢字の小テストで満点をとったら好きな本を1冊買ってあげる（ただし漫画はだめ）」という母との約束のもと、小テストがある朝は、試験範囲を母が音読し、一緒に確認するようになった。それ以来、満点をとれるようになり自信もついてきたという。

以上でみてきたように、母は、タツヤが小学校入学時より、毎日横について宿題をみてきた。必ずしも学習内容や進度、正解不正解まで細かく把握しているわけではなかったが、丁寧に字を書いたり、集中して学習に向かうといった基本的な学習習慣や姿勢は、日々の母のサポートによって形づくられてきたといえるだろう。

3.7　本の楽しさを知り始めた

姉のマキは、幼少期に母が毎日絵本の読み聞かせをしていた影響もあってか、大の本好きであり、図書館に連れて行くと2・3時間はゆうに使う。マキが読

みたがるため、母も月に1回は近くの図書館で本を借りてくることを続けている。一方のタツヤとシュンタは、母も時間的余裕の無さから読み聞かせをそれほど熱心には行ってこなかったためか、特段読書好きというわけではなかった。しかし、タツヤは小学校に上がって以降、毎週1回本を借りる日があり、母は、そうした機会を利用して本に慣れ親しむことができるよう、積極的に働きかけるようになった。

> **母**：（タツヤに）物語系の本を月1・2回借りてきなさいっていって、無理やり借りてこさせて（笑）。
>
> **※**：あ、学校がじゃなくて、お母さんが？
>
> **母**：はい。自分だけだと漫画ばっかりになるから、物語系のも借りてくるようにいってるんです。で、それをちょっとずつ読んでいく感じですかね。……でも最近タツヤは、わからない言葉とかにも興味を持ち始めたかなぁ。「これどういう意味？」って聞いてきたり。あと月に1回、学校で「がんばり週間」っていうのがあるんですけど、その時は漫画じゃない本を読もうとか、どういう本やったか説明して一っていったりして。やっぱりそういうのでまた、本の楽しさを知ったかなぁって。

　さらに小学2年生からタツヤは、「2年生の間に100冊読んだら好きな本を買ってあげる」という母との約束のもと、こつこつと本を読むようになった。そして年度末に見事達成し、欲しかった「名探偵コナン」の本を買ってもらったほか、学校でも「100冊以上読んだお友だち」として、図書館前に名前を貼りだしてもらった。タツヤは、簡単な物語や解説の付いた科学系の本を選ぶことが多く、好きな本は繰り返し読む。最近では、姉のお薦めの本を借りることもある。こうして、元々読書が大好きであったわけではないタツヤだが、母の働きかけや姉の影響もあり、徐々に本好きに変わってきたようだ。

4. 習い事の選択

4.1 自信をつけさせるために何か一つ

　タツヤは幼稚園年長から週1回水泳に通っている。徒歩10分程の距離にある市民プールでのレッスンは3カ月計11回が9600円とお手頃価格。自信をつけさせるために何か一つ習い事をさせたいという母の意向のもと、家からの近さを考慮して選ばれた。徐々に難易度が上がり気乗りしない時期もあったが、友だちが頑張って続けているため、タツヤもあきらめずに通っている。

　小学校に上がってからはサッカーに夢中だ。休み時間は毎日グラウンドに出て、他学年にも交じって元気よくプレーする。「やっぱりサッカーを習いたいっていうのはずっとあるみたいで。ママが働いたらなぁとは言ってるんですけど」。タツヤの様子をみて、母は小学1年生の秋頃よりサッカーを習わせようかと考え始めていた。

4.2 子どもの興味とネットワークを活かした習い事選び

　小学1年生の2月、母から、ママ友の紹介で、知り合いのペルー人のお父さんがやっている近隣のサッカー教室に通い始めることになったとLINEで報告があった。毎週土日、近隣のグラウンドで朝8時から10時頃まで異年齢の子どもたちが一緒に練習する。月謝は1回500円、月4回以上行けば一律2000円と破格値だ。タツヤがサッカーを習い始めてから家には、リビングの床にマスキングテープでハシゴの模様が描かれ、足の動かし方を練習できる環境もつくられた。

　タツヤのサッカー好きは熱を増していき、小学2年生の9月からは、教室を辞めて、母の中学の同級生の紹介で、より本格的な地域のサッカークラブと、近隣の体育館で行われているインドアサッカーに通うようになった（**写真7-9、7-10**）。週3回の練習は決して楽ではないが、愚痴をこぼすことなく楽しんで続けている。母は役員に選ばれ、他の親たちと協力しながら子どもたちの活動

写真 7-9　サッカー好きの
　　　タツヤが書いた自画像
　　　（小 1・10 月）
出典：調査者撮影。

写真 7-10　地域のサッカークラブでの様子（小 2・10 月）
出典：家庭提供。

を元気にサポートしている。

　このように母は、金銭的な制約もあるなかで、さまざまなネットワークを駆使して良い条件の教室をみつけたり、家でも練習できる環境を用意したり、役員として活動に関わったりしながら、子どもの関心をしっかりとサポートしていた。タツヤは、サッカーを通じて徐々に規律や責任感を身に着け、その結果、母いわく普段の学習態度も大きく変わってきたという。母は、今後は高学年の間に水泳に代えて学習系の習い事をさせたいと考えているが、タツヤは「こつこつタイプ」であるため、塾よりも、家で通信教育をさせる方が合っているかもしれないと、まだ少し迷っている様子だった。

5. 多様なネットワークのなかで

▌5.1 集合住宅の子どもはほとんどわかる

　母は、授業参観や個人懇談はもちろん、幼稚園や小学校の行事、PTA の委員会にも欠かさず参加してきた。小学校では、子ども 1 人につき、卒業までに最低 2 回 PTA 役員を務める決まりがあるため、母は日頃より否応なく学校活

動に関わることになっている。

　また、この地域では集合住宅に住む小学生の母親たちで、登下校の見守りが行われており、月に1回当番が回ってくる。母は、集合住宅の子どもであればほとんどわかるといい、実際、見守りに同行させてもらった時にも、1人ずつ下の名前を呼びながら「おかえり！」と声をかけていた。また子どもたちも、今日学校であったことを話したりと、母のことを慕っている様子がみられた。

　橋本家は開かれた空間であり、訪問調査中にも何度もタツヤの友だちが家に遊びにきていた。子どもたちはやってくるなり、上着も脱がずに座りこみ、真剣な表情でゲームを始める（**写真7-11、7-12**）。今や「DS」は友だちをつくる上で必須アイテムとなっており、クリスマスプレゼントも、ゲームのソフトを揃えなければ一緒に遊べないので、母親同士で何を買うかなどを事前に相談して決めるという。

　子どもたちの間では、ゲームをめぐるトラブルも頻繁にあるが、母はそうした場面でもすっとなかに入って声かけをし、他の家の子であろうと、やわらかく、しかししっかりと怒る。母親同士も密にコミュニケーションを取っており、

写真 7-11（小1・2月）上段・左
出典：調査者撮影。
写真 7-12（小4・8月）上段・右
出典：家庭提供。
写真 7-13（小4・8月）下段
出典：家庭提供。

**写真 7-11、12、13：
　家を行き来したり外遊びをする
　子どもたち**

誰かの家に遊びに行く時は互いに連絡し、道中の安全にも十分に気を配る。また、ゲームは30分まででその後は外で遊ばせるといった取り決めもつくっている（**写真7-13**）。母は家に遊びにくる子どもたちの家の所在もほとんど把握しているようで、突然雨が降り傘がなくて帰れなくなった子どもたちを、さっとそれぞれの家に送り届けていたこともあった。

5.2「公園の御局さんみたい」

橋本家の母子は毎日、日が暮れるまでゾウさん公園で遊ぶ。こうした日課を通じて3きょうだいは、性別や年齢の違いを超えて多様な子どもたちと豊かな関係性を築いている。また公園は、集合住宅に住む大人たちも行き交う場所であるため、自転車に乗った福祉委員のおじちゃんが「今日は雨降りそうやから早く帰れよー」などと声を掛けることもある。ここには、さまざまな人々に見守られながら育つ環境がある。

母は、公園に着くといつもベンチ付近のママ友たちのところに、気心が知れた様子で駆け寄り、子どもたちを横目におしゃべりを始める。他の母親たちも、「子どもとほどよい距離をとって自由に遊ばせてあげる方が多いから」気が合うのだという。母は、長年にわたってほとんど皆勤で公園に出てきていることから、自身のことを「公園の御局さんみたい」だと笑っていた。

公園での時間は、幼稚園や学校に関する情報を得る上でもきわめて重要だ。毎日、宿題や学校での様子など話題は多岐にわたる。母は、マキが小さい頃は、市の子育て支援センターにほぼ毎日通い子育て情報を得ていたが、タツヤとシュンタが生まれてからはそうした場に行くこともなくなり、ママ友たちが唯一の重要な情報源になっているという。

5.3 ネットワークを活用した休日の過ごし方

母：うちはもう本当に外遊びばっかりですね。土曜日は、10時くらいからちょっと離れた公園で12時まで遊んでます。一旦帰ってお昼ごは

　　　ん食べたらお昼寝したり。……で、14時から18時くらいまでまた公
　　　園で。

　※：わ、結構。

　母：はい、結構（笑）。大体仲良し家族7組くらいとで。夕方からは、近
　　　くに（父側の）祖父母が住んでいるので、子どもたちだけで行かせた
　　　りもします。

　橋本家は、休日や長期休暇も、近隣の公園で他の家族も交えて1日めいっぱ
い遊ぶことが多い。こうした過ごし方は年々徐々に頻度は減ってはいるものの、
タツヤが小学3年生終盤においても依然続いている。少し遠出をする場合も、
川遊びや虫取り、キャンプ、芋ほりなど自然に触れる活動が中心で、祖父母や
きょうだい家族、学生や前職時代の友だち、集合住宅に住む子育て世帯などと
一緒のことも多い。

　また橋本家は、集合住宅や地域の自治会、子ども会主催のイベントにも、
「子どもたちが喜ぶし、楽しいので」積極的に参加を続けている。餅つき大会
では高齢者の方々にお餅のつき方を教えてもらい、集合住宅の子育て世帯で企
画した「デイキャンプ」では火起こしや虫取りを経験した。地域の運動会では
張り切ってリレーを走り、夏祭りでは神輿をかついだり、おこづかいの500円
を握りしめて仲良しの友だちと閉会まで思いっきり遊んだ。母は2018年度は
自治会の班長に、さらに2019年度は代議員に選出され、月1回の定例会への
出席や夏祭りの運営などに奔走していた。

＊

　　「結婚してからずっとここに住んでいるので、困ったら気軽に相談でき
　る人が大勢います。ママ友とか学生時代の友だちともよく遊んでます。集
　合住宅ってすごく良い環境で。他の子どもの成長もずっとみてきたから、
　自分の子どもじゃなくてもすごく愛着があります。タツヤも他のお母さん
　から叱ってもらったりして」。

　祖父母やきょうだい家族、学生や前職時代の友人、大型集合住宅という住環

境や公園遊びを通じた地域とのつながり、幼稚園や学校の活動を通じた教職員やママ友とのつながりなど、橋本家は、多くの人々に囲まれながら子育てをしている。こうした豊かなつながりは、その大部分が母によって支えられ維持されているものであり、子どもたちの学校適応や人格形成に欠かせない貴重な資源として捉えられるものであった。

6. 子どものいま・これから

6.1 多様な子どもと関わる力

　タツヤは、幼稚園の年少までは人見知りが激しかったが、「虫を捕まえた時に『これ何ー？』って聞かれて『ショウリョウバッタ』って答えたり、それで褒められたりするなかで」、徐々に自信をつけ、自分を表現できるようになっていったという。父母が子どもたちを虫取りや自然体験系のお出かけに積極的に連れ出していくようになった背景には、こうした経緯もあった。

　小学生になったタツヤには、人見知りだったとは信じがたいくらい、多様な子どもたちと積極的に関わっていく力が備わっていた。公園遊びでも「入れて」と自ら他学年の遊びに参加することもあり、母も、日々のタツヤの変化に驚いていた。学校での友だち関係も良好で、小学 3 年生前半に行ったアンケートの「クラスのなかにとても仲のよい友だちがいますか」という質問にも、迷わず「たくさんいる」に○をつけ、「これだけは完璧や！」と胸をはっていた。学校の先生からも「タツヤくんは、お友だちに優しいね」と言われることが多く、調査中にも、輪に入れずにいる子をみつけると、「一緒にやろう」と声をかける姿が度々みられた。学校ではサッカーのメンバーとともにクラスの中心的存在であるというが、母は友だちとの悪ふざけが行き過ぎないか少し心配そうにしていることもあった。

6.2 あと一歩の追求心を

　タツヤは、「きょうだいのなかでも一番こつこつがんばる努力家」だ。コマ

回しや剣玉、スケートボードを一人黙々と練習していたり、調査の一環で実施したブロック課題にも粘り強く取り組んでいた。一方でタツヤは、疑問を一歩突っ込んで考える追求心が足りない点が課題として指摘されていた。母は、「（小学3年生の担任から）家でも普段の会話のなかで、『お母さんはこう思うけど、タツヤはどう思う？』っていったかんじで、本人に考えさせるような働きかけをしてあげてくださいって言われたんですけど、なかなか。『どう？』って聞いても『わからん』で終わるんで（笑）」と、問いを深めて考えさせるようなやり取りの難しさを感じていた。

　　小学3年生の夏。タツヤは算数の宿題を解きながら、ぽつりと母に尋ねる。
　タツヤ：なんで定規って、上から使ったらあかんの？
　母：え、上から使ったらあかんの？
　タツヤ：うん、なんか先生がいってた。
　　　　ファイルからごそごそとプリントを出してきて、「定規は上から使ってはいけません」と書かれたプリントを母にみせる。
　母：う〜ん、なんでやろうな……。
　　　　母、苦笑いをして私の方をみる。私も苦笑いをして言葉に詰まる。
　母：最近なんか疑問をもつことが多くなってきたんですよね。チャンスだと思うんですけど、すぐに答えられてあげられなくて、うやむやに終わっちゃうことが多いです。

　結局この時もタツヤは、疑問を深めたり解消しないまま、再び黙々と宿題に取り組んでいた。

▍6.3 算数・理科は得意、国語は苦手

　タツヤは、算数と理科が得意で、通知表にも多くの項目に二重丸がついている。調査の一環で実施した算数検定も、さっと解いて全問正解。結果を告げると、嬉しそうに「よっしゃー！」と笑顔を浮かべる。理科も幼少期から虫や自

然が好きなこともあり、学校の勉強にも楽しく取り組んでいる。「虫のところやから95点とった！」と自慢げに、母にテストを手渡すと、母も「やる〜」と笑顔で褒める。

　一方、国語はあまり得意ではないようだ。小学1年生の頃には、「読解力が弱い」と担任の先生から指摘されたり、「国語で『この時どういう気持ちでしょう？』とか聞かれる問題はわからへんって、文章中からずっと探していたり」、小学2年生終盤でも、早く問題を解こうとするために読み取りが十分にできていない様子もみられた。

┃ 6.4 タツヤの将来に向けて

　母は、タツヤは「周りの環境に流されやすい」ため、しっかりと勉強をして高校でも成績は真ん中程度にはいてほしいと考えている。ただし、「あんまり背伸びし過ぎずに頑張っていってほしい」「あんまり上の方に行ってしまっても、毎日勉強勉強で大変になるだろうし、しんどいと思う」と、日々の生活ののびやかさを失ってまで勉学に打ち込むべきだとは考えていない。

　調査開始時は、母はタツヤに対して専門学校卒を希望し、父母自身が介護福祉士の資格をとって働いてきたことから、本人の意思を尊重しつつも、「手に職をつける」選択肢があることを伝えたいと話していた。また、「自分の意思をしっかり人に伝え」「柔軟な性格でトラブった時もうまく流せる」ような人になってほしいとも考えていた。

　タツヤが小学2年生の終盤には母の希望は大学卒希望に変わっていたが、何か資格は取得してほしいとの考えは変わっていなかった。

　　母：4年制大学に行くとしても、資格は何かとってほしいなぁって。薬剤
　　　　師とか、マキもタツヤも結構良いんじゃないかなと思うんですけどね。
　　　　特にマキは、会社で働くと追い込んでやってしまいそうなので、自分
　　　　のペースでできるかなって。でもそうすると薬学部になるし、それだ
　　　　けの学費……6年ですよね。払えるかは心配で。タツヤも何がいいか
　　　　なぁ。……薬剤師とかいいですよね。でもとりあえず資格と、男の子

　なんで、収入もそこそこあった方がいいかなと思うんですけど。

　母は、子どもたちに対して「必ず4年制大学に行くべき」とは考えていない。しかし、どのような進路を選ぶにせよ何か資格を取ってほしいとの考えは、調査開始当初から一貫している。小学3年生の終盤には、薬剤師の職業をわかりやすく紹介した本を母が図書館から借りてタツヤに薦める様子もみられた。とは言え、当のタツヤはあまり関心がないようで、まだ一度も手に取って読んでいないようだった。

7. まとめ──つながりのなかで育てる／育つ家族

　橋本家の子育ては、子どもの潜在能力を最大限に引き出して人よりも卓越させることを志向するものではない。そうではなく、肩肘を張らずに自然体で日々を過ごし、多様なつながりを大事にしながらあたたかい時間を親子で共有することに重きを置いたものであった。こうした子育てのもとで子どもたちは、毎日の公園遊びや、近隣に住む親族や他の子育て家族との親交、学校や地域のさまざまな活動への積極的な参加などを通じて多様なつながりを築きながら、のびやかに育ってきた。

　こうした子育てが可能となっている背景として、地域的環境の影響は大きい。まず、この地域が父母の地元であり、父側の祖父母が同じ住宅に住んでいることや、父母のきょうだい家族にもすぐに会いに行けることも、物理的なサポートや安心感の獲得につながっていた。また、橋本家の住む大型の集合住宅には同年代の子育て家族が多数入居しており、さまざまな子どもや母親たちが日常的に集う居場所としての公園も存在する。子どもたちの多くは、同じ幼稚園や小学校に通うため、公園で築かれた学年を越えた人間関係は学校生活にも持ち込まれ、スムーズな学校適応につながっている。また、公園での母親たちの毎日の立ち話は、学校での子どもの様子や宿題、習い事、進路などのさまざまな事柄について情報共有や相談をする貴重な時間となっていた。

　また、橋本家の日常はきわめて安定的なものであった。幼稚園入学前より、タツヤの生活リズムは一定しており、幼稚園または小学校から帰ったら（小学

校では宿題をした後)、皆でおやつの時間、そして外遊びに母子4人で繰り出す。日没までめいっぱい遊んだ後、お風呂に入って晩御飯、21時半頃就寝のリズムで毎日が進んでいた。学習に関しては、幼少期より、姉の学習教材に触れたり、ゲームの前に必ず簡易な計算プリントをするなど、時間的・金銭的負担の少ない取り組みが続けられてきた。小学校に上がってからは、母が毎日横について宿題を見守ってきた。集中しきらない、焦って問題を解いてしまうといった課題はみられるものの、こうした母の日々の地道なサポートによって、基本的な学習習慣が形づくられてきたといえる。

習い事は水泳とサッカーで、いずれも金銭的制約を抱えつつも地域のネットワークを駆使して選ばれたものだった。サッカーは練習や試合も多く、送り迎えや付き添いも大変だが、タツヤの関心も強く、家族で全面的にサポートしている。また母は、小学校高学年のあいだに、水泳に代えて学習系の習い事を始めさせたいと考えていた。

タツヤは、日々の公園遊びや学校での友人間のトラブル経験を通じて、多様な子どもたちと関係を築く力を育んできた。サッカーを本格的に習い始めてからは責任感が生まれ、やるべきことにきっちり取り組めるようにも変わってきた。一方、問題をよく読んで慎重に解くことや、疑問を一歩深めるような追求心を育んでいくことは、引き続き課題となっている。

両親は、子どもたちに大学進学を希望しているが、必ずすべきものだとは考えていない。それよりも父母自身の経験をもとに、どのような進路を選ぶにせよ何か資格を取得してほしいとの希望をもっていた。また、「背伸びし過ぎず頑張っていってほしい」という言葉に象徴されるように、日々のゆとりやのびやかさを犠牲にしてまで学習に熱をいれることは望ましくないとの考えから、高い能力を求めて自己啓発をし続けなければならない環境よりも、「真ん中」くらいで日々を幸せに過ごすことのできる、タツヤにあった環境や進路を用意してやりたいと考えていた。

こうした、地域に根差した多様なつながりやそこから得られる経験を大事にしながら、親子であたたかい時間を共有しゆったりと過ぎていく日常も、子どもたちの年齢が上がり、母が再就職をしたり、マキやタツヤの習い事が増加していくにつれて徐々に変化していく。毎日の公園遊びも、マキは習い事が忙し

くなるにつれて次第に参加しなくなり、母が同行することも減った。週末の公園遊びやお出かけも、毎週末、マキやタツヤのバスケやサッカーの練習や試合が入るためにめっきり減ってしまった。さらに、タツヤが小学3年生の夏からは、ゾウさん公園の工事も始まり、毎日多くの子どもや母親たちでにぎわっていた光景は、白いシートのかかった工事現場へと一変してしまった。工事は1年がかりで、地域の母親たちは、長期間にわたって日々の大事な居場所がなくなることをとても残念に思っていた。

　しかし、そんなゾウさん公園の工事ももうすぐ終わる。子育て家庭の1年はめまぐるしい。これからマキは中学生、タツヤは小学4年生、シュンタは小学1年生になる。それに伴い、家族を取り巻く環境、時間や空間の使い方も大きく変化していくだろう。しかし、変わることもあれば変わらないこともある。背伸びをしすぎず幸せに暮らしていくこと、最低限の学力をつけて安定的に生きる術としての資格をとること、多様な人々と関わる力を身につけて問題が起こっても柔軟に対応しながらしなやかに生きていくこと、家庭・学校・地域の多様なつながりを大事にしながら、あたたかい時間をともに過ごしていくこと。飾らず素朴だが、豊かに彩られた橋本家の日常は、今日も続いている。

おわりに

敷田　佳子

　ここまで、全ての資本を巧みに活用する家庭（第4章）、経済資本を活用する家庭（第5章）、文化資本を活用する家庭（第6章）、社会関係資本を活用する家庭（第7章）という四つの家庭についてのエスノグラフィーを紹介してきた。先述したように、2015年に実施した初回インタビューに始まり、対象児が小学校3年生となった2018年に至るまで訪問調査は継続された。4年にわたる長い年月の中で起きた出来事を限られた字数に収めるのは困難な作業であったが、その家庭の様子がなるべく詳細にイメージできるように写真や具体的なエピソードを多く交え、生き生きとした描写を心がけた。そのため、各章でとりあげる事柄についても最低限の共通項目を設ける他は機械的に統一することを避けている。そこで今一度、資本活用に焦点をあて各家庭の特徴についてここで整理しておきたい。

　まず、第4章では、全資本を活用する高梨家を取り上げた。第Ⅲ部第9章でもふれられているが、「エミリ」という名前は対象児が将来国際的に活躍することを願った上でつけられたものであり、このことだけ見ても子どもの教育達成に対する親の大きな期待が感じとれる。対象児はバレエ、英語、通信教育、スイミングと多くの習い事をしておりすべてに前向きに取り組んでいるが、母親は周囲の家庭の動向に影響されるようなことは少なく、長期にわたる有用性等に鑑み注意深く習い事を選択していた（→第Ⅲ部第8章を参照）。また、対象児は図書館の本を「全部読んでもいいんやって！」と嬉々として報告するなど本好きで好奇心が強く、年齢的に難しい本にもどんどんチャレンジしている。その背景にはそろって読書家であるという両親の姿があり、とりわけ大学で児

童文学を専攻していたという母の絵本選定へのこだわりや、「絵本だったらお金を使ってもいい」と考えることのできるだけの経済資本・文化資本の豊富さがある。社会関係資本に関しては、近くに住む双方の祖父母を中心とする親族との交流が頻繁で、物理的・心理的な支えとなっており、それに加えて住んでいるマンション、幼稚園、小学校のママ友との付き合いの中ではりめぐらされてきた幾重ものネットワークが貴重な情報源となっている。さらに、このような豊富な資源は、母親の献身的な子育てへの姿勢があるからこそ存分に活かされている。

　次に取り上げたのは経済資本を活用する花田家（第5章）である。この家庭も同様に教育熱心だが、習い事やイベント等の外部リソースをより能動的に取り入れている。例えば、この家庭のエピソードの一つとして、「海遊館」での宿泊体験が挙げられていた。大阪にある「海遊館」は関西圏では有名な水族館で、「海遊館おとまりスクール」というイベントを実施している。参加には保護者の同伴が必要で費用は小中学生が4500円、大人が7000円と決して安価ではないが、子どもにとって心踊る貴重な経験となることは確かだろう。その他、たびたび子どもを連れて行くというオーケストラ鑑賞や体験型の商業施設も一回ごとに相当の出費が必要である。子どもがやりたいといえばすぐに公文に入会し、興味があるといえば本屋で本を探してくる、というように、花田家では経済資本が惜しみなく子どもの教育へと投資されている。一方、親が子どもの興味関心を水路づけるような働きかけはあまり見られない。幼稚園選択にしても習い事に関しても、「多様な経験をさせたい」という思いが中心にあり、子どもが何かに興味を持てばすかさずそのシグナルをキャッチして行動に移しており、親の側で内容を取捨選択することは少なかった。また、教育関連の出費が多い

のをことさらに取り上げるような言動が観察される場面もなく、子育てへの経済的な投資はごく当然のこととして受けとめられているようだ。

　一方、3番目に取り上げた文化資本を活用する田村家では、自然体験、音楽、創作活動、スポーツなど多様な経験をさせているとだけ言えば、これまでの2家庭と類似しているように思われるかもしれない。しかし、実際の生活を見ると、絵本や習い事を母が厳選し、日々の遊びや週末の外出なども綿密に選択・計画されているなど、この家庭の子育ては独自の教育方針に基づき遂行されているものであることがわかる。全資本活用型と類似する部分もあるが、習い事を「あえてさせない」という決断をしたり、「昭和な子に育てたい」と近隣でお金をかけず生活に即した文脈で楽しむことを大切にしたりと、家庭の教育方針がいっそう明確に意識され、実践されている。日常生活は学校中心で、家庭では時間的にゆとりのある生活を送り、家族の時間を大切にすることに重きを置いている。また、母親は時に子どもに対して教師的な関わりをしており、子どもの好奇心や興味関心といった非認知能力に日常的に働きかけている。さらに周囲の祖父母やその他の親族が、こぞって豊かな文化資本を（主には遊びを通して）子どもに投資している点が特徴的である。

　そして最後の社会関係資本を活用する橋本家（第7章）は、これまでの三つの家庭とはやや異なり、高い教育期待を持ち子どもの能力を伸ばすことよりも、自然体で過ごし周囲の人々との多様なつながりを大切にすることに主眼が置かれている。家庭の教育実践を考える上で住環境の影響は非常に大きく、ゆるやかな地縁が存在する集合住宅が一つのコミュニティとして子どもの育ちを支えていた。多様な人々との関わりは対象児の学校適応をスムーズにしていたほか、市民プールに友だちと一緒に通ったり、友人の父が教えている安価なサッカー

教室を利用したりするなど、豊富な社会関係資本が経済資本や文化資本を補う役割を果たしている。親は子どもに大学進学を望んでいるが、それを絶対的な目標に据え子どもを導くというより、子どもの状況に合わせて柔軟に対応していくことや将来的な自立につながる資格取得が優先すべき事柄と捉えられていた。

　以上、四つの家庭それぞれの特徴をまとめてきた。どの家庭も懸命に子育てに向き合っているが、日常生活の編成のされ方は異なるということがおわかりいただけたかと思う。ただし、これらの家庭は豊かな資本を保有しまたそれを巧みに利用する、総じてゆとりのある家庭であった。1カ月〜数カ月に一度、3時間程度の家庭訪問を数年（結果的には4年間）に渡って受け入れるという、調査対象者に多大な協力と負担を強いる本調査の性質上、対象者は調査内容に関心を持ちそもそも子育てに熱心である家庭に限られた。そのため、ここでは教育熱心な層のバリエーションを詳細に描き出すことにはある程度成功しているが、一方で両親ともに多忙で子育てに十分な時間や労力を費やすことが困難な家庭や、どの資本にも乏しい家庭の実相には迫ることができなかった。これは本研究の限界であり、それらの家庭の実態をどのように明らかにしていくかが今後の課題である。

　続く第Ⅲ部では、訪問調査を行った13家庭すべてについて、第Ⅱ部で具体的に見えてきた資本活用の観点から、子どもたちの学力がどのように支えられているのかについて論じていく。第Ⅱ部でも記述してきた子どもたちの学習習慣や親の教育期待、学校との関係やネットワークに関してより分析的に整理しているので、エスノグラフィーで描かれた家庭の様子を思い浮かべながら読み進めていただきたい。

子どもたちの学力は、どのように支えられているのか

はじめに

伊佐　夏実

　第Ⅲ部では、訪問調査を実施した13家族における子育て戦略の諸相を、フィールドノーツやインタビューデータを用いて解き明かす。第8章では子どもたちの日常生活がどのように編成されているのかを、第9章では子どもに対する親の期待について、第10章では親の学校関与について、第11章では子育てネットワークについて扱う。そして、それぞれのテーマを第Ⅱ部で述べた資本活用の観点から分析する。第8章から第11章までは、親が展開する戦略の諸相を描きだす部分である。それらに加えて第12章では、子どもの主体性に注目する。子どもは、親の戦略通りに育つ受動的な存在ではない。また、子どもたちの世界は家庭のみにとどまるものではなく、学校やその他の場所での友人や大人との関係も、子どもの育ちに影響を与える。とりわけ13家族の中には、親からの働きかけの多寡のみでなく、子どもの主体的な側面によって学力が維持されている例が観察されている。そのため、こうした側面も取り上げることで、子どもの学力形成における家族の影響の多面性を明らかにしたい。

　なお、第Ⅲ部の分析の中で対象家庭について言及する際には、それぞれの資本活用の形態がわかりやすいようにするため、次のように表記する（第9章のみ表記の仕方が異なるため、章の冒頭で改めて説明する）。

　　全資本活用型：全35、全47、全85

　　経済資本活用型：経66、経77

　　文化資本活用型：文30、文63

　　社会関係資本活用型：社18、社19、社27、社33、社55、社86

第8章

生活・学習と習慣

日常生活はどのように組織されているのか

伊佐　夏実

1. はじめに

　本章では、対象家庭の子どもたちの日常生活がどのように組織されているのかを、生活や学習に関する習慣と、放課後のすごし方に注目しながらみていく。ラロー（2003）の研究では、学校以外の場所での子どもの過ごし方には階級差があり、ミドルクラスの家庭は子どもの放課後の生活を組織化する傾向があり、子どもたちはさまざまな活動に参加することで忙しく過ごす様子が示されている。対して、ワーキングクラスや貧困家庭の子どもたちは、親族や近隣の子どもたちと遊ぶなどし、その過ごし方は子どもたちの自由に任されている。

　日本でも、基本的生活習慣と学力には相関があること（文部科学省 2013）や[1]、習い事の数や内容、学校外教育費の額にも階層差がある（本田 2008; 耳塚 2013 など）ことが示されている。対象家庭の子どもたちは学校以外の場所でどのように過ごし、何を学んでいるのだろうか。各家庭における資本活用の観点から親の働きかけ方の違いを検討し、かれらの日常生活に迫るのが本章の目的である。

　まずは、基本的な生活にかかわる習慣やルールを確認したうえで、学習に関する取り組み方の実態を明らかにし、子どもたちの日常生活やライフスタイル

の在り方を方向付けるうえで大きな役割を担っている、習い事と遊び方について、共通点と相違点を示しながら順にみていくことにする。

2. 生活習慣と家庭のルール

　学校や園以外での平日の子どもたちの様子は、おおむねパターン化されている。幼稚園や学校から帰ってきて、着替えや手洗い、うがいなどを済ますとおやつを食べる。おやつは、母が手作りしたパンケーキやクッキーなどを食べることもあれば、市販のものや素材にこだわったものをほおばることもある。習い事がある場合は習い事へ、ない場合は外遊びや室内遊びをして楽しむ。小学校にあがるとそこに、宿題や翌日の学校準備が加わってくる。放課後の過ごし方はどの家庭でもおおよそルーティン化されており、それぞれの家庭のルールのもと決まった手順で進んでいくことがほとんどである。

　家庭のルールにはさまざまなものがあるが、おやつや食事に関すること、家での遊びに関すること、起きる時間や寝る時間に関することがその代表的なものである。帰宅後の手洗いうがいをしっかりとしたうえで、おやつの量や食べる時間、食べ方、姿勢、食後の歯磨きについて厳しく注意したり習慣付けたりしている家庭（全47、文30、文63、社19、社33、社86）や、遊んだあとのおもちゃや自分のもちものをきちんと仕分けして片付けることを徹底している家庭（文30、社19、社33）など、対象家庭のほとんどが、生活面でのしつけに厳しく取り組んでいる。そのため、長期休暇に入るとやや寝る時間が遅くなる家庭（社86）はあるものの、すべての家庭で「早寝、早起き、朝ごはん」はおおむねクリアされている。

　こうした基本的生活習慣の確立は、ただ単に親による働きかけのみによって達成されているわけでなく、学校もその一翼を担っている。たとえば、夏休み中の宿題のひとつとして配られる生活チェック表には、起きる時間や寝る時間、片付けや手伝いをしたかどうかを子ども自らが書き込むようになっており、それがインセンティブになることで、子どもがすすんでお片付けをしたり、早く寝るように心がけようとする（社86）など、学校の働きかけが子どもの生活リズムを整えることにつながっている側面もある。

　対象家庭では、子どもたちの生活習慣やルール、マナーを身につけることに気を配られる傾向がある一方、テレビやゲーム、タブレットなどの使用に関しては、家庭によってその基準はさまざまである。極力みせないようにしている家庭もあれば（全85、文63、文30、社27）、「1時間まで」や、「19時半まで」などの時間制限を設けたりしているところ（全35、全47、経77、経66、社33）、基本的にテレビはいつもつけっぱなしのところ（社18、社19、社55、社86）がある。特に制限を設けていない家庭では、食事中や宿題の間もテレビがついていることが多く、テレビに集中し手が止まってしまうことも多々ある。われわれが調査の過程で実施したいくつかのテストの際にも、テレビはついたままであった。

　また、時間制限を設けている場合でも、「友だちについていけないと困るからという理由で最低限許容」（経66）しているケースや、子どもからの強い抵抗にあい、親の意思が通らないことなどもある。たとえば社86の家庭では、子どもがiPadを自由に使いこなし、自分の見たい動画をひらがなで入力して検索し、次々とみていく様子が観察されている。内容も子ども任せなので、「教育的にはあまりみせたくないものなんですけど」という母の思いがあるものの、子どもの反抗に対峙するだけの気力が残されていないときなどは、そのまま見過ごすことも多くなる。

　また、時間に関する制限だけでなく、内容についてコントロールするかどうかも家庭によって異なっている。基本的には、時間制限を設けていない家庭では大人向けの番組がついていることが多く、女児の場合では、恋愛ドラマやサスペンスをみたり（社19）、海外のティーンエージャー向けの番組を見たり（全35）、すこしませた内容の番組に触れる機会もある。

　総じて、文化資本活用型や全資本活用型の家庭では、テレビやゲーム、タブレットの時間や内容を制限したり、そもそも買い与えていなかったりする場合が多く、その分、本をとにかく読ませようとする意図が語られることも多い（全85、文63）。他方で、時間や内容をあまり制限していないケースが多い社会関係資本活用型のなかでも、社27の家庭は、普段あまりテレビを見ずゲームもしない。しかし、その意図については、「ゲームをやらせたくないのは、親子で時間についてももめたりするのがいやだから、という理由もある」というよ

うに、子どもの教育のための何か明確な意図があるからというよりは、子ども
との関係性がこじれることを懸念してということのようである。

3. 学習習慣と数字や文字への親しみ方

　対象家庭のほとんどが、本格的な文字や数字の勉強が始まる小学校入学以前
から、家庭のなかでそれに触れるような機会を設けていた。たとえば、トイレ
やお風呂場などにひらがなやことわざ、九九に関する表を貼ったり、簡単な計
算や文字の書き取りをするドリルやプリントをやらせたり、なかには幼稚園選
択の際に、学習に力をいれているかどうかを判断基準にしている場合なども
あった。また、第一子のときに力をいれて買い揃えたものに対象児が自然と触
れているケース（全35、全47、文63）などもある。地球儀などのやや値の張る
ものをもっている場合（全47）でなくても、さまざまな学習教材が100円均一
ショップなどで安く手に入ることもあり、「ママ友と一緒に購入したプリント
集をみんなで回したりする」（全35）などしながら、お金をそれほどかけずに
さまざまな資源をうまく活用し、小学校に向けた準備がなされていた。
　さらに、日常生活の中で「〇時にはじめる」などと、子どもがアナログ時計
をみる癖をつけたり（全47、文63、経66、社27）、おやつを人数に応じてわけ
させたり（文63、経66）、ボードゲームやカードゲームを通して計算させたり
（全35、全47、経66）するなど、自然と数字に触れるような働きかけをしてい
る場合もある。
　小学校入学後の宿題への取り組み方にはすべての家庭で共通点がみられ、自
分の部屋が用意されている場合であっても、大人の目の届くリビングで学習す
るケースがほとんどである。「なんかみれる環境で勉強したほうが声かけもで
きるって聞くし、いいかなって」（社19）と語られるように、メディア等でそ
の効果が宣伝されることもあり、そうした情報に反応した結果と考えられる。
対象児たちはこうした環境のもと、その日の体調や時期などによって宿題を嫌
がることはもちろんあるものの、おおむね好意的かつ積極的に宿題に取り組み、
そのことが習慣化されていた。
　また、大人の目の届くところで勉強するだけでなく、多くの場合は母が横に

ついて内容や進捗状況を確認したり、答えあわせをしたりしている。ただし、母親のかかわり方については家庭によって幅があり、鉛筆の持ち方や書き順などを一文字ずつチェックする（文30）場合や、字の丁寧さや間違いの指摘をやり過ぎて子どもとトラブルになったりする場合（経66）、あるいは、最低限の声かけはするものの基本的には子どもの自主性に任せている（全47、社19、社86）家庭もある。翌日の学校準備に関しても、母がきっちりと連絡帳を確認する場合もあれば、子どもに任せているケースもあり、子どもに任せる場合はときに、忘れ物をしてしまうこともある（社86）。

　子どもの宿題をみるという役割は、多くは母親によって担われているが、祖父母の助けを借りる場合もある（全35、社27、社33）。祖父母の役割はそれだけにとどまらず、書道の師範である祖母に夏休みの習字の宿題をみてもらったり（全85）、英語の勉強をしてほしいという理由で祖父が電子辞書を買い与えたり（社19）、親からの働きかけを補完する役割を果たしている面もある。

　対象家庭のなかには、とにかく宿題をきちんとこなすことを第一とする場合（社19、社27、社33、社55、社86）と、宿題のほかに学校外教育として利用している教材を用いたり、親が用意したプリントをしたりするなど追加の学習をする場合がある。追加の課題に取り組ませる家庭は、読書感想文や自由研究など夏休み中の「やってもやらなくてもよい課題」にも積極的に取り組ませる傾向がある。

　小学校低学年までは、宿題や学校の準備に親の助けがいる時期とも言えるが、それは、親の自主性によるものだけでなく、家庭の協力を得ようとする学校からの要請によって促されているという側面もある。たとえば、日々の宿題として課されることが多い音読は、そのチェックを家の人がすることになっており、長期休暇中のドリルの丸付けを親がやらなければならないケースも多い。こうした学校からの働きかけは、子どもの学習習慣を形成する上での親の関与を引き出そうとする狙いがあるものとして考えられるが、その狙いに敏感に反応し、丁寧に働きかける家庭もあれば、そのことにやや負担を感じているケースもある。たとえば、社19や社86の家庭では、子どもの自主性が高いということもあいまって、親がつきっきりで宿題をみるという行動は観察されず、宿題の確認についても、「あまり訂正しすぎても先生が間違いに気づかなくなるだけな

のかなと思い、あまりチェックしすぎないほうがいいのかなとも思っている」（社 19）などと、どちらかといえば学校にまかせるという傾向もみられる。

　全体的にみて、全資本、文化資本、経済資本活用型は、学校の宿題だけでなくプラスアルファの学習をさせ、母親が宿題の内容や進捗をチェックするなど子どもの学習をコントロールしようとする傾向がよみとれる。他方で、経済資本活用型が、「**勉強をしていないと将来子どもに教えてあげられない**」（経 66）などと、勉強の「役に立つ」側面を子どもに語るのに対して、「**夫婦では（子どもは）やっぱり楽しいと思うことを自発的にやるのが大事と話している**」（文 30）などのように、全資本活用型や文化資本活用型では、学ぶことの楽しさや子どもの興味関心を広げることを重視しているという違いも観察された。

4. 読み聞かせと読書の習慣

　次に、いわゆる勉強的要素は少ないものの、子どもの言語力にも関係してくるであろう読み聞かせと読書習慣についてみていこう。読み聞かせが「子どもの発達上よい」という情報は、幼稚園からのお便りや教員、保健師の話を通して伝えられている場合が多く、対象家庭においても読み聞かせをまったくしたことがないというケースはなかった。しかし、子どもがある程度大きくなると、子どもが勝手に読むのでやらなくなったという家庭と、あくまでも親主導で習慣づけをしようとする家庭とに分かれてくる。

　総じて、全資本活用型と文化資本活用型は読み聞かせをしたり、子どもに読書習慣をつけたりすることに意欲的である。家にある蔵書数も多く、なかには絵本だけで 100 冊を上回る家庭（全 85、文 30）や、パート先の知り合いにもらった図書カードを有効活用して子ども用の本を「大人買い」したり（全 35）、図書館で借りた本を子ども用本棚に定期的に入れ替えたりする（全 47、文 63）など、図書館や書店を定期的に利用している。また、読み聞かせる本の内容にもこだわっている側面があり、いわゆる名作といわれるシリーズや作家の本を基本としながらも、親の趣味だけでなく書店や他者からのおすすめを意識した選書を行っている。そして、子どもも読書好きの傾向がある。

　経済資本活用型は、学習習慣を身につけさせることには熱心な一方、読書に

ついては消極的である。「ゲーム系のおもちゃを買ってからは、絵本の読み聞かせはほとんどしておらず、本人も本を読むことをあまり好まなかったり」（経77）、「夏休みの入院中も学研の宿題を必ずやる一方で、自由課題である読書はやらない日も多い」（経66）など、読書よりは勉強を優先している様子が読み取れる。

　経済資本活用型同様、「子どもが小さい頃はやっていた」という語りが聞かれる社会関係資本活用型では、母親自身が読み聞かせることや文字を読むことに苦手意識があり、積極的には行っていない様子が観察されている。普段の読み聞かせの様子を観察する調査を行った際も、調査者の前で読むのを嫌がり、子どもが自分で読むことを推奨する姿（社86）や、「普段全然読まないんで、本を……文字をみることがあんまりなくて」（社27）などと発言する様子もみられた。ただし、子ども自身の読書習慣については、本を読むことが大好きで学校の図書館で定期的に借りてきて読んだり（社19）、学校で週に1回本を借りる日が設けられており、それを通して読書の習慣が培われたりしている場合もある（社27）。

5. 放課後の過ごし方──習い事

　対象家庭の子どもたちの放課後のすごし方に違いをもたらしている大きな要因のひとつが、習い事の有無である。13家庭のうち、小学校3年生の後半になるまで通信教育以外の習い事をしたことがない家庭は文30のみであり、それ以外の家庭は就学前から何かしらの習い事をし、複数掛け持ちしている場合も少なくない。X市は、A県のなかでも教育熱心な層が多い地域として認識されており、自宅からも通いやすい距離にさまざまな学校外教育施設が用意され、保護者の習い事に向ける熱量も相当なものである。

　　まあなんか、遠くから、関東の方から引っ越してきた人とかも、なんかまあH地域がいいって聞いて、転勤族の人とかね、なんかH地域にしたとかいう人もいて、ね、その、いろいろ熱心だから住みやすいのかな。住みにくい気もするけど。なんか逆にみんないろいろやってるからなんかや

表 8-1　対象児童の習い事の様子

子育て戦略類型	ID	子の性別	0歳	1歳	2歳	3歳 幼稚園年少	4歳 幼稚園年中	5歳 幼稚園年長	6歳 小1	7歳 小2	8歳 小3	費用総額（小2時点）
全資本活用	no.35	女児		幼児教室／週1			バレエ／週1	ピアノ／週1				2万5千円から3万円未満
								そろばん／週2				
									英語／週1			
									コーラス／週1			
	no.47	男児						スポーツ／週2				1万5千円から2万円未満
								公文／週2				
								テニス／週1				
								将棋／週1				
	no.85	女児					英会話／週1					2万円から2万5千円未満
							バレエ／週2					
							スイミング／週1					
							通信教育					
文化資本活用	no.30	女児					通信教育					5千円未満
										チアダンス／週1		
	no.63	女児				スイミング／週1						1万円から1万5千円未満
							ダンス／週1					
							ピアノ／月2					
								新体操／週2				
経済資本活用	no.66	男児		幼児体操／週1		通信教育						2万円から2万5千円未満
					体操／週1							
					サッカー／週2							
							スイミング／週1					
							学研／週2					
							体操／週1					
								ロボット教室／月3				
								野球／週2				
								英語／週1				

子育て戦略類型	ID	子の性別	0歳	1歳	2歳	3歳 幼稚園 年少	4歳 幼稚園 年中	5歳 幼稚園 年長	6歳 小1	7歳 小2	8歳 小3	費用総額 (小2時点)
社会関係資本活用	no.77	男児						ピアノ／週1　通信教育　サッカー／週1　スイミング／週1			公文／週2	2万円から2万5千円未満
	no.18	男児						スイミング／週1		サッカー／週2		5千円から1万円未満
	no.19	女児				体操／週1	ピアノ／週1　ダンス／週1			英語／週1		1万円から1万5千円未満
	no.27	男児					スイミング／週1　アトリエ／週1	野球／週2　習字／週1			野球　通信教育	5千円から1万円未満
	no.33	男児				体操／週1	スイミング／週1	そろばん／週2			英会話／週1	5千円から1万円未満
	no.55	女児				バレエ／週1		英語／週1　新体操／週1				5千円から1万円未満
	no.86	女児				英語／週1				チアダンス／週1		5千円から1万円未満

注：網掛けは幼稚園内での習い事。
出典：著者作成。

　らせないと！っていう、なんか気もしますね、やっぱり。みんなプール
　習ってるからうちの子だけ泳げないのかわいそうかな、とか、やっぱりね、
　と思ってしまう。

（全85）

　子どもの教育に熱心な人が多いという評判は、住みやすい地域と評される面
もあれば、とにかく何か習い事をさせなければいけないというプレッシャーを
与えている側面もある。対象家庭の場合、おおむね3〜4歳ごろから何らかの
習い事をスタートさせ、小学校3年生までの習い事経験数は、もっとも多いの
が経66の10個、もっとも少ないのが文30、社18、社86の2個で、それ以外
の家庭ではおよそ4個程度である。学校外教育にかかる費用の総額は、ひと月
に多いところで3万円程度（全35）、もっとも少ないところで5000円未満（文
30）である。資本活用類型別にみれば、全資本活用型と経済資本活用型が多く、
文化資本活用型と社会関係資本活用型が少なめの傾向がある。社会関係資本活
用型の家庭では、比較的さまざまな習い事を子どもに提供しようという意思は
あるものの、「**最近感じるのは格差、やっぱり習い事すごいしてる子はすごい
してるから、ごめんやけどスイミングで精いっぱいで**」（社33）というように、
家庭の所得に左右される形で習い事を断念しているケースもある。

　とはいえ、社会関係資本活用型の家庭では、幼稚園で提供される習い事を利
用したり、ネットワークを生かしてできるだけ安価な習い事を探してくること
で、教育費を抑えながらも子どもにさまざまな体験を用意しようという工夫が
なされている。たとえば社18の家庭では、子どもがずっと希望していたサッ
カーを習わせることを、知り合いのお父さん（ペルー人）がやっている1回
500円の格安教室に通わせることで可能にしている。

　また、もっとも学校外教育費の多い全35の家庭は、シングルマザーの母親
がパートを二つ掛け持ちし、母の実家で祖父母とともに同居してはいるものの、
経済的にはそれほど余裕があるとは言えない。しかし、教育にお金をかけるこ
とをいとわないという母の強い意志のもと、経済資本が子どもの教育に優先的
に投資される傾向がある。また、小さい子どもが習い事をするうえでは、金銭
的な問題だけでなく送り迎えをする大人の存在も鍵となるが、忙しく働く母親

に代わって送迎は祖母の役割となっている。

　習い事の種類に関しては、スイミングや体操という定番ものに加えて、男子はサッカーや野球、女子はダンスなどの体を動かすものが多く、その他、ピアノやバレエ、将棋、そして、英語や公文、塾や通信教育などの学習系の習い事がある。英会話やそろばんなども含めると、学習系の習い事をしていないのは、文63と社18の家庭のみである。また、学習系の習い事に関しても、公文や学研など比較的費用がかさむものを選択しているのは、全資本活用型や経済資本活用型に限られている。

　対象家庭の多くが、できるだけ子どもに習い事をさせたいと望むなかで、小3の9月まで「あえて通信教育だけ」という選択をとってきた文30の家庭や、勉強系の習い事には反対の立場をとり、「やるなら家でやる」という文63など、文化資本活用型では、周りの家庭の様子を横目にみながらも流されることなく、習い事の量や種類を抑制する母の強い方針が貫かれている。こうした「強気の」方針の背後には、「そろばんを教えることができる父親や、音楽を教える音大卒の父の妹の存在、虫や自然のことを教えてくれる祖父の存在」（文30）など、わざわざお金を払って習い事を利用しなくても、知識や技能をもつ親族が身近に存在しているという事情もある。

　全資本活用型や経済資本活用型は、その多くが豊かな経済資本を背景に多くの習い事をさせているが、全資本活用型では、ただ習い事をたくさんさせるだけでなく、その中身にもこだわりがみられる。たとえば全85の家庭では、通信教育を始めるにあたっていろいろな業者を試したうえで、おもちゃの付録が多いところは使わないようにしたり、子どもの希望をもとに参加費が10万円ほどかかるスキー合宿に子どもだけで参加させ、「ちょっとした冒険。安全な冒険」をプロの手を借りることで実現している。全35の家庭でも、「小さい頃に英語教室とか通わすんやったら、そのお金をためて留学とかしっかりさせたほうが絶対いいと思ってるねん」と語るように、「とりあえず英語を習わせればよい」という安易な考えでなく、「本物の体験」をさせたいという志向が垣間みえる。

　次に示すように、経済資本活用型の家庭が、子どもの可能性を広げるために、学校で遅れをとらないようにするために、とにかく試してみる傾向があるのに

比べると、全資本活用型の家庭では、習い事の選択に対してより慎重に吟味しているようにみえる。

　　でもね、選択肢を広げてやりたいなと思って。それで、苦手意識もないようにさせてあげたいんです。小学校でね、けっこう皆さん通ってるんですよ。ECC でやってるところ（家庭）もあるし。学校ではけっこうできる子にあわせて授業が進むから、いきなり英語が始まって、他の授業と同じようにブワーッと進められたらかわいそうやなと思うんです。

（経 66）

　社会関係資本活用型の家庭でも、教育熱が高い X 市のなかで子育てをするうえで、費用を抑えながらも何か習わせたいという思いのもと、いくつかの習い事をしている家庭が多い。しかしその選択理由は、他の類型に比べると、「近所のお子さんの習い事も考慮して決めたい」（社 55）、「友だちのお母さんがやらせたいといった習い事を調べてみて」（社 86）など、周りの家庭や子どもの友人関係などに左右される傾向がある。また、子ども自身が「友だちがやらなかったらやらない」（社 18）場合などは、無理強いすることなく、「友だちと遊ぶ時間を作ってあげたいので習い事を減らす決断をしたりする」など、子どもの意思を尊重し、任せる傾向がある。ほかにも、それまで通っていたそろばん教室が新しく英語を始め、「塾長がうるさいから体験だけでも行って一って言っとってんけど、まぁ、行ってみて、絶対嫌やって言うやろうなぁと思っとって。でも割と気分で行く行かないとか言わずにずーっと機嫌よく行ってるから」（社 33）などのように、人間関係を利用しながら、あるいは、そこに不和が生じないような選択が行われているのが特徴的である。

6. 放課後の過ごし方——あそび

　習い事の少ない子どもは、思い思いに自由に子どもだけの時間を楽しむ。なかでも、社会関係資本活用型の子どもたちの多くが、ほとんど毎日公園に出て外遊びをする。虫取りやドッチボール、サッカー、鉄棒、縄跳び、自転車の練

習などが外遊びの代表であるが、その多くが集団遊びであることが特徴的である。

　公園では 20 名くらいの子どもたちが三つほどのグループに別れて、ボール遊び、水鉄砲、遊具遊びに興じている。グループは流動的で、「入れて〜」とボール遊びに加わる子がいたかと思えば知らない間にいなくなっていたりする。いつも遊んでいる背の高い細身の N くんが「A 〜！」と大きく名前を呼んで現れると、二人で四角く線を引いて本気のドッチボールらしきものが始まった。二人とも力が強く、サッカーボールで剛速球を投げる。当たったら絶対痛い。キャッチも上手で、見ていて気持ちがいいくらいだった。あっという間に汗だくになる A くん。たまった力を発散しているようで、とても楽しそうだ。

（社 27）

　社 27 と社 18 は同じ団地で暮らしており、母親同士も仲がよい。放課後は、宿題やおやつを終えるとすぐさま団地のなかの公園に下りてきて、毎日夕飯の時間まで遊ぶ。流動的な仲間集団のなかで、汗だくになりながら子どもの時間を楽しむのだ。男児に比べると女児のほうが室内遊びを好む傾向があるものの、社会関係資本活用型の女児は、そのほかの女児に比べると、大勢での外遊びを好み、ほぼ毎日公園で 10 人程度の友だちと遊ぶ（社 19、社 55）。
　こうした遊びは、子どもがひとりで公園に行けるようになってから積極的に行われるようになったケース（社 19）もあるが、たいていの場合は、母親たちが近くで見守りながら世間話に花を咲かせている。母親たちにとってそこは、学校や習い事についてなど、子どもの教育に関する貴重な情報交換の場であり、子育てについての悩みを話せるリラックスできる場にもなっている。
　次に、比較的習い事の少ない文化資本活用型の放課後の過ごし方をみてみよう。2 家庭とも対象児が女児であることも影響していると思われるが、室内遊びを中心に、母が用意した遊びを楽しむ傾向がある。家にある小さなジャングルジム、滑り台、鉄棒、トランポリン、ブランコを利用して体を動かしたり、アイロンビーズ、ピアノ、おりがみ、お絵かき、オセロ、トランプなどをして

遊ぶことも多い。両家庭ともきょうだいが女児だけということも、遊びの中身に関係しているものと思われるが、それだけでなく、どのように遊ぶのかが母によって用意周到に準備されている側面もある。

　　（夏休み中の過ごし方について母親に聞いた話）家でもわりと粘土、絵の具を使って遊んだりプールを出したり、毎日違うことをしてみようと心がけて遊んでいた。時にはお友だちの家で晩御飯まで食べさせてもらったり、昼を一緒に食べたりもする。毎週金曜日は誰かと遊ぶ機会を作りたいと思っている。男の子の友だちは公園でゲームか家のなかでゲームしていることが多いが、女の子なので公園で子どもだけで遊ばせるのは心配で、週末は外で遊ばせて、平日は家のなかになりがち。

（文 30）

　女児の場合男児に比べると安全面で気を使うことから、どうしても室内遊び中心になりがちであるが、「**毎日違うことをしてみようと心がけて遊んでいた**」という言葉からも、子どもの自由な遊びというよりは、子どもの遊びとしてどのようなことを準備すればよいのか、母がよく考えた上で提供していることがわかる。

　習い事の量が比較的多い、全資本活用型や経済資本活用型は、とにかく忙しく、子どもだけのフリーな時間がそもそも少ない。また、友人も習い事で忙しくしている場合が多く、わざわざお互いの予定を合わせて遊ぶ必要がある。経77の対象児は、「**○○くん、今日は公文あるん？　あそべるん？　じゃあ、家に行くから待っていて**」などと、積極的に友だちの家に電話をして遊ぶ約束をしている。

　また、子どもたちの遊びが自由なものか、何かしらの制約があるものなのかは、習い事による時間的制限のみならず、住んでいる地域の事情にもよる。たとえば経77の場合、60歳以上の夫婦が多い静かな住宅地に家があり、遊び相手や公園がそもそも近くに少ない。目の前が公園という団地で暮らす子どもたちとは居住空間が異なることが、放課後の過ごし方に影響を与えている側面もある。また、ボール遊び禁止の公園も増えてきているため、そうしたことも

子どもたちの外遊びの機会を奪っており、友だちと約束をしても、家や公園でゲームをすることも少なくない（経77）。

　同じく習い事に費やす時間が長い全資本活用型の家庭の子どもたちは、きょうだいで虫取りをしたり（全47）、習い事のあとに家の裏の公園で祖母と遊んだり（全35）するなど、外遊びにも積極的である。ただし、社会関係資本活用型のように、集団遊びをすることは稀である。

7. 子どもたちの日常生活

　対象家庭では、テレビやゲーム、タブレットに関するルールにはややバリエーションがあるものの、どの家庭においても子どもの生活リズムをつくることに気が配られ、食事や歯磨き、片付けに関するしつけにも熱心に取り組まれていた。そして、就学前からある程度の学習材が用意され、日常生活のなかで自然と文字や数字に触れるような働きかけもなされていた。さらに、小学校入学後から始まる宿題については、大人の目の届く場所で、多くの場合は母親が付き添う形で行われ、対象児もおおむね好意的にそれに取り組んでいる。こうしたことの積み重ねが、子どもたちの学力格差を顕在化させないことにつながっているといえるだろう。そして、親の、とりわけ母親によるこうした丁寧な働きかけは、対象家庭の多くが専業主婦であり、子どもと接するための時間的資源に比較的恵まれているからこそ、実現できたことでもあろう。

　ただし、その細部をみれば資本活用による違いがあることも明らかである。例えば、社会関係資本活用型では、とにかく学校の宿題をこなすことが第一とされ、宿題をする際にも親は近くにいてもそれほど細かく子どもの学習の様子をみているわけではない。それに対して、全資本活用型、文化資本活用型、経済資本活用型は、学校の宿題だけでないプラスアルファの学習をさせ、母親が宿題の内容や進捗を細かくチェックするなど、子どもの学習をコントロールしようとする傾向がよみとれる。また、本文では言及しなかったが、全資本活用型では、日常生活のなかでわからない言葉が出てきた場合にわざわざ辞書で引かせたり、理系の父親の影響で小学校1年生の段階で「蓄光」という単語を知っていたりする（全47）など、親の文化資本が子どもの語彙力につながって

いる側面もみられた。

　片岡（2018）は、上層ホワイト層の親がその高い文化資本を背景として、労働者階級に比べてより積極的に子どもの宿題をみることで勉強ハビトゥスを身に着けさせようとしていると指摘する。確かに本書においても、その積極性という点では社会関係資本活用型よりもその他の類型のほうがあてはまるし、学習への興味関心を引き出す取り組みは、全資本活用型や文化資本活用型で目立った。しかしながら、社会関係資本活用型でも、「とにかく勉強はやらなければいけないもの」という価値観のもと、親と子の関係性のなかで最低限の学習には取り組んでおり、そのことを通して、社会関係資本の文化資本への転換が図られ、子どもに勉強ハビトゥスが身についたと考えられる。

　読み聞かせや読書を好む傾向は、全資本活用型や文化資本活用型に顕著であり、経済資本活用型は学習習慣をつけることには熱心であるものの、読書については消極的である。そして、社会関係資本活用型では、親自身に読書習慣がないことや、文字を読むことへの苦手意識があることから、それが敬遠される姿も観察された。

　習い事に関しては、全資本活用型や経済資本活用型が数も費用も多く、文化資本活用型と社会関係資本活用型は少なめである。あえてやらせない文化資本活用型に比べると、社会関係資本活用型の場合、保有する経済資本の制約によるところが大きいものの、ネットワークを活かしてお得な習い事を探し出し活用もしていた。

　このように、対象家庭での親から子への日常的な働きかけには、共通点もある一方で相違点もみられた。総じて、子どもに任せる自由度の高い子育ての社会関係資本活用型と、親が主導権を握り計画的にコントロールするその他の類型という違いである。こうした違いは、ラローが示したミドルクラスの子育てとワーキングクラスの子育てのちがいに似通っている面も多い。吉川（2018）は現代の日本を、大卒か非大卒かによって仕事や経済力、ライフチャンスや社会意識に分断がみられる社会だとする。そのうえで、日本の学歴社会の構造を、スポンジケーキの上にミルフィーユがのっている洋菓子に例えたうえで、ほぼ均質なスポンジ層である非大卒層と、入試偏差値で輪切りにされた大卒ミルフィーユ層と表現している。本書で見出された4類型も、こうした学歴構造と

ある種対応しており、非大卒家庭の子育てが社会関係資本を活用した似通った
ものである一方、大卒層の子育てには、全資本活用型と文化資本活用型、経済
資本活用型というバリエーションがみられた。本田（2008）がグラデーション
状と表現する日本における子育てと階層の対応関係には、大卒層の子育て戦略
の違いが隠されていたと捉えることもできるだろう。

　以上でみてきたように、たしかに親からの働きかけには違いがあるが、しか
しながらそのことがダイレクトに子どもの学力に影響しているわけでもなさそ
うだ。例えば社19や社86の家庭では、親からの働きかけはそれほど熱心には
行われていないものの、子ども自身の学習意欲や読書への興味が高いという特
徴がある（詳細は第12章で述べる）。また、学習面だけでなく生活面や読書に
ついては、学校からの働きかけによって習慣化が図られている側面もある。休
日の過ごし方については紙幅の関係上触れることができなかったが、旅行に行
くことや子どものための特別なおでかけをする機会は、社会関係資本活用型以
外の類型の家庭で多かった。習い事の多寡も含めて、とりわけ家庭が保有する
経済資本に左右される形で、子どもの学校外での経験に差が生じていることは
確かである。しかし、対象家庭の子どもは、放課後に学校で提供される学習会
に参加したり、放課後子ども教室でお茶や工作をするなど、家ではできない遊
びを体験したりしていた。学校によって提供されるこうした活動は、家庭にお
ける経験の格差をある程度埋めることにもつながっているだろう。

　また、社会関係資本活用型の子どもたちの放課後の自由な時間、とりわけ集
団での遊びは、体力をつけることだけでなく、人間関係におけるルールやその
調整、即興的な遊びを生み出す創造力などの点においても、子どもたちの社会
性をはぐくむことにつながっていると考えられる。いずれの場合においても対
象家庭の子どもたちは、たくさんの人に見守られながら、日常生活を通して豊
かな学びをしているのだ。

❖注

▶ 1　あくまでもこれは相関関係であり、規則正しい生活を送っていれば学力が高くなるというような因果関係を示すものではない。とはいうものの、極端に寝る時間が遅くなったり朝ごはんを食べなかったりすることは、学校での活動に集中できないなどの影響を与えかねないし、そのことが学力状況にもつながってくることは予測できるだろう。

❖参考文献

本田由紀（2008）『「家庭教育」の隘路──子育てに強迫される母親たち』勁草書房。

片岡栄美（2018）「子育て実践と子育て意識の階級差に関する研究」『駒澤大學文學部研究紀要』(76), pp.1-27.

吉川徹（2018）『日本の分断─切り離される非大卒若者（レッグス）たち』光文社。

Lareau, A.（2003）*Unequal childhoods : class, race, and family life*, University of California Press.

耳塚寛明編（2013）『学力格差に挑む』金子書房。

文部科学省・国立教育政策研究所（2013）『平成 25 年度全国学力・学習状況調査報告書──クロス集計』。

第9章

教育期待

親は子どもにどのような期待をしているのか

金南　咲季

1. はじめに

　これまで親の教育期待は、教育投資や子どもとの接し方に影響を与え、子ども自身の意欲や成績、延いては最終的な教育・地位達成にも重要な影響を及ぼすことが明らかにされてきた（Sewell, Haller, and Portes 1969; 荒牧 2016 など）。ゆえに、親の教育期待の実態を明らかにすることは、家庭環境が子どもの学力や進学行動に影響を与えるメカニズムの一端を明らかにするという意味で、学力格差の再生産や、その縮小に向けた方途を検討する上できわめて重要な意義をもつ。

　こうした親の教育期待に関しては、これまで社会経済的地位（職業や収入、学歴などを統合した地位）との関連から盛んに検討が行われ、両者に強い結びつきがあることが明らかにされてきた（中澤 2009; 藤原 2009 など）。しかしこれらの知見は、大まかな見取り図を示す一方で、「大卒以上」や「専門卒以上」と一括りにされる期待のなかに、いかなる質的な差異がみられるのかという問いには切り込むことができていない。加えて、これまでの議論は多くの場合、狭義の進学期待に限定され、「どのような子どもになってほしいか」というより広義の期待については十分に明らかにされていない。

　以上をふまえて本章では、親が子どもに抱く教育期待をより詳細に明らかにしていく。その際、ここまでみてきたように狭義の社会経済的地位ではなく、いかなる資本を子育てに最も活用しているかという点に着目した類型に沿って、それぞれの特徴を描き出していく。具体的にはまず、第Ⅱ部のエスノグラフィーと前章（第Ⅲ部第8章）の知見を踏まえつつ、各類型の養育行動の特徴を確認し、実際の行動から読み取れる親の教育期待の特徴を明らかにする。その上で、そうした養育行動がみられる背景にあると考えられる、より言語化された親の教育期待の特徴を明らかにしていく。なお、本章でいう「親の教育期待」は、高校や大学進学といった狭義の進学期待だけでなく、将来どのような子どもになってほしいと考えているかといった、より広義の子どもへの期待も含めて捉えている。また本章では、日本では子どもの成長に及ぼす母親の影響が非常に大きいとの知見を踏まえて（恒吉2008）、「母親」の教育期待に焦点を当てることにする。

2. データの概要

　本章で用いるのは、訪問調査対象である13家庭のデータである。本章では、各家庭の表記を、両親の学歴が「大卒（University）か非大卒（Others）か」、対象児が「男児（Boy）か女児（Girl）か」をふまえて「UまたはO ＋ BまたはG ＋ 番号」で表す（たとえば、「UB」は両親が大卒層で対象児が男児の家庭、「OG」は両親が非大卒層で対象児が女児の家庭を示している）。以下は、2018年2 ～ 3月

表 9-1　資本活用型別の進学期待

	子どもへの進学期待		
	高校卒業以上	専門学校卒業以上	大学卒業以上
全資本活用型 （全活用型）			3 家庭 (UB47, UG85, UG35)
文化資本活用型 （文化型）		1 家庭 (UG63)	1 家庭 (UG30)
経済資本活用型 （経済型）		1 家庭 (UB66)	1 家庭 (UB77)
社会関係資本活用型 （社会型）	3 家庭 (OB27, OG55, OG86)	1 家庭 (OB33)	2 家庭 (OB18, OG19)

出典：著者作成。

（対象児は小学2年生）に実施した質問紙調査の結果に基づく各家庭の進学期待である。

表9-1の結果からは、対象家庭数は少ないものの、各類型によって子どもへの教育期待の構成比に差があることが確認できる。

以上をふまえて次節より各類型の特徴を描いていくが、現実の子育ては、きわめて流動的且つ複雑な様相を呈しており、一概に類型としてまとめて論じられるものではない。本章ではそのことを十分に踏まえた上で、あえて類型ごとのまとまりとしてみた時に浮かび上がってくる差異を取り上げて論じていること、また、その差異に対して優劣の価値づけを行うものでは一切ないことをはじめに断っておきたい。

3. 全資本活用型──一歩上を見据えて

まず、全資本活用型（以下、全活用型）の3家庭（UB47、UG85、UG35）の養育行動、子どもへの教育期待の特徴についてみていくことにしよう。

3.1 養育行動の特徴

1）楽しく勉強に向かわせる

前章で確認したように、全活用型では、勉強に高い価値を置き、子どもの内発的な動機を刺激しながら積極的に勉強に向かわせようとしていた。「**勉強は、なんで必要かわからないとやる気にならないですよね**」という UG85 は、頭ごなしに勉強をさせるのではなく、必要性や意義、楽しさややりがいを伝えることが重要だと考えていた。また、子どもが良い成果を出した際には「**毎日一生懸命やってるから良い点がとれたんだよ**」と努力や過程を褒め、問題に正答できずに泣いている時には、夫と一緒に「**間違えることは恥ずかしいことじゃないよ**」と優しく伝えて、勉強に前向きに向かわせていた。UB47 や UG35 も事あるごとに具体的に褒めて自信をつけさせ、日々の学習や習い事を楽しい、あるいは努力は必要だがやりがいのあるものと感じさせるように働きかけていた。

2）広義の「学力」を身に着けさせる

　また母親たちは、「学力」をより広く捉えた上でさまざまな力を伸長させよ
うとしていた。たとえば UG35 は、塾を「知識とやり方」だけを教え込む短期
的な対処法に過ぎないと批判的に捉え、それよりも、そろばんやピアノなどの
習い事を地道に続けていくなかで培われる「知的基礎力」を養うことが、長期
的に学力を伸ばしていく上で重要だと考えていた。UB47 も同様の考えのもと、
母親の意向で将棋を習わせていた。また UG85 は、「子ども新聞」を購読させ
たり、ニュースで「消費税」という言葉がでてきた際には丁寧に解説を加える
など、社会にも目を向けさせ、日々の学習を意味づけていくような働きかけも
していた。また前章で確認したように、いずれの家庭も読書を、知識や感受性
を広げるものとして高く価値づけ、図書館や書店を定期的に利用したり、本の
内容にもこだわりながら選書を行ったりと、幼少期より日常のなかに積極的に
取り入れていた。

　このように全活用型は、「学力」をテストを通じて測られるものに切り縮め
て捉えるのではなく、より広義に捉えた上で、一つ一つの実践に教育的含意を
こめながら子どもの能力を多面的に伸長させようとしていた。

3）時間・費用・社会関係を惜しみなく使ったサポート

　前章でみたとおり全活用型は、学習財や知育玩具、蔵書数、習い事も多く、
子育てに時間や費用を惜しみなく使っていた。UG85 は、読書感想文の書き方
を教えるために本を購入して熱心に勉強をしたり、子どもがわからない漢字が
ある時には一緒に辞書を引いて逐一付箋を貼ったりと、日々の学習にも丁寧
に関わっていた。また、水泳のテスト前には近隣のプールで親子で「特訓」す
るなど、学習に限定されない多方面にわたる手厚いサポートを行っていた。ま
た習い事もただたくさん習わせるのではなく、学習系、運動系をバランスよく、
またその一つ一つの習い事の中身や質も慎重に吟味しながら選択していた。

　さらに全活用型は、さまざまな社会関係も活用していた。たとえば UG85 は、
先着順で受けつけられる幼稚園の願書提出のために、ママ友たちと協力して前
日から交代で並んだり、夏休みの宿題が少ないと感じた時には相談し合ってド
リルをやらせたりしていた。UG35 は、同居の祖父母の協力をあおぐことはも

ちろん、ママ友8人で知育玩具を手づくりしたり、友人やパート先の同僚に一緒にお出かけに連れて行ってもらったりするなかで、子どもにさまざまな機会を提供していた。

4)　自然なかたちで導く

　また、全活用型では自然に子どもを方向づけるような実践がさまざまにみられた。典型的には、大学を身近に感じさせる働きかけである。UB47は、近隣の有名私立大学の公園や食堂に子どもをよく連れて行き、UG85は、第Ⅱ部第4章でみたように、満点が取れずに泣く子どもをなだめる際、「このテストできひんかったからって、大学行かれへんくなるわけじゃないやろ？　大丈夫」と優しく声をかけていた。UG35も子どもたちに、「塾に行かせるつもりはないから日々の学校の勉強にしっかりと取り組んで公立大学に行ってほしい」との希望を、普段の何気ない会話のなかで度々伝えていた。このように全活用型では、日常的な親子の関わりにおいて大学の存在が自然に提示されるなかで、子どもたちは幼少期から、大学に行きたい／自分は行くものという意識を育んでいるようだった。

　そのほかにも、教育的意図を込めた実践は前章でも示したとおり、学習財の整備やテレビ視聴の制限、読書の習慣化、習い事を親が提示する選択肢から決めさせる、日常会話に英語や疑問を膨らませるような問いかけを取り入れるといったように、随所にみられるものであった。このように全活用型では、学力を広義に捉え、子ども自身が楽しみながら主体的にそれらを伸長していくことができるように、時間や費用、社会関係を惜しみなく用いて子どもを取り巻く環境整備に力を注いでいた。

3.2　子どもへの期待

一歩上を見据えて

　では、以上でみてきた養育行動は、どのような教育期待によって支えられているものなのだろうか。

　まず、全活用型の3家庭は共通に、大卒以上の進学を自然な選択肢として捉えていた。UB47は、のんびり屋な兄には大学まで続く私立中高一貫校へ、勉強が苦手ではない弟には、「中高大と3回受験して伸びていってほしい」との期待を語っていた。またこうした志向性は、母親だけでなく父親によっても支えられているものであった。

　　主人は親が言うがまま無理して勉強した結果、やっぱり実力より上の学校に行ったと思ってるみたいですね。だから、「親が道筋を決めて、嫌がる子どもを無理にでも勉強させて一歩上のところに入れたい」とは言ってます。男ですしね。働いてて、出身大学っていうのは見られるし重要っていうのは言ってます。

（UB47）

　上の語りにみるように父親は、自身の受験経験や現在の労働市場における学歴の効力に対する実感から、我が子にも無理をさせてでもしっかりと勉強させて選抜制の高い大学に進学させたいと考えていた。

　同様にUG85も第Ⅱ部でみたとおり大学進学を当然視しており、さらには、「エミリは国際的な名前にしようと思って。これからまあ国際化なので、どんどん頑張って世界に出ていってほしいな」と、生後間もない名前をつける段階から国際社会での活躍といった、一歩先を見据えた期待も抱いていた。さらにそうした期待は、さまざまな情報収集を行った上で年中から「老舗（しにせ）」の質の高い英語教室に通わせるといった養育行動にもつながっていた。

　UG35も同様に、大学進学を前提とし、さらに「公立」を目指してほしいと話していた。

　　とりあえず公立でずーっと行ってほしいなと。……私が中学受験して、中高大が私立なんですけど。公立高校、大学行った子ってメンタルがすごく強い気がしてるんですよ。……だから、中学を私立にとか全く考えてないし、大学公立行かれへんのやったら私立に行くしかないかなと思うけど、なんかやっぱり、自分の考えをもってやっていったほうが、将来いろんな

　ことに挫折しないかな、とは。

（UG35）

　私立の中学・高校に通い、学内推薦で有名私立大学に進学したUG35は、金銭的な面だけでなく、困難に直面しても挫折しない精神を育むためにも、学校の勉強を中心にしっかりと学力をつけて、公立高校・大学に進学してほしいと考えていた。また、「自分が私学にずっと通ってたから、この子らにはいろんな人がいることをみてほしい、そんで、関わってほしいって思うねんよな」と、公立学校ゆえに得られる多様なつながりを大事にしてほしいとも考えていた。

　またUG35は、「公立」という条件以外にも、今後の社会状況や現実性を考慮し、分野やレベルに関して許容できる範囲を設けていた。たとえば、裁縫や工作が大好きな対象児が晩御飯の会話のなかでぽつりと「美大に行きたい」と発した時には、即座に「美大はあかんよ〜学費高いしみんながその職につけるわけじゃないし……U大とかK大とかとびぬけて有名なところやったら別やけど」と返答していた。また訪問調査中には、母親が同居の祖母との雑談のなかで、今後、AI技術が発達し既存の職業も消滅していく可能性を見据えて、「理系の方がなんとかなる」などと議論する場面もみられた。

　このように全活用型の3家庭は大学進学を自然な選択肢として捉えており、さらに「一歩上のところを」、「どんどん頑張って世界に」、「（挫折しない精神を養うためにも）公立へ」といった、「一歩上」の卓越性を目指させる志向性をもっていた。

4. 文化資本活用型──好きなものと出会い、豊かな個性を

　続いて、文化資本活用型（以下、文化型）の2家庭（UG63、UG30）の養育行動、親の教育期待の特徴についてみていこう。第Ⅱ部や前章でも確認したように文化型では、学習に対する興味関心を引き出す働きかけや、子どもの生活や学習への親の手厚い関与、読書への高い価値づけなど、全活用型とも類似する養育行動も多くみられる。しかし本節で改めて確認していくように、明確な家庭の教育方針をもとにあえて習い事をさせないという選択をとる、家庭の力を

最大限に活かして学習をサポートする、家族や親族以外とは少し距離を取って関わるなど、全活用型と大きく異なる側面もみられる。また、これらの養育行動の背後にあると考えられる親の教育期待も、前節でみた全活用型の「一歩上」の卓越性を目指させるものとは異なるかたちで語られていた。

4.1 養育行動の特徴

1）子どもの興味関心を手厚くサポート

　第Ⅱ部や前章でもみてきたように、文化型の養育行動の特徴の一つとして挙げられるのは、子どもの様子を丁寧に観察・分析し、「いま何をするべきか」を慎重に判断しながら日々の子育て実践を組み立てている点である。

> 　周りは習い事を結構やっておられるんですけど、結構くたくたで帰ってきてごはんとお風呂だけになるって。だから、「あえてやらない」っていう選択も勇気が要るんですが、今のところは年長でもさせる予定はないですね。今、習い事の代わりに楽しく思考力を育む通信教育を……脳トレじゃないですけど、自然に楽しいっていうのを今は与えたいと思っていまして。（……）教えてないんですけど、自然に字も書けて読めるようになっていましたり。間接的に何でも楽しんでもらって、自分で将来何かやりたいと思った時にやってもらえれば、っていうアプローチですかね。
>
> （UG30）

　UG30 は、親子の日常的な関わりのなかで好奇心や探求心を引き出そうと働きかけており、また「自然に楽しいっていうのを今は与えたい」との思いから、小学 3 年生の後半まで「習い事はあえてやらせない」という選択をとっていた。上の語りは、前章でもみたように「周りの家庭の様子を横目でみながらも流されることなく、習い事の量や種類を抑制する母の強い方針が貫かれている」ことを示すものである。

　とはいえ日々の学習に対しては、学校を中心に据えつつも、親も間接的に関わるべきだと考えており、UG30 は、毎日家庭教師のように子どもの横につい

て丁寧に宿題をみてあげていた。さらに、「計算が早くなるよりも、**考え方を身に着けてほしい**」との考えから習い事の代わりとして、楽しみながら思考力を養うことのできる通信教育にも習慣的に取り組ませていた。同様に UG63 も「**学習系の習い事には反対**」との姿勢をみせ、やるのであれば家庭でみてあげたいと考えていた。

　また UG30 は、子育ては自分の「仕事」だといい、子どもの書いた絵を額縁に入れて飾ったり、毎月必ず絵本を購入して読み聞かせを行ったりと、多くの時間を子どもに費やしていた。また、家は子どもにとって「ほっとする場」であることが大事だとして、ゆったりと安心して過ごせる環境づくりにいつも気を配っていた。UG30 は日々子育てに不安を感じるが、「**すぐに行動に移して解消する**」という。日々の手厚い実践は、こうした不安の裏返しとして捉えることもできる。

2）母親の確固たる教育方針に基づく日々の子育て実践

　以上のように文化型の子育て実践は、母親自身の高い語彙力や知識、教養などに支えられた教育方針をもとに展開されていた。UG30 は、子育てに必要な情報は、母親が自ら収集することが多く、親族に頼ることはあってもママ友たちから得ることは少ないようだった。

> 　<u>私自身がママ友とかに流されるのは好きじゃなくて、あんまり広く浅く</u><u>というよりも、じーっと……</u>。自分の方に来てくれる人は拒まないんですけど、この子が今一番大事なので、何人かは親しい人もいるんですけど、広く浅くという感じではなく。<u>みんなお互いによくみているようでして、</u><u>わりと同じような人たちと。</u>（……）<u>まず私がずっと神経質で、わりと公</u><u>園で遊ばせたりとかも最初は抵抗があるような親でして</u>……今はそういうのは無くなったんですけど。
>
> （UG30）

　以上の語りにみるように、UG30 は、公園での外遊びなどを通じて多様な人々と関わるような機会はそれほどなく、付き合うママ友も「わりと同じよう

な人たち」に限られていた。一方で第Ⅱ部第6章や前章でみたとおり、祖父母や叔父・叔母などの親族とは密に交流があり、子どもたちも高い文化資本をもつ親族から、海外や音楽、自然のことを教えてもらうなど、小さからぬ影響を受けていた。

UG63はPTA活動への参加などを通じてママ友たちとのつながりももっていたが、日々の子育て情報を、そうした社会関係に頼りきるのではなく、海外の教育方法を紹介する育児雑誌なども活用しながら、自己研鑽も含めて収集するようにしていた。

また文化型では、週末のお出かけも家族や親族を中心とすることが多い。UG30は「一つ一つにお金を使う意味をしっかりと考えたい」として、テーマパークなどへのお出かけにはやや否定的であり、「子どもが純粋に楽しいと感じることを親も一緒にやる」ことを重要視しながら、家で親子で一緒にご飯をつくったり、身の回りのものを用いて工夫しながら多様な体験をさせることを好んで行っていた。一方で、ドイツ製の知育玩具を揃えたり、学校で必要な鍵盤ハーモニカは「できるだけ本物を与えたい」と少し高価なものを購入したりと、良質な物や経験を与えることにはいとわずに出費を行っていた。

4.2 子どもへの期待

好きなものと出会い、豊かな個性を

では、こうした養育行動の背景には、どのような教育期待がみられるのだろうか。文化型の2家庭では、進学期待としてはUG30が大卒以上、UG63が専門卒以上を希望していた。

UG30は、全活用型と同様に大学進学を自然な選択肢として捉えていたが、「一歩上」を見据えてというよりは、子ども自身が好きで打ち込めることと出会えるようにとの願いから大学進学を希望している側面が強くみられた。「親がなるべく幅をきかせて広く与えておけば……何が好きかわからなくても、本人が何かを得てくれるんじゃないか」と話すUG30は、第Ⅱ部でみたように、子どもの興味関心をさまざまな機会を与えて掘り起こしながら最大限サポート

していくことで、「個性」をしっかりと伸ばしてやりたいと考えていた。さらに、周囲の環境に流されたり物質主義に走ったりするのではなく、家族や身近な人・近隣社会とのふれあいを大切にすること、自然の変化を楽しむなど素朴な喜びに敏感であること、自分の手を使ってものづくりをすることに価値を置き、何もなくても豊かに時間を使える「昭和な子」に育てたいとの希望も語っていた。

UG63 も同様に、子ども自身が好きで打ち込めることをみつけることが子どもの人生にとって重要だと考えていた。

> <u>やりたいことをみつけてほしい</u>。それが中学卒業して職に就くのが一番良い方法ならそれでもいいと思うし。……私は、好きなものをずっとやってきた気がしてて。芸大なんですけど、<u>普通はやめとけよって（親が）言うだろうなって思うようなことを 4 年間許してもらえたんだなって感じはするので。好きなものを見つけるのが大事なことだっていうのは、すごく思ってるから</u>。だから習い事もやりたいって言うならやらすし、辞めたいって言ったら辞めたらいいっていうのはありますね。
>
> （UG63）

UG63 は高校の頃、美術の先生の個展を訪れたことをきっかけに美術に興味をもち、芸術大学に進学、染色やテキスタイルを学んだ。こうした自身の経験から、子どもにもさまざまな選択肢にふれさせるなかで自身が好きで打ち込める道を選んで進んでいってほしいと語っていた。

このように文化型の教育期待は、全活用型の「一歩上」の卓越性を目指させるものというよりも、より純粋なかたちで、子どもの興味関心をさまざまな機会を与えて掘り起こし、最大限サポートしていくことで豊かな「個性」を伸ばしてやりたいという志向性が色濃く反映されたものであった。

5. 経済資本活用型──自立して着実に生きていけるように

続いて本節では、経済資本活用型（以下、経済型）の 2 家庭（UB66、UB77）

の特徴についてみていく。第Ⅱ部や前章でみてきたとおり、全活用型、文化型、経済型は、大卒層のバリエーションを表しており、全対象家庭が非大卒家庭からなる社会関係資本活用型（以下、社会型）を対置した場合、学習に対する働きかけの積極性など共通する部分も多い。しかし三つの類型のあいだにも質的な差異がみられ、特に経済型の習い事や読書活動、お出かけなどの学校外での経験、そうした養育行動の背後にみられる親の教育期待は、全活用型や文化型と異なる様相をもつものであった。

5.1　養育行動の特徴

1）学校外教育の活用

　前章で確認したように経済型は、全活用型と同様に多くの習い事に通わせていた。UB77 は小学 3 年生までにピアノ・サッカー・スイミング・通信教育（Z会）・公文を、UB66 は、体操・通信教育・サッカー・スイミング・学研・ロボット教室・英語教室・野球に通い（既に辞めたものも含む）、学校に通うだけでは得られないさまざまな経験を積んできた。

　UB77 は、近所に同年代の遊び相手が少ないことから持て余す時間を埋めるべく習い事を探し始め、学校の勉強にしっかりとついていけるように、また学校では得られないさまざまな経験をさせるためにバランスよく学習系と運動系の習い事を選んだ。UB66 は、周囲の教育熱の高い母親たちや文武両道に何でも器用にこなす子どもたちの姿を横目でみて不安に思うなかで、子どもが学校で遅れをとったり、勉強に対して苦手意識をもったりしないようにさまざまな習い事をさせていた。また「**普通じゃないところ、才能を探してるんです**」と話し、子どもが興味を示したものはとにかく何でも試させることで、子どもの秀でた側面をみつけて伸長させてやりたいと考えていた。日々の習い事で多忙を極めるなか、小学 3 年生の 10 月から急遽新しく始めることになった野球も、子どもが友だちと遊ぶなかで楽しさを知りクラブチームに入りたいと親に打診した後、即座に始められたものであった。

　こうした習い事の選択は、長期的な視野をもとに「知的基礎力」をつけさせるためにそろばんやピアノを習わせていたり、入念に情報収集を行うなか

で「老舗」の英語教室を選んだりと一つ一つの習い事の意義や質を吟味して選ぶ全活用型とも、日々の生活にゆとりをもたせて、子どもの関心やペースを軸に据えて好奇心や探求心をゆっくりと育んでいこうと「あえて習い事はさせない」文化型とも異なっている。すなわち経済型においては、中長期的というよりは目の前の状況に焦点を当てて、他の子どもたちから引けを取ることがないように、また子どもの可能性を探っていくために、さまざまな経験の機会を積極的に与えようとする志向性がみられた。

　また、学校外教育を活用する姿勢は、学校選択に関する語りからも伺われた。UB77は幼稚園を決める際、複数箇所に見学に行き、細やかなしつけや、運動や芸術活動の充実したカリキュラムのもとで多様な経験が得られることに魅力を感じて私立幼稚園を選んだ。またUB66は幼稚園の時点で、夫とも相談した上で子どもには小学校、中学校ともに公立校に行かせようと考えていたものの、私立校では教育の質や得られる社会関係も異なってくるとして、「**入れてあげられるんやったら（私立に）入れてあげたいですけどね**」と肯定的な価値づけを行っていた。

2）多岐にわたる非日常的な経験を

　また UB66、UB77 は、習い事だけでなく、お出かけを通じても子どもに多様な経験をさせていた。

> <u>ディズニーランドはまだデビューしてないんですけど。USJは主人のお友だち家族と去年行きました</u>。あとは、アドベンチャーワールドが大好きで、お兄ちゃんが1歳の時から毎年10月、体育の日とか良い気候の時に行くって決めてて、それは楽しみに。それから、鈴鹿サーキットも2、3回行ったかな。あと、もうちょっと大きくなったら飛行機とか新幹線に乗せて、東京とか沖縄も行きたいねって言ってるんですけど。
>
> （UB66）

　同様にUB77も、オーケストラ鑑賞やサッカー観戦、イルミネーションショーなどのイベントや職業体験、ロボットづくりなどの体験型商業施設など

にもよく足を運んでいた。このように経済型では、文化型とは対照的に予算や行き先には特に制限を設けず、多岐にわたるお出かけを通じてさまざまな非日常的な経験を子どもに与えていた。

　第Ⅱ部や前章でもみてきたとおりであるが、以上のように経済型では「多様な経験をさせてやりたい」という思いをもとに、子どもへの経済的な投資を当然のものとして捉えながら、さまざまな習い事や学校外での経験を与え、子どもが何かに興味を示せば「まずはやってみる」ことを大事に、フットワークよく行動に移していた。

5.2　子どもへの期待

自立して着実に生きていけるように

　では、こうした養育行動がみられる背景には、どのような教育期待があるのだろうか。まず進学期待としては、UB77 が大卒以上、UB66 が専門卒以上を希望していた。

> **A**（対象者、以下同様）：将来的には自分で自立っていうか、ちゃんと就職して。どこでもいいので就職して、ちゃんと自分でお金稼いで。自分のことが自分でできるようになればいいかなと。
>
> **※**（調査者、以下同様）：進路とかは今……大学とかまで考えてらっしゃるとかありますか。
>
> **A**：いや、私はないんですけど。主人は自分の父親が院卒で、自分も小さい時から漠然と大学院まで行くだろうと思ってたみたいなので。多分、子どもにも院卒までって思ってるんじゃないかな。……行かないのであれば、ちゃんと自立して自分でご飯食べていけるぐらいにはなってもらわないと。……要は自立ですよね。もうさっさと家、出て行ってほしいですね。家にいて目につくとやっぱり心配になるんですよね。
>
> （UB77）

　UB77 は、主に夫が子どもに対して大学院に行くことを当然視しており、基本的にはそれに賛同しているが、上の語りにみるように「自立」ということばを強調し、大学院進学をするにせよしないにせよ、なるべく早く独り立ちすることを望んでいた。

　一方の UB66 も、大学院卒で賢く、何でも卒なくこなす夫に対して尊敬の念を抱いており、「祐樹、パパを抜かしたいんやったらもっと勉強しないとあかんよ！」と、日々の会話のなかでも父親の存在を意識させ、子どもの学習意欲を加熱させている側面もみられた。こうした環境のもとで、父親は子どもにとって憧れの存在となっており、普段から「パパを抜かしたい」と口にする様子もみられた。とはいえ、専門卒以上という希望からも読みとれるように母親自身は、子ども本人が自分の好きな道を選んで進んでいってほしいと考えており、高い学歴というよりは、「社会で自立的に生きていけること」に重きを置いた願望を語っていた。

　このように、UB66、UB77 はともに、大学院卒である夫の影響を受けて高い教育達成に価値を置き、そこにつながる働きかけを一定程度行いつつも、必ずしも学歴や職業に対して強いこだわりがあるわけではなく、それよりはむしろ自分の力で着実に生きていける自立性を子どもに育んでやりたいと考えていた。その背景には、母親たちの子育て不安も関わっていると考えられる。UB77 は「家にいて目につくとやっぱり心配」、UB66 も「周り見てると大丈夫かなと思う」と話し、日頃より自分の子育てに心配を募らせている様子がみられた。

6. 社会関係資本活用型──背伸びをしすぎず、のびやかに

　最後に本節では、社会型の 6 家庭（OB27、OG55、OG86、OB33、OB18、OG19）の養育行動と親の教育期待の特徴についてみていくことにしたい。第Ⅱ部や前章でもみてきたとおり、非大卒家庭からなる社会型は、以上でみてきた全活用型、文化型、経済型とはやや性質を異にする部分が少なくない。すなわち社会型では、他の三つの類型のように、高い教育期待をもとに親が積極的に介入することで子どもの能力を伸長するというよりも、周囲の人々との多様なつなが

りを大切にしながら自然体でのびやかに過ごすことに主眼を置いた子育ての様子がみられた。

6.1 養育行動の特徴

1）子どもの自然な成長を見守る

　社会型では、親が教育的意図をもって子どもを導いたり、「子ども扱い」をして干渉し過ぎたりすることを避け、子どもが自ら考え行動することを大事にしていた。そのため、たとえば OB33 や OG55、OG19 は、日々の学校の宿題も子ども自身が自分でしっかりと取り組むべきだと考え、最低限の声かけはするものの、横についてみるようなことはほとんどなかった。

　こうした、自然な成長を基軸としつつ、子どもとより対等な目線で関わろうとする母親たちの姿勢は、時に学校からは介入の余地があると捉えられることもある。OB33、OG55、OB18 は、担任の先生から懇談の際に、「家でも日常的に問いを深めさせるような働きかけをしてあげてほしい」と言われたといい、どのように好奇心や探求心を引き出したり、学ぶことの楽しさを伝えればよいのか悩んでいる様子もみられた。

2）得意なことをしっかりサポート

　また前章でも確認したように社会型では、学校の宿題以外の学習に取り組ませている家庭は少なく、取り組んでいる場合でも、100 円均一や無料でネットからダウンロードできるプリントなど、金銭的、時間的にもそれほど負担の重くない教材が用いられていた。また、思考力を鍛えるというよりは、漢字や計算問題など、日々こつこつと取り組むなかで技量を高めていくような教材が中心的であった。

　一方で、子どもの好きなことや得意なことのサポートは手厚く行われていた。たとえば OB27 や OG55 は子どもが絵を書くことが大好きであったことから、アトリエ教室に通わせたり、家のリビングの壁一面に紙を貼って自由に絵を書ける空間をつくってあげたりしていた。また OB18 は、サッカーを習いたいという子どもの希望に応えるべく、金銭的制約もあるなかでママ友ネットワーク

を駆使して条件のよい教室を探し、家でも練習できるようなスペースを作ったり、クラブチームの役員となって積極的に活動をサポートしたりしていた。

3）親子であたたかい時間の共有

　また、社会型では親子であたたかい時間を一緒に過ごすことを大事にしていた。習い事やお出かけも無理のない範囲で行い、日々の実践も一つ一つに教育的意図を込めるというよりも、肩肘をはらずに親子で純粋に楽しい時間を過ごすことを目的に行われているようだった。

　OG19 は、夫とともに長年音楽をやっていたことから、子どもたちにも何か音楽をやらせたいと考え、対象児にピアノを習わせていた。さらに、「私、ギターも弾けるようになりたいと思ってるんですよ。なんか親子で習いにいくのもあるみたいで」と、親子で楽しめる習い事も検討していた。お出かけ先も、年間を通じて父母も楽しむことのできる音楽イベントに参加する様子が多くみられた。また OB18 や OB27 も、毎日欠かさず母子揃って家の前の公園に繰り出して外遊びに興じ、親子で楽しい時間を共有する場面が多くみられた。

　OG86 は、習い事を多くさせていたり、ママ友同士で子どもの教育について熱心に会話をしたりしている母親たちのことを「バチバチしてる人たち」と表現し、少し距離を取りながら、自分自身の子育てのペースやスタイルを大事にしていた。文化型や経済型では子育てに関する不安や焦りが自覚的に語られ、すぐに行動に移したり経済的な投資を行うことでそれらを解消しようとしていたが、社会型ではそうした不安や焦りからは少し解き放たれているようだった。

4）多様な社会関係を活用

　第Ⅱ部や前章でみたとおり、母親たちはさまざまな社会関係を子育てに活用していた。OB18、OB27、OG55 の家の近くには、同世代の子どもや大人たちが日常的に集う場所があり、母親たちは、子どもたちがそこで多様な人々と関わりながら自由に遊ぶ時間を大事にしていた。OB18 は、自由に身体を動かしながら子ども同士が相互に関わったり、創造的に遊びをつくりだしたりするなかで、さまざまな学びが得られると考えていた。また自身にとっても、子どもの遊びに参加したり、ママ友とおしゃべりをして過ごす毎日の公園の時間が、

子育てにおいて最も楽しい時間であると話していた。こうしたママ友たちとの立ち話は、家庭や学校、習い事、子どもの進路などのさまざまな事柄について相談や情報交換をする貴重な時間にもなっていた。

　また社会型では、学校が放課後に提供している活動に子どもが積極的に参加していたり、お餅つきやクリスマス会、運動会、「子ども食堂」などの地域のさまざまなイベントや活動に、親子でよく参加していた。また、子どもが所属している地域のスポーツクラブの役員やコーチ、自治会の委員などの役割を担っている家庭も多くみられるなど、子どもを豊かな人間関係のなかで育てている様子が特徴的であった。

▌6.2　子どもへの期待

背伸びをしすぎず、のびやかに

　では、こうした養育行動は、どのような教育期待によって支えられているのだろうか。社会型の 6 家庭では、OB18、OG19 が大卒以上、OB33 が専門卒以上、OB27、OG55、OG86 が高卒以上を希望していた。とは言え、このように家庭によって進学期待には違いがみられるものの、背伸びをしすぎず自然体でのびやかに、安定した生活を過ごしていってほしいという志向性は共通していた。

　たとえば OB18 は、福祉系専門学校を卒業した父母自身の経験から、子どもには、大学進学をしても何か資格は取得してほしいと考えていた。

> 　4 年制大学に行くとしても、資格は何か取ってほしいなぁって。……薬剤師とか、マキもタツヤも結構良いんじゃないかなと思うんですけどね。……でも、そうすると薬学部になるし、それだけの学費……6 年ですよね、払えるかは心配で。……でもとりあえず資格と、男の子なんで、収入もそこそこあった方がいいかなと思うんですけど。まぁあんまり背伸びしすぎないところで頑張っていってくれたら。あんまり上の方にいってしまっても、毎日勉強勉強で大変になるだろうし、しんどいと思うんですよね。

（OB18）

　以上の語りからは、「一歩上」を見据える全活用型とも、子どもの関心を第一に考えて豊かな「個性」を伸長させようとする文化型とも異なる、堅実な志向性を確認することができる。「自立」を求める経済型と重なる部分もあるが、学習的な取り組みにも力を入れ、ある程度の卓越性を追求させようとしていた経済型とは異なり、社会型では、あまり頑張りすぎず自然体でのびやかに生きていってほしいとの志向性が色濃くみられた。

　OG19 も、父母がともに音楽系の専門学校を卒業しており、子どもには給料や待遇の違いから大学進学を望んでいたが、「決める時に子どもが嫌っていうんだったら別に」と、進路を決める時点での子どもの意志を尊重したいと考えていた。また、子どもの名前は「結婚運が良い画数」であることから決めたといい、将来は「良い人を見つけて、子どもを授かって。普通で。旦那さんはちゃんと働いてくれる人、みたいな」との希望を語っていた。

　OB33 は、父母自身が高卒であることに引け目を感じており、子どもへの大学進学期待を語ること自体が身の丈に合わない恥ずかしいことだと考えていた。代わって母親は、「専門行ってた子は勝ち組。中退したらあかんけど、卒業したら絶対就職できるし」と、就職する術を確実に得られるという観点から、子どもには専門学校への進学を希望していた。

　高卒以上を希望していた OG55 は、対象児が小学生低学年時点においてそれほど勉強が好きではなかったことから、無理に勉強をさせたり、勉強好きになるように仕向けていくのではなく、「勉強以外に好きなことを見つけてほしい」と考えていた。

　また社会型の多くの家庭では、子どもの進学や将来を「まだわからなくて」「その時にまた考えて」と暫定的に捉えていた。

> A：私は、勉強が嫌いで……特に高校時代は嫌だったんですよね。だからまぁ今は、大人になって日常生活に不便がなかったらいいなぁぐらいで。でも私、計算が苦手なんで。今パートしててもっとできればなぁって思うので、それくらいはやってほしいかな。

　※：じゃあそんなに今は先取りさせて、大学進学のためにとかそういうの
　　　は……。
　A：……うーん、今はよくわからなくって。……今のところ、自分で宿題
　　　もやってるし、まぁなんかやるにしても学校についていけなくなった
　　　りとか、あとは将来本人がやりたいことがでてきたりとか、その時に
　　　応じてかな？

（OG19）

　OG19 は子どもに必ずしも高い学力を望んでいるわけではなく、今は「よく
わからなくって」「自分で宿題もやってる」ので、今後学校の勉強についてい
けなくなったり、やりたいことができたりした時に応じて手立てを講じたいと
考えていた。このように社会型では、中長期的なビジョンをもとに子どもへの
教育期待を形成しているというよりも、子どもの自然な成長を見守りつつ、そ
の時々の子どもの状態にあわせてその都度判断を行っていこうとする姿勢がみ
られた。

7. おわりに

　本章では、親の教育期待に焦点を当てて各類型の特徴を描いてきた。
　まず全活用型は、大卒以上を自然な選択肢と捉え、さらに現在の労働市場
や、国際化、自動化などの今後の社会的動向を視野に入れながら「一歩上」を
見据えた期待をもっていた。また、母親たちは学力を広義に捉え、それらを
伸長させるべく、時間や費用、社会関係を惜しみなく用いて子どもを取り巻く
環境を整備していた。こうした実践は、意図的・計画的な介入によって子ども
の能力を伸長できるという信念に基づいた「全面発達に向けた計画的子育て
（Concerted Cultivation）」（Lareau 2011）として捉えられるものであった。そし
て、こうした親子の関わりのなかで、全活用型の子どもたちは高い学習意欲や
豊かな好奇心を育んでおり、「特に教えていないのに」文字を書いたり計算が
できるようになったり、「好きで」「自発的に」読書や学習に取り組む様子がみ
られた。

　文化型は、「一歩上」の卓越性を目指させるというよりも、子どもの興味関心をさまざまな機会を与えて掘り起こしながら最大限サポートしていくことで、「個性」を伸ばすことに強調点を置くものであった。養育行動としては、物質的・金銭的なものや家族や親族以外の社会関係にはなるべく頼らず、主に母親自身の高い語彙力、知識、教養に支えられた教育方針をもとに、子どもの好奇心や探求心を自然なかたちで引き出そうとしていた。こうした日々の教育実践のもとで文化型の子どもたちは、漢字や計算問題は簡単に解けるもののあまり好きではなく、代わって文章をじっくりと読んだり、頭を使って考える問題を好む様子がみられた。

　経済型では、母親たちは、大学院卒である夫の影響を受けて高い教育達成に価値を置き、そこにつながる働きかけを一定程度行いつつも、必ずしも学歴獲得に強いこだわりがあるわけではなく、それよりはむしろ自分の力で着実に生きていくといった「自立」を求める志向性が強くみられた。それは、母親の日々の子育て不安の裏返しでもあり、苦労をせずに生きていってほしいという子どもへの切実な願いとして捉えられるものであった。養育行動としては、子どもが何かに興味を示せば「まずはやってみる」ことを大事にしており、学校外教育を上手く活用している点が特徴的であった。また自然体験やテーマパーク、音楽鑑賞、国内旅行、体験型商業施設などの多岐にわたるお出かけを通じて、さまざまな非日常的な経験も提供していた。経済型の子どもたちは時折、学校や学習に対して否定的な態度をとることもあったが、総じて学校や習い事にも一生懸命取り組み、学習習慣をきっちりと身に着けていたほか、さまざまな事柄に対して柔軟に興味関心を示して取り組む様子がみられた。

　社会型は、必ずしも高い教育期待をもっているわけではなく、背伸びをしすぎず自然体でのびやかに、安定した生活を過ごしていくことを第一に望んでいた。大卒以上を希望している場合も、「わからなさ」を抱えた上での暫定的な期待となっていた。養育行動は、一つひとつの実践に教育的意図を込めて親が子どもを導いていくというよりも、子どもの自然な成長を見守りつつ、純粋に親子であたたかい時間を過ごすことに重きをおいた子育てが行われていた。こうした子育てのあり方は、子どもは大人の意図的な介入がなくても育っていくという考えに基づいた「自然な成長に任せる子育て（The Accomplishment of

Natural Growth)」（Lareau 2011）として捉えられるものであった。また母親たちは家庭、学校、地域に多様なネットワークを有しており、そこから得られる情報や経験は、子どもたちの学校適応につながる資源や、母親自身の物理的・情緒的なサポートにもなっていた。こうした家庭環境と豊かな人間関係のなかで育った社会型の子どもたちのなかには学習に対して苦手意識をもつ者や、計算や漢字は得意だが文章をじっくりと読んだり思考力が問われる問題は難しいと感じる者もみられたが、学校の宿題を中心に日々の学習習慣を身に着けていたほか、多様な人々と関係を築く力や、緊張や物怖じせず自分の考えを表現する力に秀でていた。

　以上の本章の知見からは、決して単純化はできないものの、活用する資本の違いによって教育期待や養育行動、子どもの様子に差異がみられること、またそれぞれの類型の特徴の一端が明らかになったといえる。そしていずれの家庭も、優劣には決して還元できない独自の教育期待を土台に、諸資源を活用しながら実践を組み立て、子どもたちの日常や学力をしっかりと支えていることも明らかとなったといえるだろう。

　とはいえ残された課題も少なくない。第一に、本章は限られたデータから浮かび上がってきた傾向の一側面を論じたに過ぎず、知見を一般化することは妥当ではない。今後は、子どもの性別やきょうだい数、出生順、父親の影響、親族や友人、学校、地域といった周囲の環境的要因を含めた包括的なデータをもとに、教育期待の実態をより丁寧に捉えていくことが求められる。第二に、本章では紙幅の制限から「親の教育期待がどのような要因によって規定されているのか」という問いまで扱うことができなかった。親自身の教育経験や職業経験、周囲の人間関係や教育環境などの影響との関連についても今後検討していく必要がある。最後に本章では、子どもの様子について、7 節のまとめで短くふれるにとどまり、十分な記述と分析を行うことができなかった。今後、各類型の子どもの様子を多面的に捉えていくとともに、「成績」や「親と子どもの教育期待の一致の程度（第Ⅳ部第 14 章参照）」「教育達成・地位達成」なども分析の射程に入れ、家庭環境が子どもに影響を与えていくメカニズムをより長期的な視野から読み解いていく必要がある。

❖参考文献

荒牧草平（2016）『学歴の階層差はなぜ生まれるのか』勁草書房。

藤原翔（2009）「現代高校生と母親の教育期待——相互依存モデルを用いた親子同時分析」『理論と方法』第 24 巻 2 号, 数理社会学会, pp.283-299.

Lareau, Annette. (2011) *Unequal Childhoods: Class, Race, and Family Life, Second Edition with an Update a Decade Later*, University of California Press.

中澤渉（2009）「母親による進学期待の決定要因——マルチレベル分析による検討」Benesse 教育研究開発センター編『学校教育に対する保護者の意識調査 2008 報告書』ベネッセ教育研究開発センター , pp.82-93.

Sewell, William H., Archibald O. Haller, and Alejandro Portes. (1969) "The Educational and Early Occupational Attainment Process," *American Sociological Review*, 34, pp.82-92.

恒吉僚子（2008）『子どもたちの三つの『危機』——国際比較からみる日本の模索』勁草書房。

第 10 章

学校との関係

親は学校とどのような関係を築いているのか

敷田　佳子

1. はじめに

　本章では、親が学校とどのような関係を築いているのかについて見ていく。親と学校との関係については、親学歴や社会階層に着目して分析を行った先行研究がいくつかある（本田 2008; Lareau. A., 2002; 2011; 松岡 2015 など）。母親への半構造的インタビューを行った本田（2008）は、母親学歴を問わず、PTA活動やボランティアなどの形で学校教育に参加・教育している家庭が多かったと述べている。さらに、学校で自分の子どもが関わるトラブルがあったり教師のやり方に不満があったりする場合には、母親が学校の教員と交渉し主張を通す例がしばしばみられるが、これについても母親学歴との関連は特にみられず、むしろ公立以外の小学校の場合には、高学歴の母親であっても先生にやや遠慮する姿勢がみられる場合もある、と分析している。つまり、学校との関係において母親学歴による違いはほとんどみられなかったという（pp.105-106）。

　一方、アメリカで質的調査を行ったラロー（2011）は中産階級と労働者階級の親を比較し、中産階級の親は学校と積極的に関わり、自分の子どもの利益になるように学校にクレームをつけることがあるのに対して、労働者階級の親は学校に対する恐れや不信感を持っており、子どもが問題を抱えている場合でも

学校との交渉に躊躇してしまうと述べている。また、彼らの態度は子どもたちにも影響を与えており、中産階級の子どもが学校（に限らずあらゆる組織化された活動）において臆することなく自信に満ちた態度を保つことができるのに対して、労働者階級の子どもは居心地の悪さを感じ抑圧されている、と指摘している（pp.241-245）。

　これらの先行研究の知見を念頭に置き、ここでは他の章と同様に各家庭における資本活用の違いから家庭と学校の関わりについて考えていく。そうすることで、学歴差では説明できなかった家庭の差異に迫ることをねらいとする。親は、学校や教師と具体的にどのような関わりをしているのだろうか。また、学習を中心とする子どもの学校活動にどの程度関心を示しているのだろうか。以下では、これらの点に関して訪問調査で得られたフィールドデータをもとに分析していく。

2. 学校・教員の関心と期待

2.1　学校への関与

　訪問家庭では多少の程度の差こそあれ、すべての家庭が授業参観や運動会などの学校行事に積極的に関わっていこうとしていた。また、基本的に学校のPTA活動では、共働きだとかシングル家庭であるといったような家庭の状況に関わりなく、在学中に何らかの係につくことが求められていた。対象家庭の中でPTA活動に参加しないという選択肢をとる家庭はなく、「どのタイミングで何の役職につくか」ということはどの親にとっても重要な関心事だった。こうした意味で、今回の対象家庭は総じて学校活動に熱心であったと言えるだろう。さらに、13家庭のうち7家庭の母親が専業主婦・6家庭がパート（うち1家庭は美容関係の店長だが、比較的時間の融通がきく業務内容）で、両親ともにX市近隣地域出身者が多く親族の助けが得やすいなど、恵まれた子育て環境にあったということも、このような積極的な姿勢に影響を与えていると考えられる。

　また、各家庭は主に担任教師を通じて学校と関わっている。特に小学校では、担任教師と接する時間が子どもの1日の圧倒的な部分を占めるため、親は自分

の子どもを担任するのがどのような教員なのかに大きな関心を寄せていた。学年が上がり担任が交代する4月には、子ども以上に親の方が期待と不安で胸をいっぱいにしているような様子もみられたが、基本的に親は学校にある程度の信頼を寄せており、新学期スタート時点から学校や担任に批判的な態度をとるような事例は本研究ではみられなかった。

▌2.2　豊富な文化資本を活用している家庭の場合

　一方で、学校や教員への関心の高さや親の眼差しには家庭の資本の多寡やその活用による差がみられた。まず、豊富な文化資本を有する全資本活用型・文化資本活用型の家庭ではともに、学校や教員に対してより好意的な態度をとっていた。例えば、次の全資本活用型（35）の家庭では、フランスでの子育て経験があることからフランスと日本の学校教育を比較し次のように語っている。

　　　　こういうふう（＝給食参観での担任の指導を見て）に全部指導してくれるのは日本特有っていうか、フランスの幼稚園では、掃除は掃除のおばちゃんがやる、なんていって子どもは全然しなくていい。しかもその役割をするのは黒人の人とか。そういうのって絶対教育上よくないと思うねんけど。

　　　　　　　　　　　　　　　　　　　　　　　　　　　　　　　（全35 母）

　母は、フランスの学校では子どもが掃除をする必要がないこと、また社会的に弱い立場にある人がそうした役割を担っていることが、子どもの意識に否定的な影響を与えるだろうと考えている。一方日本の学校では、「学習指導にとどまらず生活全般において子どもを導いてくれる」と教育システムそのものを高く評価している。それに加え、その時の担任の指導や人柄についても「熱心」「親身に（話を）聞いてくれる」と親しみを込めて語っていた。

　母：（担任の先生は）あんなに若いのに、なんであんなに、人間できてるんやろう、って思うわ。なんかおるやん、ほんまに教師向けっていうか。子どもたちのことをほんまに真剣に考えてて向き合ってる先生って。

※（調査者、以下同様）：どういう点が、そんなに良いんですか？

母：やっぱり、子どもたちに対してむちゃくちゃ熱心。あとは何か相談事をしてもむちゃくちゃ親身に聞いてくれる。（中略）やっぱり先生がどれだけ真剣にみてくれてるか、っていうのは子どもたちにも敏感に伝わるから。

（全35 母）

　同様に、第Ⅱ部第6章で取り上げた田村家（文30）の母も、小学校で初めて若い男性が担任となり最初は戸惑ったというものの、子どもの語る学校の様子から教師の姿を詳細に把握し肯定的な印象を持っていた。

※：担任の先生はどうですか？　今のところ？

母：やっぱりね、男性の若い先生が初めてで。幼稚園には年配の男性か女性かしかいなかったので、なんかほんとにこの子も「学校の先生だ！」みたいな感じで戸惑ってたみたいなんですけど。（中略）その男性の先生もまあ、女性的なあたたかい子どもに対するまなざしとか、まあ（年齢が）近いお兄さんていう感じもあるんですけど、やっぱりちゃんとねえ、リーダーシップ、悪いところはまあバンと男の子とかにいってくださったり、だからサユリもすごく安心しているというか、信頼してるようでして。先生が男性ということに対してはもう何にもなく、その、あの子にとっては新しい風を吹き込んでいただいた……方かな、と、よかったかなと思います。

（文30 母）

　その他の全資本活用型（47、85）・文化資本活用型（63）の家庭の親もこれらの事例と同様に、学校や教師について総じて好意的に捉える傾向があった。もっとも、この背景には親自身がもともと学校文化に親和的であり、陰に陽に子どもの学校生活をサポートしているという実態があると考えられる。学校で配布された手紙すべてに丁寧に目を通し、きれいにファイリングしたり（全85）、カタカナの読み書きができると懇談でほめられたことについて「そんなことで

褒められるの？」（文63）と驚いたりするなど、文化資本の豊富な家庭では学校に適応しやすい条件が意識・無意識的に整えられている。そのため、子どもはごく自然と学校生活に馴染んでいき、それがまた親の学校や担任教師に対する肯定的な評価につながるという好循環が生まれていた。

　さらに、これらの家庭では、子どもとの会話や担任との連絡帳でのやり取りを通して学校に関する情報を能動的に獲得している。担任の指導についても学級通信や子どものノート、連絡帳への記入や懇談での様子などから注意深く観察している。宿題の量が少ないのではないかと感じた際に、幼稚園のママ友ネットワークを使って他の小学校ではどのような宿題が出ているのか写真を交換して調べているような事例（全85）もあり、親は学校での活動に強い関心を寄せ子どもを見守っていると言える。

3. 学校と一定の距離を保つ家庭

3.1　学習への関心が高い場合

　一方、社会関係資本活用型や経済資本活用型の家庭の場合、上記のような親しみを込めた態度はあまりみられず、学校や教員に関する語り口はよりドライで距離をおいたものだった。まず、社会関係資本活用型の場合、ママ友と頻繁に情報交換をする中で不満や要望が共有される場面は調査中しばしば観察されたが、それを親が学校側に直接伝えることはほぼなかった。例えば、第Ⅱ部第7章で取り上げた橋本家では小2時の担任の学習指導が十分ではないと感じており、ママ友どうしの会話では「隣のクラスのベテラン教員の厳しい指導の方が良い」という趣旨の意見が共有されていたものの、学校や教員に改善を求めるような行動は起こしていない。代わりにママ友間では「家でプリントしないと」と、家庭でのフォローの必要性が確認・共有されている。

　　タツヤの担任の先生、若い女の先生で男の子たちはメロメロ。隣の先生は厳しいおばちゃん先生なんです。でもね、宿題とかもきちんとみてくれはるから、いいなって親は結構思っていて。こっちは宿題少ないし。だか

ら、家でプリントしないとあかんなって。

（社18母）

　この家庭では普段から学校の学習をスムーズに進めるための声かけや働きかけが頻繁に行われている。読み書き計算といった狭義の学習に関連する内容だけでなく、生活全般に関する多様な側面から子どもへの教育的働きかけを行っており、学校や教員をあまり頼りにしていないようにもみえる。

　　これ、タツヤとハルタと一緒に縫っている雑巾です。お姉ちゃんがどこかに行っている時に、せめて何かできることをって考えて、2学期に持っていく雑巾を（母と長男、次男の）三人で少しずつ縫っていて。今日で仕上がったらいいねって話しているんね、タツヤ。

（社18母）

　このように、新学期に学校に持っていくための雑巾を親子で縫う（縫い方はもちろん母親が教えている）ほか、学校で育てていたミニトマトを家に持ち帰った後も大切に育て親子で収穫するなど、学校活動が家庭での実践へと意識的に接続させられている。対象児の学校適応はスムーズだが、これには三つ年上の姉の姿に影響を受けて対象児が自然と学習習慣を身につけたのに加え、母親が学校関連の活動をより生活に即した形で生かし深めるような働きかけを日常的に行っていることも影響を与えていると考えられる。この家庭に限らず、社会関係資本活用型の中には広い意味での学校関連活動（例：植物を育てる、裁縫をする、料理をする、虫を捕まえ観察する等）を重視している親がおり（社27、33）、教育熱心な親のエネルギーは、学校や教員に改善要求をするよりは家庭でのサポートを充実させることに向けられていると考えられる。

　一方で、経済資本活用型（経66、77）の場合は学校活動を軽視しているわけではないが、子どもの能力を伸ばすことやきめ細かい指導に対しては学校や教員に大きな期待もしていないようである。例えば、入学直後、ひらがなの学習が想像以上に速いスピードで進んでいったことについての「うちはいいけど、できない子いるんちゃうんかなあと思うんですけどね」（経66）という発言か

247

らもわかるように、親は（学習面・運動面ともに）子どもにつけさせたい能力は習い事や家庭で意識的に／前もって育成している。また、学習面において対象児のつまずきがある場合には母親がいち早く気づき、家庭で宿題を丁寧にみてあげたり新たな習い事を検討したりするなど、後々になって手遅れにならないように何らかの手立てを打っていた。

3.2　学習への関心があまり高くない場合

　対象家庭の中には、幼稚園と小学校とで担任との距離が大きく変化したようなケースもある。例えば、次の社会関係資本活用型（19）の家庭では、幼稚園時代は生活面に細かく気を配り担任とまめに連絡をとり電話で話すこともよくあったが、小学校入学後は担任とそのような密なやりとりはしなくなった。以下は母親を対象に、幼稚園時代に行ったインタビューでの語りである。

> 母：まあ何かあれば相談にのってもらったり、で、向こうも何かあれば電話がかかってきて。
>
> ※：今ちょっとおうちではストレス発散してて、みたいなことって先生には……。
>
> 母：あ、言ってます、電話で。私、言うほうなんで、けっこう。
>
> ※：どのくらいの頻度で電話するんですか？
>
> 母：ああーいやもう、何かあれば、子どもになんかちょっと、おかしいな、って思ったら。別に何もなければもう。あんまりね、連絡帳とかに書いたり、ね。
>
> ※：これはいつもとちょっと違うぞっていうような時は電話をされて。
>
> 母：はい、はい。
>
> ※：担任の先生も丁寧に対応してくださる感じですか？
>
> 母：ああ、はい、はい。

（社19）

「私、言う方なんで、けっこう」と語り子どもの生活に何かと干渉していた

母親の態度は、小学校入学を機に徐々に変化しており、生活面・学習面共に本人に任せる度合いが大きくなっている。その様子は、小学校入学後のフィールドノーツからも見て取れる。

> ※：時間割とかの準備とかはどうされてますか？
>
> 母：やりなさいといいつつ、本人は前日にもう自分でやってますね。
>
> F（対象児）：帰ってから宿題と、明日、ちゃうわ、（明日は土曜日で）休みやから、月曜日の用意ももうしたで！
>
> 母：もう自分でやれるので、本人にまかせてます。
>
> （社19）

　このように、今では学校の準備も宿題も子どもが常に率先して行うようになっている。母親は心配事がない分、子どもの学校生活全般に対する関心も幼稚園時代と比較するとだいぶ薄れているようである。毎日の宿題は子どもが自主的に行い、終了後に一応母が確認しているが、「**あまり（親が）訂正しすぎても先生が間違いに気づかなくなるだけなのかな**」と、あえて子どもの間違えを指摘しないこともある。また、普段親子で一緒に勉強するという習慣はなく、親は学習進度も把握していない。休みの日の余暇活動についても、学校とは切り離した文脈で、子どもよりは親の好みに合わせて計画し行動する傾向がある。

> ※：土日って学校からは宿題って出るんですか？
>
> 母：土日は出ないですね。
>
> ※：休みの日って、宿題以外のお勉強は基本的にはない感じですか？
>
> 母：そうですね、休みの日は勉強はしないですね。休みの日はフェスとかキャンプですね。フェスもまだそんなに回数は行ったことがないのですが。夏休みもライブやキャンプ、お友だちとのキャンプもありますね。バーベキューとか、アウトドアにはまっています。
>
> （社19）

とはいえ母は、小学校入学前には「入学準備」という本を購入して小学校生

活の情報を集めたり、幼稚園のママ友ネットワークの中ですでに小学校に通っている子どもがいる母親に話を聞いたりとそれなりに入念な準備を行っていた。親子ともに小学校生活に慣れ子ども自身が自己管理をしっかりできるようになったこと、学校生活において何ら困りごとを抱えていないことから、母は家庭でのサポートの必要性を特段感じていないようだ。それだけでなく、母自身パートで働き始め多忙になったという事情もある。また、初回インタビュー時に母は子どもの将来への期待について「（女の子だから）いい人見つけて、子どもを授かってみたいな。普通で。旦那さんはちゃんと働いてくれる人」と語っており、伝統的なジェンダー規範を受容し、高い教育期待を持っていないこともこうした言動の背景にあると考えられる。

　第3節では、学校と一定の距離を置く社会関係資本活用型・経済資本活用型の家庭についてみてきた。前の第9章でふれられているように、経済資本活用型の家庭が高い教育達成を望んでいる一方で、社会関係資本活用型の家庭は教育達成に対するこだわりはそれほど強くない。しかし、「狭義の学力」に限らない形で学校での活動を広く重要視し子どもをサポートする家庭と、問題なく過ごせていればそれで良いと考える家庭があり、社会関係資本活用型の中でも親の意識と行動には違いがあることがわかった。

4. トラブルへの対処

4.1「モンスターペアレント」と呼ばれたくない

　以上のように、通常時の学校・教員との関わりや情報収集の内容には資本活用による差が見られるのだが、ことトラブルへの対処となると、学校や教師に遠慮するような姿勢がどの家庭にも共通していた。たとえ学校での活動に高い関心を持つ家庭であっても、あえて機会を作ってまで教員に異議申し立てをするという事例はほとんどない。例えば、担任の対応に強い不満を感じながらも、ママ友に「それくらいのこと言わんでもいいんちゃう？」と言われたことがきっかけで（ママ友に）モンスターペアレント扱いされたと感じ、学校への直訴を断念したケース（経77）や、学校での子どもの様子を心配していながら、担任

ではなくママ友から間接的に情報を得て解決しようとするケース（経66）があり、それぞれの家庭にとって学校に意見することへのハードルは高いことがうかがわれる。

　親が教員に不満や要望を伝えることを躊躇する背景には、学校側に面倒な親、つまり「モンスターペアレント」と認識されることへの警戒心が一定程度共有されていると考えられる。例えば、以下の全資本活用型（85）の事例では、対象児が1年生の間に担任教師が2度交代するという変則的な事態に見舞われたことがある。担任の家庭の事情で1学期に担任が交代したのだが、子どもが新しい先生にようやくなれてきた矢先に「2学期から別の教員が担任として赴任する」という連絡を学校から受けたのである。普段から学校への関心が非常に高い母親は「私もうその話聞いた時は本当に3、4日間夜眠れなくなってしまって……」と不安をあらわにしていた。

　　どんくらい言っていいのかなって。言いたいけど、モンスターペアレントやって思われたら嫌やなって。きっと今度の説明会もめっちゃ荒れると思うんですよ。前の説明会の時もそうだったんですけど。めっちゃ荒れましたよ。7時から始まって8時くらいまでやって。……こないだ、おばあちゃん（母の実母）とも説明会の話してたら、おばあちゃんも、絶対他の人が言うから、あんたは黙っときって。説明会の日はお父さんに子ども預けて私だけで行けるようにしたんで。でも結構他のところとか、おばあちゃんたちに預けて、夫婦で来るっていう人も結構いたんですよ。

（全85母）

　「説明会が荒れた」という表現からは、学校側に強く抗議する親が存在していたことが推察される。また、夫婦で説明会に参加する家庭も結構いたということから、この件に関する親の関心が高かったこともわかる。しかし、「絶対他の人が言うから、あんたは黙っとき」という祖母のアドバイスのように、「同じような意見を誰かが言ってくれるなら自分は黙っておこう」と一歩引いた姿勢で慎重に様子を伺っていた家庭はおそらく他にもあったはずだ。

　また、以下のケース（社86）では、2年時の担任の対応に不満を持つことが

何度もあったという。ある時は、同じクラスの友だちとのトラブルが原因で対象児が軽い怪我を負い何度か通院することになったが、相手の親には担任から何の連絡も行っていなかった。さらに授業内の学習指導も不十分だと感じていたが、結局その教員と直接話し思いを伝えることはなかった。

> **母**：前の先生は習った漢字とか、その漢字だけを書かせるから、送り仮名とかひらがなとかもなくて。
>
> **※**：あっじゃあ全然送り仮名とか覚えられなかったんですね。
>
> **母**：そうなんです。だから去年その先生にあたってた子たちは、今年結構大変みたいで。今はね、ちゃんと送り仮名も含めて、読み方とかを横に書いたりもしてるんで。去年やばかったんやなぁって思って。
>
> **※**：結構不満出てたっておっしゃってましたけど……。
>
> **母**：そうなんです。でもその人（＝去年の担任）に直接言っても全然変わらないんで。結局、教頭先生とか校長とか、そっちに言ってどうにかしてもらうみたいな。
>
> **※**：その時って、お母さんも一緒に学校に言いにいったりするんですか？
>
> **母**：私は全然。行ってなかったですね。去年の間も、クラスの中で何か特定の子が狙われるみたいなのがあったみたいで。そのお母さんがすごい色々動いてたみたいでした。（担任の）先生は全然何もしてくれてなかったみたいで。
>
> **※**：えっそんなこともあったんですね。
>
> **母**：クラスの中でそういうこと（＝トラブル）があっても全然対処しないというか……。

（社 86）

　先の全資本活用型（85）の事例と同様に「そのお母さんがすごい色々動いてたみたいでした」と言う語りからは、周囲には学校側に直接意見する保護者が存在していたということがわかる。しかし、トラブル発生とそれに伴う学校と保護者の動向に関する情報はママ友ネットワーク等を通じて広く共有されていることが多く、似たような意見や不満を重ねて学校側につきつける親は対象家

庭の中にはみられなかった。

　このように、「他の人が言うから（自分は言わない）」あるいは「どのくらい（学校や教員に）直接言っていいのかわからない」など、遠慮や戸惑いから発せられるような発言は調査中しばしば聞かれるものであった。日本の学校の教室は同化圧力が強く、出る杭は打たれる雰囲気があるという批判はしばしばなされてきたが、学校・保護者間の関係においても親自身が同化圧力を内面化し、多少の不満は我慢し目立った行動は控えようとする傾向が見られた。

4.2　深刻なトラブルが起きた時
——社会関係資本を活用する家庭の一つの事例

　第4節第1項では各家庭が学校に遠慮し距離をおいている様子について記述したが、学校との交渉が不可避であるような深刻な問題が起きた時、家庭はどのように反応するのだろうか。4年間にわたる調査の中で学校との関係において大きな問題が起きた家庭は1家庭（社27）のみであったが、従来の社会関係資本に関する議論とは異なる知見が示唆される重要なケースであると考えられるため、以下で詳しく紹介していく。

　対象児のAは2年生になった当初から担任教師を怖がっており、夏休み明けから学校に行けなくなってしまった。母はAへの対応に苦慮していたが、担任教師と直接会って話をすることはなかったという。

　※：結局、担任の先生とは直接話してないんですか？
　母：そうですね、電話だけで。
　※：大変な3週間でしたね。
　母：本当に勉強になりました、私も。この子はほんと、過剰にいったらだめな子なんだなって。（中略）だから字とかも、そんなにきれいじゃなくても「めっちゃ上手やん！」っていうとその次からすごくきれいになって、で、その前に書いたのも書き直したりしてて。だからやりようによってはうまいこといくのかな、と思うんですけど。でも、（今回のことをきっかけに）勉強がすごく嫌いになってしまって。もと

もと好きじゃないし、苦手なんですけど。（中略）元気なら、健康ならいいって。ほんと、9月1日に自殺が多いとかきくと、もう学校なんか行かなくてもいいのかなって。でも行かなかったら（私が仕事を休んで）見とかなあかんし……。

（社27）

母は普段、長時間勤務の夫を気遣って家庭の細々したことを逐一報告しないのだが、この時ばかりは夫にも相談し、勤務中にもその日のAの様子をまめに伝えるようになった。ただし、夫も学校の対応に疑問を感じながら、教員との直接の話し合いにまで持ち込むことはなかったという。

> **母：**（夫は少年野球の指導で）いろんな子どもを相手してたからか、今回も冷静で、「じゃ、思い切って休まそか」って。学校（＝担任の先生）の対応もちょっとよくないんじゃないか、とはいってて。私は学校は、中学生や高校生ならまだしも、（小学校）2年生やし、"行かさな"って思ってたので、それで思い切りがつきました。
>
> **※：**でも、それで学校に何か言うとかではないんですね。
>
> **母：**そうですね。

（社27）

その後も学校側とは意思疎通がうまくいかず、両親はますます学校への不信感を募らせた。母は、担任は「あゆみ（＝通知表）」の評価をどうするかなど形式的なことにはこだわるが、対象児本人の気持ちには寄り添っていないと感じたようである。

> **※：**（登校できなくても）あゆみで（成績を）つけてくれるんですか、先生？
>
> **母：**ああそうなんです。年末に先生から「どうしますか？」って連絡もらって。うち的にはどうでもいいって言ったらあかんけど、そんな感じで。でも先生はなんかこだわってはって。だから好きなようにしてくださいって言って。（中略）なんかそれもうち主人としゃべってて、

通知表なんかどうでもいいねんけど……。何かちょっと先生ともあんまし合わなくて、話が。先生の言うことにすごく……。

※：違和感？

母：うん、違和感があって。教頭先生も話通じひん人で。なんかAが週一回だけ習字いってるんですけど、そこにくるんですよ。教頭先生が様子を見にきたって、それ私全然知らんくて。急に来て、それでその日雨かなんかで送り迎えで、ちょっと外で待ってた時に急に（教頭が）来たから。私的には先生が嫌やから（学校）行けてないのになんでそこで（習い事先に）きちゃうんかなって。

※：ああ、安全地帯だったのに。

母：そうそう、そこ（＝習字）にいけなくなるのは私的には困るから、そんなんもわからへんのかなあ？って。もし来るんやったら、一回連絡ほしかったなあって。

※：先生はどうにかして早く学校にきてほしいっていう思いで来たんですかねえ。

母：多分そうですかね……。でも今そんなどころでもないし。なんかなあ、ちょっと、学校とのずれがありすぎて校長先生はまだ話が通じるから。全部校長先生を通じて連絡をしてて。

（社27）

　このケースでは、他の社会関係資本活用型の家庭と同様に普段から学校との距離を一定程度保っており、上記のデータで示してきたように、学校のやり方に疑問を持ちおかしいと感じた際にも両親がそれを学校側に伝え交渉することはなかった。父母は学校側にクレーム申し立てをするのではなく、「価値観が合わない」と感じる教員との接触を回避するという行動をとっていた。

　対象児のAは4人きょうだいの次男で、両親は普段より豊富な親族・地域ネットワークからさまざまなサポートを受け子育てをしている。今回も、親族やママ友、地域の知人など多くの人からの支援やアドバイスをもとに、子どもへの最善の対応を模索していた。また、父親は地域の少年野球チームの指導に長年関わっていた経験があることから子どもとの接し方やトラブルへの対応に

も慣れており、ある程度自信も持っている。対象児は学校に行っていない期間も豊かなネットワークの中でさまざまな人々と関わりながら生活していた。学校での困難な状況は社会関係資本の活用によって乗り越えられようとしており、皮肉にもそのことが家庭の学校に対する心理的距離をかえって広げる一因となっているような事例であるといえよう。

5. おわりに

　ここまで、学校と家庭がどのような関わりをしているかについて、資本活用を軸に考えてきた。冒頭に記したように、先行研究では学校と家庭の関係に関して親学歴による差異があるかどうかを分析している。国内の大規模縦断データの分析を行った松岡（2015）は、ラローの研究で示唆されてきたのと同様に、日本社会においても世帯収入と父母学歴が学校社会関係資本（主に PTA 会議、保護者と教師の面談、学校や学級ボランティア、それに学校行事などへの出席・参加）の基盤となっており、これら学校社会関係資本の多寡は子ども間の学校適応の差異を部分的に説明していると結論づけている。本調査においても、大卒家庭において（PTA 活動以外の）ボランティアワークに参加したりする傾向が若干強かったが、基本的には非大卒家庭を含めどの家庭も学校行事や PTA 活動に積極的に参加しており、大きな差異は見出されなかった。特に、トラブルへの対処に関しては学校や教員に遠慮し、慎重な態度で成り行きを見守るような態度がすべての家庭に共通していた。この点に関して、ラローが主張するような階層による差異がみえにくかった一つの要因としては、主に第 4 節で述べたように、親学歴や資本活用の違いに関係なく、親の側に「モンスターペアレント」と周囲から認識されることへの恐れが共有されていたことが考えられ、これは日本特有の文脈といえるだろう。

　一方、深刻なトラブルを経験した例として紹介した社会関係資本活用型のケースでは、家庭と学校・担任教員との交渉が不可避であったものの、そのプロセスにおいて両者の間にずれが生じてしまっていた。さらに、家庭はそのずれを解消しようとする方向には向かわず、周囲のネットワークを生かすことで問題を乗り越えようとし、学校との距離はいっそう開いてしまっていた。仮に、

全資本活用型・文化資本活用型の家庭で同様の問題が起こっていたとしたら、学校や教員とより協力・連携する形で問題解決に向かった可能性はあるだろう。とはいえ今回の事例の場合、学校との距離は豊かなネットワークの活用により補完されており、必ずしも子どもに学習活動を含む生活全般に決定的なダメージを与えていたわけではない。先行研究では学校との関係は社会関係資本の重要な要素と位置づけられ、子どもの学力を下支えしていると論じられている（志水 2014、pp.130-132）。しかし、今回明らかとなったのは社会関係資本が豊富な家庭は、なんらかのトラブルが生じた時に必ずしも学校と連絡を密に取ったり協働に向かったりするわけではないという実態であった。すなわち、家庭の学校外での関係と学校とのそれは切り離して分析すべきことと同時に、今後これら二つをうまく接合させる方策を探る必要があることが示唆された。

　さらに、各家庭の資本活用に着目することによって、学歴差による分析では明らかにできなかった差異がみえてきた。まず、同じ大卒グループでも、全資本活用型・文化資本活用型の親が学校や教員に親しみを持ち信頼をよせているのに対して、経済資本活用型の親はより冷めた客観的な態度をとっていた。そのため、前者が学校活動を重視して熱心に情報収集を行い、学校での学習を中心に据えたサポートを家庭でも行う一方で、後者は教員の働きかけには期待も依存もせず、学校外活動に投資することで子どもの学校適応を促進していたという違いがある。

　二点目に、非大卒・社会関係資本活用型の家庭は、学校や教員と一定の心理的距離を維持していると言う点では経済資本活用型と類似している。ただし、これらの家庭の中には学習活動に関心が高い親とそうでない親がおり、学校に関連する活動の家庭での生かし方に差がみられる。さらに、経済資本活用型の親が高い教育達成を目指すのに対して、社会関係資本活用型の親はより実用的な、生活の文脈に即した形での“学習”において、子どもを支援する傾向があった。こうした学習活動に対する関心の差異には、親の生育歴、子どものきょうだい関係やジェンダー、子ども自身の性格、親の就労などさまざまな要因が重なり合って影響を与えていると考えられる。これらの点の詳しい分析に関しては教育意識・教育期待に関する第9章や子どもの主体性について扱った第12章を参照されたい。

❖参考文献

本田由紀（2008）『「家庭教育」の隘路──子育てに脅迫される母親たち』勁草書房。

Lareau, A. (2002) "Invisible inequality: Social class and childrearing in black families and white families", *American sociological review*, 67 (5), pp.747-776.

Lareau, A. (2011) *Unequal Childhoods: class, race, and family life,* Second Edition with an Update a Decade Later, University of California Press.

松岡 亮二（2015）「父母の学校活動関与と小学校児童の学校適応──縦断データによる社会関係資本研究」『教育社会学研究』, 第 96 集 , pp. 241-262.

志水宏吉（2014）『「つながり格差」が学力格差を生む』亜紀書房。

第 11 章

子育てネットワークと情報

親はネットワークをいかに駆使して
子育てに活用しているのか

堀家　由妃代

---

1. ネットワークと子育て

　石原 (1999) によると、社会的ネットワークとは、行動主体が取り結ぶ関係の網の目状の広がりのことをさす。ネットワークは、境界線もあいまいで内部での役割分担も発展しにくいが、個々の活動の寄せ集め以上の働きやその結果をもたらすという点では社会集団と同じ社会関係の一つの形態である。都市化社会、移動移住の多い社会では血縁・地縁による結合が弱体化し、代わって職縁や友人関係がネットワーク内の資源として重要性を増す傾向があると石原は指摘する。

　現代社会の育児構造については、渡辺 (2000) が**図 11-1** のような類型化を試みている。かつて子育ては親子間の閉じられたものではなく、親族や地域のなかでオープンに展開される営みであった（類型 1）が、現代社会において育児は核家族の成員、主に母親が子育て状況をコントロールする。結果として、育児のありようは当然のことながら親の持つ資源やネットワークに強い影響を受けることになる。多元的で複合的な育児構造になる場合もあれば（類型2-a）、限定的で単線的な結びつきしか持たない育児構造になる家庭もある（類型2-b）。荒牧 (2018) はこの類型を引用し、親のパーソナルネットワークが子

類型 1

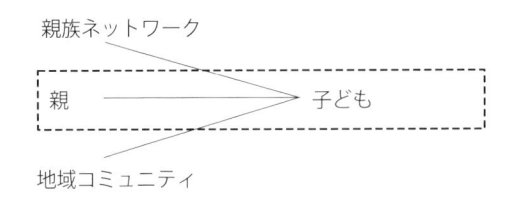

類型 2-a

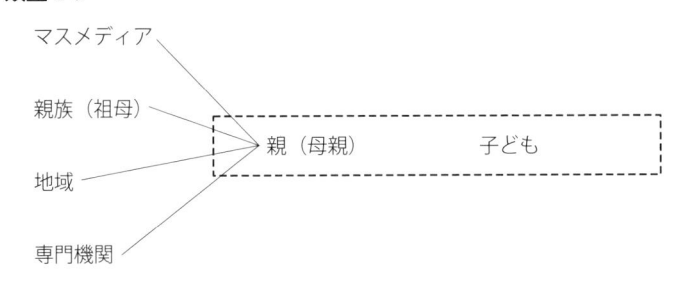

類型 2-b

図 11-1　育児構造の諸類型
出典：渡辺秀樹「現代の親子関係の社会学的分析」、2000『現代家族と社会保障』東京大学出版会より筆者作成。

育てサポートの提供にもなるが、教育態度を形成する準拠枠ともなると指摘する。外部からの育児作用はゲートキーパーである母親のスクリーニングを経て間接的に子どもに達するのであり、「甘いものばかり与えるおばあちゃんを遠ざける」「有害なテレビをみせない」など、親がコーディネーターとなって子育て環境を作りあげている。子育て環境は、親自身の社会階層的な位置づけや、居住地域の諸条件によって制約を受けるなかで、親がどのように外部の育児主体と関係を取り結ぶかに依存すると荒牧は述べている。

　とはいえ、ネットワークというものは、普段何気なく生活している場面においては可視化されない。私たちは目にみえない網のなかを浮遊しているのであ

り、そのなかの諸資源についても日々アップデートされ続けている。今回の調査では、家族の持つネットワークはその活用資本の形態に関係なく各家庭でその多寡がバラバラであるということが特徴的であった。これは、単純に網の目が細かいか細かくないかという実態を表しているというよりは、調査者が意図的に情報源を突き止めようとしない限り、ネットワークがその利用者にとっては意識されないものであるという性質にもよる。こうした聞き取り調査の限界も十分に考慮しつつ、それぞれの家庭に寄り添いみえてきた子育てネットワークについて検討していく。

2. 親は子育て情報をどこから得ているのか

はじめに言及しておかなければならないことは、私たちが聞き取った対象者はすべて子どもの「母親」であったということである。したがって本稿は、子育て家庭のネットワークというより、厳密な言い方をすれば「母親がもつ子育てネットワーク」ということになる。そのような状況において、今回母親たちの語りのなかから、夫など子どもの父親役割を果たすような相手を子育ての頼りにするというデータがほとんど出てこなかったということは注目する必要があるだろう。

その内実については次節で紹介したいが、これについて、まずは父親の子育て参画や子育てパートナーとしての存在が自明視されているがゆえに、語りのなかに登場してこなかったという仮説を立てることができる。他方、依然として日本社会を根強く支配する「子育ては母親の役目」という観念を現実レベルで実践している家庭が多いということも推測される。今回の調査は就学前から小学校低学年の子どもを抱える家庭が対象となっている。したがって、調査時においては母親が出産から継続して子育てを優先し、結果として子育ての担い手としての父親の存在が影を潜めているような家庭が多くなっていると単純に解釈することもできるが、いわゆる社会階層に注意を払う必要も一定ありそうだ。今回の調査対象者は、比較的都市部に居住するサラリーマン家庭が中心である。現在、都市部のホワイトカラー層の共働き傾向は増加傾向にあるが、夫婦間の分業という点では、近代化に伴って専業主婦化が進んだのはまさしくこ

の層の家庭からであった。また、大卒に比してそれ以下の学歴を持つ夫ほど妻へのサポートが少ないという研究（稲葉　1999）もあり、学歴との関係にも注目する必要があろう。

　そのような、ある意味「父不在」のなかで、母親たちは子育て情報をどこから入手しているのだろうか。以下、簡単に紹介していこう。

1）ママ友

　今回、フィールドワークで得られた情報のなかで最も多く登場するのがいわゆる「ママ友」の存在である。「ママ友」という言葉が子育て上重要なものとして登場するのは 2000 年を過ぎてからであり、比較的新しい言葉ではあるが、概念としては従来からあったものである。要するに、子どもの友人関係や子どもの生活環境（学校や習い事など）を媒介として親同士が友人関係やそれに近い関係性を有するようになることを示すが、それは子ども同士の関係が終結すれば終わってしまうものから、子ども同士の関係と離れて発展するものまであり、またお互いを子育て資源と見立てたときのその活用のありようもさまざまである。今回の調査対象者は子どもが就学した後でも、保育、幼児教育時期にできた親との関係を継続させているところが多かった。

2）親族（母親自身の親やきょうだい／母親にとっての義親や義きょうだい）

　日本社会において、母親が子育ての大きな頼りとするのがその親たちである。今回の調査のなかでも、母親の実親に物理的・精神的に頼っている母親が比較的多かったように思われるが、実親が遠方に居住していたり不仲である、あるいはすでに亡くなっているといった場合や、義親との関係が著しく良好な場合は、義親たちも子育てのパートナーとして大いに活用している様子がみられた。

　親と同じように、自身やパートナーのきょうだい達を子育ての頼りにしていることもある。それは、母親が自身との関係において「きょうだい」であるという理由からもともと依存しやすい関係性にある場合や、ママ友と同じく「子どものいとこ」「同じタイミングで子育て状態にある」といった子育て経験を媒介として再度つながり直す場合など、さまざまな関係性の様相をみせる。

3）学校その他子育て機関など

　当然のことながら、国や自治体の行政サービスが一定発達したなかで私たちは子育てを行っている。こうしたサービスは無料または安価で提供されるものが多く、参加条件の制限はさほど大きくない。しかし、これらサービスの多くは子育ての主体が自身でたどり着かなければ提供されないものが多く、「アクセシビリティ」の観点からみれば一定の困難さも伴う。例えば、子どもが学校に通っていればおのずと入ってくる情報もあるが、親がそうした情報を有益なものと判断し、子育て資源として取り入れようとしてはじめて子どもの活動につながる。また、親自身が自治体から一方的に発信される情報を適当なタイミングでキャッチして手続きしなければならないものも多く、多忙な親にとってそうしたサービスを利用するのは非常に困難である。方々からさまざまな形でもたらされるサービスをより効果的に取捨選択できることも親業の大事な戦略の一つとなっている。

4）ネットやテレビ、本

　子育て情報は生身の人間からもたらされるだけではない。調査対象者のなかには「（子育てに）ネットはあまり使わない」と話す親もいたが、それはその親が自覚的に活用していないと認知しているに過ぎない。この情報化社会においては、ほとんどの親が「ネット上の子育て情報」の影響を受けずして子育てすることが難しいと考えたほうがよい。ネット上の子育て情報は、ある日誰かが発信したものに過ぎないが、それが多くの人の目にふれ共有された途端に、あたかもそれが「普遍的な子育て」であるかのような価値を持つ。情報過多の世の中で自身の思い描く子育てを全うしていくことも、親の大事な子育てテクニックの一つになってくるのである。

　また、これほどインターネットが普及するまでは、いわゆる「育児雑誌」や「子育て本」が子育て情報源の大きな部分を占めていた。もちろん、こうした媒体は現在も大きな影響を持っているが、本調査においては、母親やパートナーが読書という文化資本をすでに獲得している場合に、本を子育ての手がかりとしてより積極的に使う傾向があるように見受けられた。

3. 親は子育て資源をどのように活用しているのか

　前節では、主な子育ての情報源について紹介してきたが、ここからは資源の活用形態、すなわち親は子育て資源をどのように活用しているのかについて検討したい。

　今回の調査からは、前節であげた1）〜4）に加え、同居する子の父や子のきょうだい、母親の経験知が子育て資源となるような「家庭内資源」や、子育てに活用できる資源としての「職場」などもうまく使いながら[1]子育てをサバイバルする母親の姿を捉えることができた。本節では、それらのうちの「人的資源」、具体的にはママ友、親族、家庭内資源に着目し、分析を試みる。

3.1 ママ友という資源

　ママ友を子育て資源としてみたとき、その活用の方法は以下の三つに大別できた。一つめは、互いの家を行き来したりモノのやりとりをしたり、協同的な子育てイベントを作り出すことで直接的な相互扶助関係のネットワークを作っていくものである。二つめは、そこまでの直接的な相互扶助関係にはないものの、情報を交換したり共有することで、各々の子育ての手がかりとしていくような関係を結ぶものである。そして最後に、そうした関係を超えて、あるいはそうした関係ではない全く別の関係として、母親個人のライフスタイルに直接的な影響を与え合うような関係性を構築するものである。

1）直接的な子育て相互扶助

　　※（調査者、以下同様）：（三つのプリント）それはお母さんが買ってきて。

　　母：買ってきて……そうですね、まあママ友たちで一気に購入してみんなでまわしているものがあって。

　　※：それはじゃあ仲良くされてる方たちはみんな。

　　母：持ってます。

（全35）

　直接的な相互扶助は、調査対象者のなかのすべての全資本活用型（全 35、全 47、全 85）と、一部の社会資本活用型（社 18、社 19）とでより積極的に実践されていた。直接的な相互扶助のネットワークにおいては、相互に行き来して子どもがご飯を食べさせてもらったり、親が交替で遊びに連れ出す関係や、緊急時の一時預かり関係（全 35、文 30、社 18、社 19）、子ども服のやりとり（全 35、社 19）などができる。

　そうした日常的な子守りネットワークに加え、より戦略的な子育てを実行できるのがこの相互扶助の関係である。それは例えば上の事例のように学習支援ツールをシェアするような活動に加え、子どもたちのゲーム時間のコントロールをしたり、遊びの最中の安全管理を担い合うことなどである（全 35、全 47、社 18、社 55）。後述するように、ママ友たちは情報交換により家庭内におけるベストな学習支援の方法を日々模索している。そのなかで、自分たちが「子どもの学習にとって良い」と考えることはシェアし、「学習の妨げになる」（例えば子どもたちの過度のゲーム依存）と思えば互いに見守るようなシステムを構築している。

　さらに、ママ友ネットワークのなかで子どもたちが楽しめるイベントの企画運営を定期的に行う（全 35、社 18）などの相互扶助活動もみられた。独自の夏祭りやクリスマス会、ハロウィンパーティなどは、各家庭で実践しようと思えば予算や規模、時間的制約が大きい。それを相互扶助の関係で行うことにより、一人ひとりの親の負担も少なくなり、結果的には企画そのものもより充実したものになることが期待される。ママ友というネットワークのなかで当該母親たちは子育てのための文化資本をシェア、発達させているともいえる。

2）ママ友による情報交換・共有

　　友人 a さん、トイザらすのチラシを片手に、12 月の息子の誕生日なので、ダブルでプレゼントを渡すかどうかで盛り上がる。
　　（……中略……）
　　母：プレゼント一つでええんとちがうん。
　　友人 a：いっそ、なしにしたりして。いい子にしてなかったからサンタさ

　　　　ん来なかったでーと言って……。
　　友人ｂ：「私とこはお菓子だけしかあげない」

（社55）

　ネットワークに関連して、フィールドから最も多くのデータが得られたのがこの「情報交換・共有」である。ママ友によって交換、共有される情報は、子どもの学習支援、教師や学校の評判、生活の知恵まで多岐にわたる。具体的には、習い事情報（全35、社86、経66）、子どものトラブル対策（全35）、学校情報（勉強関係：全47、全85、社86、経66、学校生活全般：経66、文30、社18、社27、社55、社19）、子どもの遊び情報（社27、社55、社19）、他にも母親の服装に関する情報など（全47、社18）である。こうした情報交換・共有から、先の相互扶助や後述する母親のパーソナルネットワークのなかに入り込むような関係に発展するものとしないものとに分化していくことが推測される。

　具体的には、上の社55にみられるように、母親たちはママ友からもたらされるあらゆる情報を収集し、自身のおかれている状況に応じて実際の子育てに活用していた。とりわけ、学校の情報に関しては、手紙類のほかは小学校低学年の子どもが持ち帰る記憶や連絡帳に限られているため、心配な親は他の親たちと密に連絡を取ることで不安の解消をはかっていた（社18、経66など）。他方、「お友だちも全国統一模試みたいなのを受けたって言ってて。そんなん聞いたらうちこんなんでいいんかなって。何もせんでいいんかなってすごい不安になって……。でも今から塾に行かそうかとかそんなつもりもないし……。でも不安で」（全85）とあるように、役立つ情報が入ってくるのと同じ条件で、親を不安にさせるような情報も入ってくる。ママ友から入ってくる何気ない情報が、時に日常の子育てを揺さぶることにもなっていた。

3）ママ友からいつメンに

　　　子どもを幼稚園に送っていってから、帰ってきてマンションの下で少し話す。その後、どちらかの部屋に行って、昼まで妹同志を遊ばせる。幼稚園のお迎えになったら、また一緒に迎えるに行くとのこと。「ママ友とは、姉妹のようにしています」と母。

（全47）

　子どもを介した「ママ友」であった関係が「いつメン」（いつものメンバー、いつものメンツ）に発展し、間接的に親の子育てを支えるネットワークになることがある。互いに子どもがおり、その子ども同士にも一定の関係があることが前提であるため、いつメンによる活動では子どもたちを気軽に参加させやすい。実際、調査対象のなかには一緒に習い事をしたり（全85、社27）、大人と子どもで別れてカラオケを楽しんだり（社19）、互いの趣味をいかしてフリーマーケットに挑戦したり（社18）する親がいた。

　こうした「いつメン」関係のネットワークが子どもの学力に直接的な影響をもたらすかどうかについての実証的な研究はないが、理論的に関連付けることは可能である。新城（2010）は、社会関係資本がもつ「見返りを期待した社会関係に対する投資」という側面に言及しつつ、たとえば親がママさんバレーに参加することでできた人間関係から受験や教育に関する情報を得ることで自身の意識への変革が起こり、その結果として行為の変化、教育達成への影響に変化が生じることが考えられると述べている。

　他方、「お母さんはママ友どうしでのランチなどはほとんど行かないようだ。広く浅くというつきあいが苦手で、話をしていても心が通っていないとむなしさを感じてしまうので、ママ友のつきあいはあまりしていない」（文30）というような親もあり、一緒に時間を過ごしても、心理的な安定が望めない場合や投資としての価値を見出せない場合には、いつメンを作るどころか、ママ友ネットワークそのものにもうまみを感じられない状況になる。

3.2　親族という資源

　荒牧（2017）が、「子育て中の親は準拠集団である自分の家族が持つ学歴やかれらの教育達成志向を参照して自らの教育達成志向を形成する」と述べているように、親族という非選択的関係にある人物が親の子育てネットワークに与える影響は大きい。また、同じ荒牧の調査では、友人・知人は話題によって選ぶ相手が異なる傾向がみられるが、親族の場合、よく話す相手とはあらゆる話

題を共有し、話さない相手とはどの話題も持たないという。それは、非選択的関係である親族と一旦ある程度の関係を持つことになれば、そこからはおのずとその資源にさまざまに依存しがちになり、反対に、関係が薄ければ血縁関係にあったとしてもネットワークの一部に位置付くことはないということを示唆する。ここでは、実の親やきょうだい、義理の親やきょうだいらによる直接的な子育て参加、間接的な子育て支援についてみていく。

1）親族による子育て直接参加（いわゆる子守りやそれ以上の子育てへの参画）

　　おばあちゃんが帰ってくる。
　祖母：こんにちは〜。
　子ども：ばぁば、算数のはかってや！
　祖母：ばぁばじゃなくて、なんて呼ぶんやった？

（全 35）

　志水（2014）はある自治体での調査で、伝統的な住まいかたのなかで祖父母が親代わりの子育てを担うことによって得られる高い教育効果について言及しているが、志水がイメージするような家庭は今回の対象家庭には存在しない。そのなかで、上の事例のように子の教育達成に直接的な影響を与える親族を確保している家庭もある（全35、全85）。全35はシングル家庭であり同居もしているため、母の実母が親と同程度の子育て主体としてネットワークに定着している。そのほかにも母の就業サポートとしての子守りを担ってくれる親族がいる家庭（全85、社27）や、近隣に祖父母が住んでおり、定期的に子守りをしてくれることが母のレスパイトになっている家庭（文30、社18）もある。
　一方で、親族に頼りづらい家庭もある。「あまりにもしんどかったので、父親の実家に納骨で帰った時に、あまりにも大変なので3日間だけ預かってほしいとお願いした」（経77）と、暮らしの極限状態でなければ頼れなかったり、「（子どもが入院中の話）きょうだいの幼稚園への送り迎えなども、近くには住んでいるものの、さすがに祖母には頼みにくいので、旦那さんに休んでもらって手伝ってもらった」（社19）と、緊急事態においても頼ることができない家庭もあり、ネットワークのなかに直接的な子守り資源としての親族を持ってい

るという家庭は限られている。ましてや、子の教育達成に影響を与える資源となればなおさらである。

2）親族による子育ての間接的支援（物資の供給や金銭的援助、子育て相談など）

　　○○チャイルドアカデミーには、もともとハトコが通っていた。それで「よい」と思って通わせ始めた。

（経66）

　日常の直接的子育て主体とならずとも、情報や物資の提供、長期休暇やたまの外食をともにするメンバーとして、親族に間接的に子育てを支えてもらっている家庭がほとんどである。遠方にあっても、祖父母は子育てのために実家を開放してくれており（全85、文30）、食べ物や子ども服、おもちゃなど物資の提供者としての近親ネットワークのある家庭（全35、全85、経66、文30、社18、社55、社19）のほか、旅行や外食を楽しむ親族がいる家庭（全35、経66、経77、文30、文63、社55、社19）も多く、社18と文30については、そうした場面においてそのかかる費用を親族が負担してくれることもあるようだ。なかには、子どもの習い事や、知育・受験準備などの教育投資をしてくれる親族をネットワークに確保している家庭もある（全85、経66）。

> **祖母**：……だからなあ、この子ら（Sちゃん、Rくん）もなんかそういう強みみたいなのを一つみつけて。
> **母**：いやだから、そんな焦らんでいいって。やいのやいの、周りがいうてみつかるもんじゃないから。
> **祖母**：いろんなところ連れて行ったりして、なんか。剣玉でもね、折り紙でもなんか一個ひいでたものがあると。
> **母**：いやいや、そんな勝手にこの子らがみつけるもんやから。

（全35）

　全35は1）でも取り上げたように、母の実母が子育て主体となっている家庭である。上のエピソードは母と祖母との教育観をめぐる対立の場面であるが、

日常的にこのような対話を重ねることで、主たる教育者である母の教育観が洗練され、より自信を持った子育てができることが推測される。

　また、親のきょうだいが多い場合は、子どもに新しい資源をもたらす。社18 は、近隣に親のきょうだいが多く、それら親族との積極的な関係を作ることが、子にとっては自身が活用可能な「いとこ」という社会資源を獲得することになる。

▌3.3　家庭内資源

　母親中心の子育てにおける家庭内資源としては、母親自身が内面化している子育て観や、母親が元来より有している文化資本のほか、当該子の社会関係資本、子のきょうだい、子の父の存在などがある。子の社会関係資本、すなわち子どもの友人関係を通して子育てネットワークは広がるのであり、ママ友の形成はその最たるものである。そして、友人という社会関係資本は、子どもの習い事（社18、社33、社85）や学習・遊び体験（経66、社85）など、そのいくつかは家庭内の文化資本に転じるような資源ともなっている。しかし、社会関係資本としての友人関係は、家庭内での子育てにというより、学校の中で直接子に影響を与えることのほうが圧倒的に多い。そこでここでは、家庭内資源のうちの父ときょうだいについてみていく。

1）子どもの父親役割の活用

　　母：お父さんには言わないから。

　　子ども：どうせウソやろ！！

　　母：嘘やないよ。本当にいわないから。な？

　　　子どもは大泣き。

　　母：お父さんには内緒にするから。お父さんは今日テストすることも知らへんしな。テストもみせないから。

（全85）

　上のようなやり取りの後、この子どもは泣き止むまでにずいぶん時間がか

かったそうだ。父親は、子のテストがいつあるのかも知らず、仮に知ったとしてもそれについて前向きなサポートをしてくれる存在にはなっていないのであろう。このようなケースの場合、母は父を巻き込むことなくこの問題を解決せざるを得ない。これまで繰り返しているように、日本社会において子の父親が母親と質量ともに同じだけの育児活動に従事しているケースはまれである。

　　　子どもの学習についてのアンケートのところでもお父さんと一緒にみながら夫婦で笑って答えていた。
　　母：宿題の確認とか、間違ってないかとか全っ然してへんねんけど……
　　　　（笑）
　　父：あかんやんか（笑）
　　母：でも答えあわせとか先生がすることじゃない？
　　父：……それでも家で確認したりするんちゃうん。

（全 85）

　このやりとりでも父親はどこかひとごとのように考えており、他のケースにおいても、特別なイベントの時に活躍されることを期待されている（社 18、社 33）ほかは、「頼らなくなった、っていうんですかねえ。学校のこととか言ってもわからないやろな、と思うんで、自分で解決して。近所のママ友に相談することが多いです」（社 27）など、こと学校関係の問題解決にあたっては、父親よりもママ友ネットワークに活路を見出しているようである。母の就業支援の役割を果たしたり（経 77）、母が直接的な学習支援に消極的である場合（社 19）、わずかではあるが父親が子育てネットワークに位置づく場合もある。

2）他のきょうだいの活用
　　A：（読み聞かせについて）まあ、最近はそんなに。逆に最近はお姉ちゃんがこの子に読んであげたりとか。
　　※：ええ、すごい。
　　A：だからもう、ああ、読んでくれてるんだっていう。

（社 19）

　多子家庭であれば、大なり小なり第一子の子育て経験がそれ以降の子育てに参照されるだろう。そうでない場合、今回の調査対象家庭は、すでに子育て経験のあるママ友から情報を得ようとしていた。対象家庭のなかでも当該子どもの上にきょうだいがいれば、内面化された子育て経験のみならず、きょうだいの存在そのものが資源となってネットワークに位置づくこともある（経77、社19）。とりわけ社19などは、調査途中から母が仕事を始めた。絵本の読み聞かせが家庭で習慣化されることは子ども学力の大きな支えとなるが、就業とこうした家庭での積極的な学習支援を両立させることは非常に困難である。親族ネットワークを子育てに積極的に使いにくい社19であるが、こうしたエピソードからは、きょうだいの存在が単に母の就業サポートとなっているだけでなく、家庭内学習支援の重要な資源となっていることがわかる。

4. 暮らし方の多様性と子育て

　以上みてきたように、調査対象の親たちはさまざまなネットワークを駆使しながら日々子育てに奮闘している。第1節でみた渡辺の類型に照らし合わせると、各々の子育てネットワークは、単線型に近い形態（全47、文63、経66、社33、社55、社86）もあれば複線型もあり、複線型のなかでもその多寡においてはあらゆる資源を積極的に活用する分厚いネットのなかにある群（全35、全85、文30、社18、社19）と、いろいろな資源を少しずつつまみ食いするような薄いネットの群（経77、社27）とがあった。そのなかでも、文化資本活用型の2家庭については、ネットワークの貧弱さが顕著であった。文63は単線型な上にその数が少なく、文30はいくつものネットワークを持っているものの、その教育効果という点においては有用とはいえない様子が観察された。サンプルが少ないので断定的なことはいえないが、目にみえない子育て資源が親のなかに蓄積されているため、文化資本が豊かな家庭のなかには、意図的に外部のネットワークを活用せずともおのずと子育てをスムーズに進めることができる家庭があると考えることはできるだろう。また、単線型については、単純にネットワークの網の目が粗いとみるより、親のスクリーニングを経て結果的に単線型

となっているタイプと、親の子育てエネルギーが弱く、もとよりネットワークに位置づいていないタイプとがあると考えたほうが良いであろうが、その点についても今回の調査では明確にはできなかった。

　さらに、子どもの父親役割を担う人物が子育てネットワークのなかに比較的積極的な形で位置づいていれば（経77、社33、社19）、単線型や薄いネットのなかにあっても母親の物理的心理的負担は軽減されると予測され、複線型のなかに父親がネガティブな形で登場することが多い（全85、文30、社18、社27）ことから、父親に期待したい部分を他の資源で補完するような子育てが成立していると考えることができる家庭もある。また、対象者のうちの6家庭（全35、全47、文63、経66、社55、社86）については、日常的な子育てネットワークのなかに父親が登場しない。これらの家庭は、シングル家庭である全35を除き、総じてネットワークの網の目が薄い状態にもある。夫のサポートが母の社交や子育てネットワーク獲得を促進するという調査結果もある（立山　2011）ことから、父役割の不在については、ネットワークという観点からも検討すべき大きな課題であるといえそうだ。

　渡辺（2000）は、近代的な子育ての類型化を通じて、親が子どもの育児システムや育児ネットワークを適切にコーディネートするための社会資源を家族の外部に用意する必要性について指摘した。本研究においては、資本型による明確な類型化はできなかったものの、子育て主体である母親の視点から、彼女らがそれぞれの持てる資本の状況によってネットワークをどのように構築しようと試みているのか、その奮闘の様子を垣間見ることができた。

5. おわりに

　本章では、親がどのようなネットワークを持っており、その中の諸資源をいかに活用しているかについて検討した。今回私たちが聞き取った母親たちは、それぞれユニークな子育て環境を持っていた。抱えているバックグラウンド、すなわち家族形態や住まい方、子育てをめぐるお財布事情などがさまざまであるにもかかわらず、すべての母親たちが「子どもにとって、家族にとって一番良いこと」を想起しながら日々子育てに奮闘していた。母親たちはそれぞれの

おかれている環境のなかで、親族やママ友などの人的資源や、本やインターネット、学校など方々からもたらされる子育てサービスの情報をうまく活用しながら、自身の子育て観を発達させ、工夫した子育てを実践していた。母親たちは、子どもの学力や将来のことなどを一定程度気にかけながらも、まずは子どもが学校生活や友人関係で困らないこと、子どもが楽しめる機会をたくさん提供することなど、「いまの子どもの育ち」を大事にしていた。

　しかしながら、これらの家庭は子育てに父不在の色が総じて濃く、また家庭によっては人的資源が十分に望めないまま母親が孤軍奮闘する様子も透けて見えた。ネットワークの網の目は、太く細かければそれだけ子育てには有利であろう。今回の調査対象者は比較的豊かなネットワークを有している家庭が多かったようにも見受けられるが、今の日本の子育て環境を総じてみてみると、網の目からするりと零れ落ち、孤立してしまうようなリスク家庭も少なくないのではないか。

　当然のことながら、そうした子育てリスクは親の身体の中にあるのではなく、親の身体の外にあるのだ。シングルファミリー、経済的な危機にある家庭、地方あるいは都心で孤立してしまった家庭など、身近な子育て援助に乏しい家庭をきめ細かなネットに位置づけるような、国や自治体による戦略的な工夫が強く望まれるのと同時に、そうした支援がどのようなタイプの家庭にも実質的に利用可能となるようなアクセシビリティーについても考える必要があるだろう。

❖注

▶ 1　職種にもよるが、スケジュールや環境を子育ての実情に即して容易に調整してくれるような職場で働く家庭（全 35、社 27）もあれば、子育てに直接参画してくれている同僚がいたり、職場のイベントに子どもたちを容易に連れてこられるようなところで仕事ができている家庭もある（全 35、全 85、社 18、社 27、社 33、社 19)。こうした資源の活用ができる家庭は、職場環境のみならず、親が環境に対して子育てをオープンにできる心性であるという個人的な因子も重要になってくるように思われる。

❖参考文献

荒牧草平（2017）「母親の人づきあいと教育態度──家族内外のパーソナルネットワークに着目して－」『日本女子大学紀要　人間社会学部』第 28 号, pp35-45.

荒牧草平（2018）「子育て環境に関する母親のパーソナルネットワークの機能──サポート資源と準拠枠」『日本女子大学紀要──人間社会学部』第 29 号, pp17-30.

稲葉昭英（1999）「有配偶者のディストレスの構造──大都市近郊」高橋勇悦監修・石原邦雄編『妻たちの生活ストレスとサポート関係──家族・職業・ネットワーク』東京都立大学都市研究所, pp.85-119.

石原邦雄（1999）「妻たちの状況とストレス」前掲書, pp.9-28.

松岡亮二（2015）「父母の学校活動関与と小学校児童の学校適応──縦断データによる社会関係資本研究」『教育社会学研究』第 96 集, pp.241-262.

志水宏吉（2014）『「つながり格差」が学力格差を生む』亜紀書房。

新城優子（2010）「子どもの教育達成プロセスに関する理論的検討──社会関係資本論の視点から」ソシオロゴス, No.34, pp85-103.

杉原名穂子（2014）「母親の社会関係資本と教育意欲──地域間比較調査から」人文科学研究第 135 輯, 新潟大学人文学部, pp.21-46.

立山徳子（2011）「都市空間の中の子育てネットワーク──『家族・コミュニティ問題』の視点から」『日本都市社会学会年報』29, pp.93-109.

渡辺秀樹（2000）「現代の親子関係の社会学的分析──育児社会論序説」社会保障研究所編『現代家族と社会保障──結婚・出生・育児』東京大学出版会, pp.71-88.

第 12 章

育児の場における子ども

子どもの主体的側面に着目して

志田　未来

1. はじめに

　前章まで、13 家庭の親たちによる子育て戦略を四つの側面から検討してきた。しかし、当たり前だが、子どもたちは親の戦略のみで育つ鋳型に収まるものではない。親たちが様々な戦略を駆使しようとも、子どもたちの育ちは親の思い通りにはならない。そこには子ども自身が持つ主体的な側面が必ずある。

　調査を行った 13 家庭のなかにも、親からの働きかけは決して多いとは言えないものの、子どもたち自身が主体的に宿題などの課題に取り組み、学力を維持しているケースが観察された。そこで本章では、焦点を子どもに移し、子どもの持つ主体性が学校経験や学力といかに関連しているのかについて明らかにしたい。

　育児にまつわる研究においては「大人に依存する子ども」という大人中心の議論を反省し、育つ主体として子どもを扱う視点の必要性が指摘されている（牧野 1999; 船橋 1999; 天童・多賀 2015）。長らく指摘はされているにもかかわらず、子どもの主体的側面を扱ったそういった研究は管見の限り存在しない。船橋（1999）によると、育児には「育てる・育てられる」という側面と「育つ」側面の二つがあるとされる。すなわち、育児を取り巻く議論において、子ども

の「育つ」という側面にこれまで十分に光が当たることがなかったのである。育児分野にとどまらず、近藤（2015）は「学力の階層差を考えるうえで子どもの主体的な側面を無視することはできない」(p.137) と学力形成の過程における子どもの主体的側面の重要性を指摘している。近藤は、親や教師が子どもの性格や知能を決定するという見解に批判的な心理学者ハリス（Harris）を引きながら、子どもの主体性の重要性を強調する。子どもは子どもの社会のなかで自分の置かれた環境や他者との相互作用を通じて、社会的地位や社会的性格を獲得していく。つまり、子どもたちは自身の人間関係のなかで、学校や学習に対する態度を主体的に形成していくという面があるであろうことを近藤は指摘している。本章では「子どもの主体的側面」という近藤の用語を用いて、本書のメインテーマである学力形成について検討する。

　本章で用いるデータは、社 86 と社 19 である。両家庭とも、訪問調査のなかで観察された親から子への働きかけが、他の 11 家庭に比べるとやや少ない傾向にあった家庭ではあるが、それでも対象児たちの学力は高く維持されていた。第 1 章から第 4 章まで見てきたような、大人による家庭内資本の活用という観点だけではみえてこない、子どもの学力形成にかかわる側面について検討することが本章の目的である。二つの家庭を別々に記述、分析することを通じて、子どもたちの主体性について検討を行うこととする。

2. 斉藤家──母・メグミ　父・タカノリ　対象児・マナ　妹・ルイ

　斉藤さん一家は、駅からほど近いところにある大きなマンションの一室で暮らしている。同居家族は母親のメグミさん、対象児のマナちゃん、3 歳年下の妹ルイちゃんの三人である。同じマンション内にメグミさんの実母も居住しており、マナちゃんたちが「ばあば」と呼んで慕い、交流も多い。父親のタカノリさんとは別居しているが、子どもたちの会話からは、授業参観や運動会などの学校行事や、長期休暇中に都合をつけて子どもたちと関わっていることが伝わってくる。

　マナちゃんは非常に活発な女の子で、家のなかで走り回ったりダンスをしたりと、いつも元気いっぱいだ。一方で、お人形遊びやお絵かき、折り紙なども

好み、手先も大変器用である。家の中には、マナちゃんとルイちゃんが描いた絵が溢れている。クレヨンや色鉛筆を使って、本物のディズニープリンセスとそっくり同じ形、同じ色の絵を作成し、ハサミを使ってお手製のディズニー着せ替え人形を作って遊ぶ場面もみられた。絵心があるマナちゃんの作品は学校でも高く評価されており、学校代表の一人として作品展に展示されたことも一度だけではない。子どもたちが遊ぶ部屋には、ディズニープリンセスの人形やリカちゃん人形、リカちゃんハウスなどたくさんのおもちゃがある。新しいおもちゃが増えると、訪問の度に「ママが買ってくれた！」、「ばあばが買ってくれた！」と嬉しそうに教えてくれる。愛情をたっぷり受けて生活していることがわかる。

　このような家庭生活を送っている斉藤家だが、母親のメグミさんは子育てにおいて多くの苦悩を抱えている。以下、その苦労を5点に整理してみていこう。第一に、就労からくる疲れが挙げられる。現在は離別した夫のタカノリさんからの養育費を受け取ることができてはいるものの、いつまで継続的に送ってもらえるか不確定であるため、メグミさんは働きに出たいとずっと考えていた。マナちゃんの小学2年としての生活が終わりに近づいた頃、メグミさんは歯科医院でアルバイトを始めるようになる。その歯科医院では、院長の方針で歯科助手の仕事量が多く振り分けられており、「そうすると余計いろんなこと覚えなあかんし。それで結構患者さんにあわせていろいろやから。絶対これっていうのがなくて。その判断も難しくて」と、仕事の負担が語られることもあった。仕事を始めた後の訪問調査では、仕事を始める前よりも疲れが出ているように感じられた。

　姉妹で繰り広げられる喧嘩も母メグミさんの頭を悩ませることの一つである。訪問調査中、たびたびマナちゃんとルイちゃんの間でケンカが始まってしまう。喧嘩が始まると、妹のルイちゃんは断固として譲らない一方で、マナちゃんは泣いてしまって別室に逃げ込むことが多かった。きょうだい喧嘩が絶えない状況に対して、メグミさんは「マナなんでそんな泣き虫なん？　学校でもそんないっつも泣いてんの？［中略］（否定するマナちゃんの反応に対して）じゃあなんで家やとそんな風になるん？　なんでルイとやと仲良くできひんの？」と苛立った様子をみせることもあった。

　料理作りは家事の中でも負担の大きいものである。子どもだけだとご飯作りも「気が楽ですよ」と語るメグミさんだが、それでも大変なことに変わりはない。おいしいと言いながらお代わりをねだるルイちゃんを横目に、マナちゃんは「こういうのは嫌やねん」「汚い」と不満を言い、箸が進まない。ルイちゃんが早々にご飯を平らげ、調査者と一緒に遊び始めると、今度はマナちゃんも遊びの方に気を取られるようになってしまう。メグミさんが早く食べるように注意し、「今日お姉さん来てくれてるのに、ずーっと文句ばっかり。ホンマに恥ずかしいわ」というものの、マナちゃんは「だって……！」と応戦する。そんなマナちゃんに対してメグミさんは「やることやってから言いーや。ほんまにもういいって」と譲らない。するとマナちゃんも「だってママが‼」と言いぎゃーっと泣き始めてしまった。「なんで泣くん？　自分で文句言って、怒られて、自分が悪いんやろ」と注意した。そんなやりとりをしているうちに、食事を終えるだけで 2 時間半ほどかかってしまう時もあり、食事時間が長引く度に母メグミさんとマナちゃんの攻防が続くこともしばしばだった。

　ずるずると長引いてしまう宿題の時間もメグミさんの悩みの種の一つだった。マナちゃんは後述するように、自分で宿題を進めていくことができるものの、学年が進み、宿題の難易度が上がったり量が多くなったりすることで集中力が続かなくなることもしばしばあった。宿題が終わらずいろんなことに目移りするマナちゃんに対し、メグミさんは「そんな一問終わったら違うことして、一問終わって違うことしてってしてるから 1 時間も 2 時間もかかるんやろ」「早く終わらせてお姉さんと遊んだらいいやん」と声をかける。マナちゃんは「だって、宿題多い！　多いからあかんねん！」と反論。終わらない宿題を前に親子ともどもイライラしている様子がみられた。

　さらにメグミさん自身の勉強に対する苦手意識も子育ての難しさを助長するものだった。マナちゃんは自由に創作できる課題は得意だが、絵日記や読書感想文など、「決められた型がある」タイプの課題は苦手としていた。「書いても、『たのしかった』とかそれだけで終わってしまって。何が楽しかったん？　とか、どういう風に楽しかったん？　とか聞いて。それを聞きながら……。結局書くのは私が言ったことただ書くだけみたいになってしまって……」と、メグミさんも悩んでいた。読書感想文については、「私も苦手やったからどうした

らいいかわかんなくて……もうそういう宿題出されると私も嫌やから出さんとってって思います」と語り、マナちゃんが抱えてくる宿題が母親のメグミさんにとってもプレッシャーになっていることを語っていた。

　このようにメグミさんは就労による疲れ、子どもたちのきょうだい喧嘩、なかなか終わらない子どもたちの食事や宿題、メグミさん自身の勉強への苦手意識などの苦悩を抱えていた。

2.1 学習への取り組み方

　では、このような環境のなかでマナちゃんはどのように育っているのだろうか。ここからはマナちゃんの主体的な側面に着目してみたい。

　マナちゃんは、「お姉ちゃんだから」という理由で我慢をしていることも多いため、その分お母さんに甘えたいという思いが強く、お母さんとポジティブな関係を保つための努力を怠らない。例えば、マナちゃんの好きなものはメグミさんの好みとぴったり一致しており、二人で会話が盛り上がることが多かった。メグミさんが好きなアーティストやドラマ、映画に精通しており、マナちゃんの好みは小学生とは思えないほど大人びていた。

　また、何をしたらお母さんに怒られるのかということを察知し、怒られないための努力をしていた。例えば、妹のルイちゃんが、調査を終了して帰る時のハイタッチを延々要求したり調査者の足にまとわりついて離れない等調査者が帰ることを妨害しようとするのに対して、「マナもしたいけど、お母さんに怒られちゃうからもうやめるー！」と言い、聞き分けよくふるまうこともあった。また、怒られるかどうかだけでなく、「オトナ」にならなければいけないということもマナちゃんのなかにある大きな基準の一つであった。2年生の終わり間近、マナちゃんは真剣な面持ちで「マナ、賢くなるわ」と決心を新たにしていた。突然の発言にメグミさんは「えっどうしたん？急に（笑）」と戸惑ったが「もう8歳になるから。あんまり間違えたり、泣いたりしてたらあかんなって」と堅く決意していた。

　こうした関係性のなかで、宿題は、母親のメグミさんの注目を集めることができるという非常に重要な意味をもつ。ある訪問日では、マナちゃんが宿題に

取り組む間、正面に座って宿題を見ていたメグミさんが、ひらがなを書くマナちゃんをみて「速いなぁ」と声をかけていた。また、自作の計算問題を誇らしげに母にみせにいき、「すごいやん、いいやん」と褒められて嬉しそうにしていることもあった。宿題をする時にも「ママ、もう算数終わったで！」「めっちゃ速く読めるようになったで！」と報告したり、学校で習った漢字なども嬉々とメグミさんに披露していた。そういったやりとりのなかでメグミさんからも「勉強頑張りや？」と声をかけてもらい「うん！」と満面の笑みで答えるマナちゃんの姿もあった。

　さらに、宿題は妹のマナちゃんとの差異化を図る格好の手段でもある。少し手狭な机のスペースを、宿題に取り組むマナちゃんとお絵かきをするルイちゃんで奪い合って口論になり、「邪魔せんとって！　こっちは勉強してんねんから！」とマナちゃんが強い口調で主張する場面にも出会った。この発言からもわかるようにお絵かきなどの遊びよりも、勉強することの方が重要だという認識がマナちゃんにはある。

　そんなマナちゃんの学力は非常に高い。例えば、全対象家庭で行ったいくつかの課題においても、マナちゃんの高い能力を垣間みることができた。多くの対象児たちが苦戦する課題であっても、マナちゃんはゲーム感覚で嬉々として課題に取り組んでくれた。9個の紅白のブロックを用いて指示通りの図形を作るというパターンブロック課題では、複数の問題を次々と余裕をもってクリアし、達成していく度に「ママ！　見て！　できたよ！」と嬉しそうに報告していた。母親はリビングの椅子に座った状態で「すごいねぇ」と笑顔で反応する。最後の課題までたどり着けない対象児が多数いたなか、マナちゃんはすべての課題をクリアし、終わった後も「もう他には何かないの～？」と、物足りなさえみせていた。

　学校の宿題や授業中のノートをみせてもらうと、二重丸がほとんどで間違いも少ない。1年生の時点では、宿題についても嫌だと思っている様子はみられず、メグミさんに言われる前に進んで取り組む姿が観察された。宿題をしている時のマナちゃんは「こんなん簡単やん！」と言いながら、迷うことなくどんどんと解いていく。2年生に進んでからもマナちゃんの高い学力は維持されており、勉強について尋ねると「ぜーんぜん難しくないで！　楽勝！」と答えて

いた。漢字練習帳での宿題を行っている時には、「下から書く方が字いキレイに書けるもん。……ほらな！　めっちゃ字いきれい」といって、練習帳の下から漢字を一つずつ書いていた。「漢字ワークはちゃんと上から書かなあかんねんけどな。これはいいねん。下から書いて」と語り、学校で許されている範囲内で工夫を凝らしながら、「下から書くと、全然めんどくさくない。今日のは楽勝や！」と、自分でモチベーションを上げていた。

　このように、マナちゃんは学校の宿題に対して積極的に、自分なりの楽しみをみつけながら取り組んでいた。家庭での読書については、持っている絵本の数は少ないものの、その代わりにマンガがマナちゃんの読書量を支えていた。1年生の頃からワンピースなど文字情報の多いマンガを読み、絵本や教科書同様に音読して読み進めていた。カタカナも難しい単語も正確に読み、吹き出し以外の効果音のところまで丁寧に逃さずに音読する。「あと2話やで！　あとちょっと！」と、残りのページを数えながら達成感を味わいつつ読み進める様子が観察された。2年生の夏になると、お父さんがワンピースの続きの巻を買ってくれたり、メグミさんが昔読んでいた漫画も読むようになったりしていた。

　狭義の学力とは少し離れるが、学校適応という面でみるとマナちゃんとルイちゃんは、家でよく幼稚園や学校のルールに則って行動したり、行事の練習に時間を費やしたりしていることが印象的だった。例えば、卒園式を控えた年長時の3月、マナちゃんは家でずっと卒園式の練習をして遊んでいた。名前を呼ばれて席を立つところから始め、本を卒園証書に見立てて、園長先生から受け取り自分の席につくところまでを練習する。部屋のなかを幼稚園の教室になぞらえて、角を曲がる時に90度の角度で勢いよく曲がるなど、徹底した練習ぶりだった。音楽発表会や運動会の練習も家での遊びとして頻繁に行われる。音楽発表会や運動会では先生からこういう指示が出ているなど、細かい指示まで記憶し、恰好の遊ぶネタとなっていた。あまりに家で練習するため、マナちゃんのダンスや歌をルイちゃんが完璧に覚えていたり、逆にルイちゃんのものをマナちゃんが覚えていたりしていた。家でダンスや歌をうれしそうに練習している二人を見て、母親のメグミさんはスマホに音楽をダウンロードして、子どもたち二人のダンス練習を後押ししていた。こういったマナちゃんの様子は学

校生活への適応力の高さをうかがわせる。

2.2 小学校生活

1）習い事のダンスと運動会

　マナちゃんは長い間習い事はしていなかったが、小学 2 年生の夏からチアダンスを始めた。小さい頃から体が柔らかかったマナちゃんをみて「何かそれを活かせないかっていうのでチアを始めた」とメグミさんは語る。ママ友からチアダンスのことを聞き、メグミさん自身が調べてみたところ、発表会なども頻繁にあるスクールが近場にあったため見学に行くと、マナちゃんは見事にハマりそのまま続けることになったという。長いダンスであってもマナちゃんはすぐに覚えてしまい、余裕をみせていた。

　こうした習い事は、学校での経験にも結び付いていた。3 年生の運動会、マナちゃんの学年が踊ったのはテンポの速い、タンバリンを使ったダンスだった。当日のビデオを観せてもらうとマナちゃんは前列の目立つところで踊っていた。ダンス自体が非常に難しく、ビデオを観る限りでは、他の児童たちはなかなか踊ることができない様子だった。そうしたなか、マナちゃんを含む数名のみが完璧に踊っていた。「このダンス、マナちゃんだから踊れるけど、他の人には難しすぎるんじゃないですか？」と思わず尋ねると、難しいダンスだったため、うまい子が前の方の立ち位置になるようにされていたとメグミさんから教えてもらう。すかさずマナちゃんは「だって、マナ、みんなの前で朝礼台の上で踊らされたもん！」と、練習の時から見本となっていたことを誇らしげに教えてくれた。

2）順調なマナちゃんと変化を感じるメグミさん

　1 年生の間は徐々に友だちも増えていき、転校生と仲良く打ち解けたりするなど順調な学校生活を送っていた。2 年生になってからもそれは変わらず、4 月の入学式では、新 1 年生に向けて話をする代表者 4 名のうちの一人に、オーディションを経て選ばれた。そのなかでも一番に、「1 年生のみなさん」という言葉を言うのがマナちゃんで、「一番最初に言うねん！」ととても嬉しそう

に教えてくれる。代表として活躍するマナちゃんに対して、メグミさんも「いいことやな」とマナちゃんの顔をみながら満面の笑みで語りかけていた。

　2年生になり、週に1度6時間目の授業が入るようになった時にも「毎日6時間でもいい！」と喜んでいた。かけ算の単元など、つまずく子どもが出てくる時期でもあったが、マナちゃんは「かけ算がな、スラスラ言えるからスラスラ名人！」と、クラスに一人だけの名人になっているほどかけ算も得意だった。

　3年生の1学期には、家庭訪問の際に担任教師から、音読がとても上手（じょうず）だということを指摘してもらう。授業参観の時には積極的に手を挙げている様子がみられたものの、「結構間違ってて……」とメグミさんは苦笑いだったが、それでも「先生も間違っても手を挙げるのが大事って言ってくれるから」と、あまり心配はしていない様子だった。こうした肯定的な学校からのメッセージは、子どもにとって非常に重要である。1年生の時、運動会の徒競走でビリになってしまったことを家族のなかで会話ネタにされた時、マナちゃんは少し落ち込んでいたが「でもいいねん。諦めずに最後までやることが大事やから。諦めずに最後までやったから偉いねん」と発言し、結果を前向きに受け止めていた。

　このようにマナちゃんは順調に学校生活へと適応していく一方で、母メグミさんは幼稚園からの変化を感じていた。ママ友との関係について、「やっぱり、小学校になると広く、あさーく、という感じ」と語り、学校に行く機会もあまりなくなってしまい、「幼稚園の時に比べると薄まった」と感じていた。ママ友との付き合いが少なくなってしまったため、マナちゃんの学力レベルがどの程度なのかわからないと不安げだった。2年生に上がってからは、1年生の頃よりも二重丸が少なくなったのではないかと危惧していた。二重丸もたくさんあったため、一見するとそこまで心配する必要もなさそうにもみえるが、メグミさんは、「他の子の成績がどんなんなのか全然知らないから、どうなんだかわかんないんですけど」と語り、不安を募らせていた。

　学校からの保護者への連絡についても、子どもを通して行われることが一般的であるため、適切な情報が得られないということもあった。例えば、マナちゃんが学校で聞いてきた何かの数字をメグミさんに一生懸命伝えようとするものの、何を意味しているのかわからず、メグミさんが理解しようと尋ねても「わからへんの！　でも先生が伝えてって言ってた！」と言うのみで、メグミ

さんもどうすることもできずお手上げ状態だった。また、学校からの連絡や持ち物に関する情報を得るための貴重なツールである連絡帳についても、子どもの手書きで書いてあるために、読解が難しいこともある。

　　メグミさんは一生懸命目を凝らして連絡帳に書かれていることを読み解こうとしていた。連絡帳とにらめっこをしばらく続けたあと、メグミさんは「……あっ！『も』って書いてあるのって『もちもの』ってことか！知らんかったわ。そしたら今日算数ブロックいったんちゃうん？わからんかったわ。ごめんね」と声をかけた。マナちゃんはメグミさんの発言に対して「そうやで？」と当たり前のことを聞かれたという感じで不思議そうに返答していた。

このやりとりからもわかるように、子どもが学校で身に付けてくる「当たり前」を、子どもからの情報のみで保護者が把握することは至難の業といえるだろう。

3. 林家──母・ショウコ　父・リョウ　対象児・ナオ　妹・アイコ

　林家は、母親のショウコさん、父親のリョウさん、対象児であるナオちゃん、3歳下の妹アイコちゃんの四人家族である。林家は 2014 年に、こだわりを散りばめた一戸建てを購入した。玄関を入ると下駄箱の上に子どもたちが幼稚園や学校でつくってきた作品や雑貨などが飾られている。玄関を開けると、キッチン・ダイニング、そして、その横にはテレビやソファ、学習机などが置いてあるリビング、さらにその奥には子どもたちの遊びスペースがある。2階に子どもたち用の部屋があるものの、ほとんど使用せず主に寝室として用いられている。小さいうちは目の届くところで取り組む方が様子を把握でき、光熱費などの面を考えても合理的であるとショウコさんは考えている。普段、ナオちゃんやアイコちゃんが宿題をしたり、学校の準備をしたり、遊んだりして過ごすのも、ほとんどこのリビングスペース、またはその横にある遊びスペースである。父母ともに音楽系の専門学校を出ており、今でも音楽を趣味としている。

家にもベースやギター、電子ピアノが置かれ、身近に楽器に触れる環境がある。

　対象児のナオちゃんは、訪問調査時にはお姉ちゃんという役割に徹していた。妹のアイコちゃんとのやりとりにおいて、アイコちゃんのやりたいことを優先させ自分のことは後回しにする。訪問調査中にアイコちゃんが怒ったり、主張が異なったりしてしまうこともしばしばあったが、そのような時には、アイコちゃんに譲ってあげることがほとんどで、怒っていたとしてもそれを表立って表現することはなく、じっと黙って事を荒立てないようにするなど、とても大人な対応を取っていた。

　母親のショウコさんも、前節でみたメグミさん同様に、子育てにおいてさまざまな苦労を抱えていた。ショウコさんの苦労を以下の3点に整理してみていきたい。第一に、ショウコさん自身の勉強に対する苦手意識が挙げられる。そのためナオちゃんに関しても、「（親が）いつまでも教えられるわけじゃない」「今は、大人になって日常生活に不便がなかったらいいなぁ」という風に考えている。ナオちゃんの様子をみつつ「学校のことについていけなくなったりとか、その時に応じて」と考えている。先回りして子どもに何かをさせるというよりも、つまずいてから判断しようと考えている。他にも訪問調査時に、調査者が宿題の丸つけを申し出た際には、「いいんですか？　助かります。私、本当にもう無理なんで」と言うほど、宿題のチェックがショウコさんにとっては大きな負担となっていた。「逆に間違ってたほうが、先生からちゃんと直してもらえたりして、勉強になるんちゃうかなとも思っている」といった語りにみられるように、基本的には、家庭が勉強のサポートをするべきというよりは、間違いも含めて学校でしっかりとみて欲しいという姿勢である。「最近は私たちの頃程、学校の成績って重要じゃないっていうか……あまり気にしないですよね」と学習面に必ずしも大きな価値を置いているわけではなかった。

　またショウコさんは、学校からのお便りもほとんど読むことはなく、学校活動への親の参加にも疲れるという理由から少し抵抗があるようだ。「（来年以降もあるということを聞いて）もういいのにな、と思うんですけど（苦笑）」といい、学校行事などに対してはやや否定的な様子をみせていた。こうしたスタンスは、ナオちゃんが2年生になってからもそれほど変わらず、授業参観や懇談に行く程度で、学校活動にはほとんど参加していなかった。

　家事や仕事による多忙も母親のショウコさんを悩ませるものである。ナオちゃんは、お母さんにかまって欲しいという気持ちから、お母さんに声をかけるが、「ママ、ごはんも作らないとあかんし……」と断られる場面もしばしばあった。特にショウコさんは、ナオちゃんが2年生になった頃、子どもの学習や学校活動に対して疲れをみせているようだった。その背景には、ナオちゃんが小学校に上がってから始めたパートによる心身の負担もかかわっていた。ショウコさんは、ナオちゃんが小学校に入学し、妹のアイコちゃんも幼稚園に入園したことを機に、調理スタッフ・ポスティング・レジ打ちなど、次々とパートを始めた。それらは、「子どもたちの教育費の足しに」という経済的な動機ももちろんあるものの、「最近、働きたいし、習い事も始めたいし、資格も取りたいし、やりたいことやらなきゃって燃えてるんです」と話すように、ナオちゃんの小学校入学を機に、自分の時間や自己実現にも比重を置きたいとショウコさんは考えていた。

　以上のように、ショウコさんは自身の勉強への苦手意識、学校行事の負担感、家事や仕事に由来する多忙という困難を抱えていた。

　一方で、ショウコさんは他にも子育てに関わってくれる人が周りにいたということも見逃せない。ショウコさんは子育てにおいて、親族に頼ることには心理的なハードルがある一方で、夫には大きな信頼を置いている。父親のリョウさんは日頃からお風呂に一緒に入ったり、勉強を教えていたり、また休日には、ギターを教えたり、自身も楽しみながら一緒に遊び、子どもたちからもとても慕われている。ショウコさんはナオちゃんの本好きに関して「パパも小さい時から本読めよーっていってたんで、本は好きなんやと思います」と語っており、リョウさんの影響力の大きさがうかがえる。2年生に上がるとお父さんが持っている本を読んだり、人気の絵本シリーズを買ってもらったりしていた。

　また、後述するように、創作活動が好きなナオちゃんは、ある日A4用紙2枚分ほどの紙に「かわいそうなオオカミの子」という物語を執筆した。リョウさんとお風呂に入っている時に、色々と想像しながらお話作りをしていたところ、リョウさんが「一回、それ紙に書いてみたら？」と提案したことがきっかけだった。白紙の紙に自分でマス目を作り、物語を書いていく。内容も深く考えられており、習った漢字なども使いながらしっかりとしたものだった。ほか

にも、両親の趣味を受け継ぎ、自分で作曲をしたり、ギターのコードを教えて
もらってノートに書いて練習したりもしている。

　ナオちゃんはいくつかの習い事をしているが、ショウコさんは経済的な制約
も感じていた。そうした制約を補う点においても、父親のリョウさんは頼りに
されていた。マナちゃんが水泳を習いたい、ということを訴えた時には、「ま
たパパに教えてもらいーよ」とたしなめる場面があった。Ｘ市が水泳に力を入
れていることもあって、水泳を習わせたいとも思いながら、クラブの倍率が高
く、金銭面でも難しいと考えていた。リョウさんが以前泳ぎ方を教えてくれた
こともあったため、習い事の代役としても期待していた。

　さらに、学習補助の役割もリョウさんは担っている。音読カードのチェック
表には、お父さんが聞いた印が書かれていることも多く、ナオちゃんの宿題に
も協力的である。２年生の後半になると徐々に学習内容も難しくなり、リョウ
さんが苦戦することも多いが、必死に調べて教えているということだった。ナ
オちゃんが体調を崩して入院してしまった時にはリョウさんが国語と算数のド
リルを購入し、ナオちゃんは入院中も退院後も楽しそうに取り組んでいた。

　ナオちゃんの学習をサポートしているのは、父親のリョウさんだけでなく、
父方のおじいちゃんも担っている。ナオちゃんはおじいちゃんからもらった、
英語の電子辞書がお気に入りで、電子辞書のコンテンツである英語の動画を見
て遊ぶこともあった。祖父は、現在も夫婦で海外旅行に行くことから、英語が
使えることの便利さを実感しているのかもしれない。

3.1 学習への取り組み方

　小学校に入学した４月、ナオちゃんは「学校で、もう宿題も出てるねんで」
と誇らしげだった。宿題を見せてもらうと、マス目に沿って丁寧かつきれいに
ひらがなの練習がされている。また、赤で塗りつぶすという課題の時には「色
鉛筆でやりたいねん。クーピーじゃなくて、それでやるとこんなふうにきれい
に塗れるから」と、きちんとこなしたいと話していた。宿題だけでなく、自由
帳にも算数の問題を自分で書いて解いているページもあった。１年生のうちに、
帰って来たらまず宿題をすることが習慣化されており、ナオちゃんの宿題につ

いてショウコさんは特に心配がないと語っていた。

　習い事や学習テキストを買うには経済的な制約を抱えていたショウコさんだったが、コンビニやホームセンターに置いてあるフリーペーパーのクイズや絵本などを活用していた。また、1年生の頃には、学校で教材の見本として配布された模擬テストがあり、ショウコさんは捨ててしまおうと思っていたが、ナオちゃんからの強いリクエストによりそれを残していた。そのテストをやった時には学校で一度もやったことがない理科の問題にも取り組み、採点の結果は全問正解だった。一個ずつ○をつけると、ナオちゃんは「最後に大きく花丸ってしてー」とリクエストし調査者が大きく花丸を書く。花丸がついた模擬テストをショウコさんにみせに行き、「おーすごいすごい、全部正解？」と聞かれると「うん！」ととてもうれしそうに返事をした。ナオちゃんの普段の様子からは、学ぶことやテスト、勉強的なものがとても楽しく好きなことが伝わってくる。

　調査のなかでテスト実施の依頼をした時には「それ、できる、かんたんやで！」と自信満々で、お母さんはそんなナオちゃんの様子をみながら「負けず嫌いやからなあ」と笑いながらコメントしていた。ナオちゃんは問題用紙を開くと「これナオちゃん知ってる、好きなやつや！」といって、意気揚々と解き始めた。問題文には下線を引いていたり、重要な数字には○をつけていたりと、学校で教わったであろうことをきちんと実践している様子もうかがえた。しかし、いざテストが終わってしまうと興味を失い、何点取ることができたかという結果にこだわりがあるのではなく、純粋に問題を解くことを楽しんでいる様子がうかがえた。

　自立心が強いこともナオちゃんの持つ特性の一つである。遊びの場においても、ショウコさんに手助けを頼んだりすることはなく、自分でやりきるというスタイルだ。宿題や学校の準備などについてもナオちゃんはすべて自主的に行っていた。ナオちゃんは学校から帰ってきて「自分でぱっぱと終わらせてるから、見る前に終わってる」ため、ナオちゃんに一任している。また、翌日の学校の準備も自ら済ませ、学習に関することはほぼすべて自分で管理できている。調査のなかで、読み聞かせやブロック課題等、母親と対象児との交流の様子を記録したいと依頼した時にも、ナオちゃんは「えー、ナオちゃん自分で読

みたい」「一人でやりたい」と、ショウコさんにしてもらうのではなく、自分でやりたいと主張していた。

　読み聞かせ課題の時には、ページを読み終わるごとにショウコさんが、「この子はどうなってるん？」「これはなんやろうな」などと声かけをする。ナオちゃんが絵本をすべて読みきると、ショウコさんは「ナオ、これ意味わかりながら読んでる？」と声をかけた。ナオちゃんは少し考えて「ううん」と返事をする。ショウコさんは「考えて想像しながら読まなあかんでー。声に出さなくてもいいから考えながら読んだらもっと本も楽しくなっていくで」と読み方のアドバイスをする。しかしすぐにナオちゃんは「声に出さないと楽しくないと思う」ときっぱりと自分の意見を主張した。

　ナオちゃんは読書も大好きだ。日頃から学校の図書館を活用し、頻繁に本を借りている。夏休み中は小学校の図書館開放を非常に楽しみにしていた。夏休み中の学校の図書館開放は本好きのナオちゃんにとって大きな意味があった。家族で図書館に行くとなると、妹のアイコちゃんが騒いでしまうために行きにくいとショウコさんは感じていたが、学校の図書館であれば1年生のナオちゃんでも一人で行って本を借りてくることができるためにとても重宝していた。読んでいる部分に付箋を貼りながら目印をつけ、着々と自分で読んでいくスタイルだ。借りてきた本を毎日数ページずつ読み進め、終わったらまた借りに行くといったサイクルを1年生からずっと続けているという。林家では、本を購入することはほとんどないというが、クリスマスや誕生日など特別な時には、子どもからの要望に応じて購入することもある。以前は、寝る前に10分程度時間を取って読み聞かせを行っていたが、ナオちゃんは自分で読みたいという意思が強いために次第に読み聞かせはしなくなり、代わりにナオちゃんが妹のアイコちゃんに読んであげたりもしている。

　また、ナオちゃんが病気にかかり入院した時には時間を持て余し、自分で図鑑を作っていたという。自作の図鑑は、「おはなの図鑑」「動物の図鑑」「ケーキの図鑑」などと書かれた冊子になっていた。ひらがなやカタカナと絵がセットで説明が書かれている。紙を切り貼りして立体的に作られているものもあり、可愛らしく丁寧に創作されていた。

　ナオちゃんの創作好きはそれだけでなく、自作の算数問題を作るという遊び

にも活かされていた。

> 「みかんが二つありました。お母さんが 10 個買ってきました。全部で
> みかんは何個あるでしょう？」「じゃあ次。りんごが四つありました。お
> 母さんが 1 個買ってきました。全部でいくつあるでしょう？」と、次々
> に問題を出していく。正解すると「ピンポン！」といってくれ、とても楽
> しそうだった。

ナオちゃんのスケジュール帳も非常に印象深い点の一つである。ナオちゃん
は自分のスケジュール帳を持っており、調査者がショウコさんと次回の調査の
日程調整をしていると決まってナオちゃんも自分のスケジュール帳を持って
そばにくる。日程調査が終わると、スケジュール帳に「【調査員】ちゃんがく
る」と几帳面に記入する。その他にも習い事の日やイベント、学校が終わる日
なども事細かにスケジュール帳で管理していた。

3.2 幼稚園・小学校生活

1）頼りにされる人気者

ナオちゃんは幼稚園の頃から友だちが 100 人いるというほど、良好な友人関
係を構築しており、その社交性の高さは幼稚園の先生のお墨付きである。その
人気ぶりは小学校に入ってからも継続され、「ナオちゃんがいるから学校が楽
しい」と話す子がいると、懇談の際に教師から報告を受けたこともあり、隠れ
ナオちゃんファンがいるのだという。

学校でもらえるご褒美は、ナオちゃんにとって勉強に取り組むための動機づ
けの一つである。宿題に取り組んでいる際にショウコさんから、「さっさと終
わらしなさい。丁寧にしすぎ。丁寧に書くのもいいけど、時間も大事やで」と
声がかかった時には、「じゃあ、適当にやったらいいの？『にこにこ』（丁寧に
やるともらえる学校からのハンコ）欲しいねん」と返し、学校でもらえるハンコ
がインセンティブの一つとなっていることを語った。こうしたナオちゃんの努
力が実り、学校から「めいじんの宿題」の賞状をもらっている。学年便りにも

ナオちゃんの宿題はお手本として写真入りで紹介されていた。

　転校生のお世話にも積極的で、ショウコさん曰く「いろいろと教えてあげるのが楽しいみたい」だという。こういった友人との関係性は妹のアイコちゃんとの関わりのなかでも培われてきたのかもしれない。勉強面でも、「大変じゃないよー」と余裕をみせていた。1年生の2学期に病気にかかり2週間の入院を余儀なくされたが、休み時間に友だちに勉強を教えてもらいながら、ブランクも問題なく乗り越えることができた。先生からも「ナオちゃんやったら大丈夫でしょう」といわれており、ショウコさんも学校生活に関しては大きく気にかけてはいなかった。

　1年時の懇談の際にも、「なんか色々すごい褒めてもらって。ナオちゃんには本当に助けてもらってるんです、みたいな感じで。家ではわからないんですけど、学校では色々やってるみたいで」と、ショウコさんはナオちゃんの学校での様子を語る。授業のなかで児童たちに発表を求めることがあった時、誰も手を挙げないなかでナオちゃんが積極的に手を挙げて発表してくれたおかげで、他の子も手を挙げやすくなり、発表の授業もスムーズに進めることができたという。学力に関しても、担任の先生から高い評価を得ており「学力も、点数良い方っていわれましたね。満点のやつも何個もあったみたいで」と、ショウコさんは懇談時の話を振り返っている。1年生の終わりには、先生に絵を描いて絵の上に「1年間ありがとうございました」って書いて渡したというエピソードを教えてくれた。

　2年生になっても、友人関係も教師との関係も、とても良好なまま保たれていた。ナオちゃんのクラスには、発達障がいをもった児童が在籍しており、細かく気遣いが行き届くナオちゃんに、担任の先生はとても厚い信頼を寄せていた。そのため、いつもその子の横にはナオちゃんが座るように座席が配置されていた。またそれだけでなく、クラスの男の子たちがふざけて掃除などをさぼっている時などにも、彼らを制する役割としても先生から頼りにされていた。

　宿題なども含め、学校に残って見てもらえる時間が設けられており、ナオちゃんは積極的に利用している。2年生の終わりになってもわからないところや、ついていけないところはほとんどなかった。算数がだんだん難しくなりつつあったため時々ひっかかる部分もあるものの、放課後の勉強会や難しい単元

の時に担任が開くプチ勉強会があるため、勉強についていけなくなることはなかった。2年生の3学期の終盤、インフルエンザで一週間ほど学校を休まざるを得なくなってしまった時にも担任の先生から集中的に教えてもらっていた。成績も総じて◎が多く△は絶対なかった。1年生の秋以降風邪やインフルエンザにかかりやすくなったというナオちゃんは大好きな学校に行けない期間「早く学校行きたい」ととても残念そうにしていた。

　また、林家が音楽一家であるということもナオちゃんの学校経験にポジティブな影響を与えていた。音楽好き両親の影響でナオちゃんもかなりコアな音楽まで詳しい。担任の先生も音楽好きで、お楽しみ会のいすとりゲームでニッチな曲を使ったら、ナオちゃんだけが「これ！」とわかって盛り上がったというエピソードも教えてくれた。

2）教師への不満と変化

　非常に順調に学校生活を送ってきたナオちゃんだったが、3年生になると様子がガラリと変わる。もうすぐ夏休みが終わり、二学期が始まることをショウコさんから聞くと、「え〜めんどくさ」と、これまでなら聞かなかったような発言も聞かれるようになる。先生との相性が悪くなってしまったことが最大の要因だった。40歳ぐらいの先生だが、まじめすぎるようで子どもたちからの評判は良くなかった。ナオちゃんが在籍しているクラスには、手のかかる子が多いこともあり、先生は厳しく怒ることが多いのだという。学校は勉強するための場だと強調し、保護者の間では、勉強だけではなく友人関係などさまざまなことを学びにきているのに、そこまで厳しくすることはないのでは、という話もあがっているということだった。

　ナオちゃんも「（日頃の学習・生活態度を）小6レベルにしなさい、とかって言ってくる」と不満をもらしていた。ショウコさんは、「先生が嫌だと、学校が楽しくなくなって勉強とかも頑張れなくなるもんじゃないですか。ナオちゃんもそんな感じになってきているのが大きな変化」と語る。社会にはさまざまな人がいるため、それを学ぶことができるという点では「いい社会勉強なんですけどね」と言うものの、先生との関係によって学習に変化が現れてしまっていることの不満は拭えない。

　ナオちゃんはしっかり者のため、先生から怒られることはないというが、他の子が怒られているのをみると萎縮してしまい、勉強面でわからないところがあっても担任に聞くことができない状況になってしまったという。それによって算数はついていけなくなってしまっているとショウコさんは気にかけていた。国語はナオちゃん自身が得意だったこともありついていくことができているものの、「詩とか全部写すやつは嫌い」と、これまで色々写してノートにまとめていたナオちゃんの姿を思い返すと、大きな変化も訪れている。夏休みの宿題も「友だちはもっと先にいっているけど、ナオちゃんは、ここから進んでいない」と語った。また、調査地域で起きた自然災害の影響で学校の放課後学習がなくなってしまったということも、ナオちゃんにとっては大きな打撃だった。わからないところを聞く機会を失ってしまったのだ。

4. まとめ

　ここまで、マナちゃんとナオちゃんの二人の事例を通じて、育児の場における子どもたちの主体的な側面について検討を行ってきた。紙幅の都合上、二人しか取り上げることはできなかったが、子どもたちがそれぞれに個性や主体的な側面があるいう点については、実際に訪問調査を行ったメンバー全員が強く認識しているところである。他の章では、母親たちの育児を取り巻く現状や子育て戦略についてみてきた。しかし、本章を通じて主張したいことは、母親たちが主体性を持つのと同様に、子どもたちにも主体的な側面があるということである。同じ保護者が複数人の子どもをいくら同じように育てたとしても、子どもの育ちに差異が現れるように、育児本やネット情報で仕入れた「最高の育児」を試してみても、思い通りにならないことが多いように、親の意のままに子どもを育てるということは不可能に近い営みである。同じような働きかけをしても、子どもは千差万別に育っていく。そこには、子ども自身の考え、思い、性格、保護者との相性などによって構成される、子どもの側の主体的な側面がある。メグミさんやショウコさんの状況からも明らかなように、育児を取り巻く困難は計りしれない。目まぐるしい育児・家事・仕事のルーティーンと想定外のトラブルが尽きない生活のなかにいるにもかかわらず、子どもを最善

に育てようという焦燥感に駆られることが保護者たちの間にあるとするならば、少し立ち止まって子どもの主体的な側面に目を向けてみて欲しい。忙殺される日々のなかでみえる「育てる」側の視点とはまた違う、「育つ」側の景色がみえるかもしれない。

　ここで扱った事例は2家庭とも社会関係資本活用型であったため、この点について若干の考察を加えたい。第9章で金南が指摘したように、社会関係資本活用型は、子どもたちを「子ども扱い」することなく、対等な目線で関わるケースが多い。この点はここで扱った2家庭についても当てはまる。マナちゃんもナオちゃんも家庭のなかでは「小さな大人」であった。母親と交渉し、物怖じせず自分の意見を主張する姿がみられた。

　林家でも斉藤家でも親が子どもの目線まで下りてくるというよりも、子どもたちの方が親たちの目線まで上るという言葉の方が適切だろう。林家では、マナちゃんがメグミさんの音楽やテレビ、映画の趣味に合わせ、斉藤家では音楽好きの両親に合わせてナオちゃんも音楽への造詣を深めていた。それがマナちゃんにとってはメグミさんと良好な関係を構築するための一つの手段であり、そこで築かれた関係の上で学校で起こったこと、勉強でうまくいったことなどを報告し、メグミさんから褒めてもらうことへとつながっていった。一方、ナオちゃんは飛びぬけた音楽の知識が、音楽好きの担任との良好な関係へと高じていた。

　金南は第Ⅲ部第9章にて、社会関係資本活用型は、親子で楽しい時間を過ごすことを目的に日々の実践が行われていると指摘していたが、それは親だけが考えていることではない。本章で子どもたちに焦点を当てることで明らかになったことは、子どもたちは、親やきょうだい、先生や友だちと楽しい時間を過ごしたいと思っており、そのための努力を怠っていない。フィールドノーツに十分には反映できなかったかもしれないが、3年間の調査期間の中、対象児たちの親への愛が並々ならぬものであったことはひしひしと肌で感じ取ることができた。親の趣味を身に付け、やりとりを楽しむ姿。かまって欲しい一心で話しかける姿。友だちや学校の先生たちの役に立ちたい、喜ばせたい、という思いで、折り紙のプレゼントや手紙を書いて渡したり、他の児童の補助を進んで行ったりする姿があった。親に決められたフィールドではなく、子どもたち

自身が切り開いたフィールドで主体的に人間関係を築いているのである。

　また、社会関係資本型の特徴として指摘されていたように、斉藤家と林家は、大人が決めた先回りした教育的意図で編成されていない日常を送っていた。だからこそ、子ども自身が好きなことや興味のあることに没頭し、既に子ども自身が持っている長所を伸ばすことができていたことも見逃せない。家でお絵描きに没頭するマナちゃんは学校で何度も表彰され、ダンス好きが高じてチアを習い始めたことがきっかけとなり、運動会では見本に抜きされていた。ナオちゃんは音楽好きがきっかけとなって担任の先生と仲良くなり、お手紙や折り紙などのプレゼントを渡して、学校には先生も含めナオちゃんファンがいる。ナオちゃんが病気になって学校を休まざるを得なくなった時には、友だちや先生が勉強のサポートをしてくれていた。

　このように考えると、大人が枠を設定しないからこそ、子どもが自分で切り開く道が残されるのではないだろうか。大人目線の考え方では量ることができない、子どもの目線で広がる多様な人々との交友関係を通じて、子どもたち自身が主体となって社会関係を構築し、それを資本にしているといえる。

　また、言わずもがな、社会関係資本型の特徴として、事例からは父親や祖父母など、母親とは異なる立場で子どもの育ちに関わる人たちがいたという点も強調したい。「ワンオペ育児」が社会問題となるなか、いかに母親以外のアクターが子どもの育ちに関わっていくことができるかは、大きな課題であろう。ただし、本章で扱った2家庭において、子育てに関わる人物として登場したのは、同居している家族や親族のみであったことも看過できない。これは裏を返せば子育てが「家族」のなかのみで行われていることを表している。母親たちが頼れるような「家族」に限らない、公的なサポートの欠如が暗に示されている。母親一人に育児を一任してしまうのではなく、多くの人と協力し、社会全体で、子ども一人ひとりを育てることが必要だといえるだろう。

　最後に、学校にできることを挙げて本章を締めくくりたい。第一に、学校から各家庭に対して、書面などを通じたより丁寧なコミュニケーションの徹底が求められる。ここで扱った二つの事例に留まらず、訪問調査を行ったほとんどの家庭において、小学校に入ると学校からの情報量が減る、という不安や不満が語られた。幼稚園では持ち物や行事、日々の連絡などに関して細かく指示が

出ていたが、小学校に上がると学校から直接指示を受けることが少なく、子どもからの情報に頼るしかなくなるということに、保護者たちは不安を抱えていた。特に小学1年生の最初の時期は、わが子の小学校生活をスムーズにスタートさせてあげたいという保護者の思いも相俟って、情報量の少なさが大きな不安要素となっていた。子ども経由の連絡は、必ずしもうまく保護者に届くとは限らず、混乱を引き起こしていることも往々にしてあった。ママ友ネットワークがある、学校と積極的に連絡を取ることができる、といった保護者であれば、自力で解決することもできるだろうが、そうしたことが難しい家庭では、子どもの学校生活に必要な情報を得る手段を失ってしまう。とりわけ、就学してすぐの時期には丁寧に、書面等で保護者に密に連絡をすることや、暗黙のうちに子どもたちが身に付けつつある学校独自のルールを、保護者にも周知させることが必要だと言える。

　第二に、学校文化と家庭内文化のギャップを埋めるような取り組みと、子どもが勉強を楽しいと、そしてやりがいがあると思えるようなインセンティブを保障することが必要だと言える。子どもたちは、学校から出て家に戻れば、それぞれの家庭の独自のルール、文化、規範のなかに浸っている。きょうだいや同級生、親戚や知り合いの子どもと比較されたり、評価されたりすることを通じて、子どもたちが自身の力不足に直面し、気持ちが折れてしまいそうになることもある。そうした時に、「諦めずに最後までやることが大事やから。諦めずに最後までやったから偉い」（マナちゃん）、「先生も間違っても手を挙げるのが大事って言ってくれる」（メグミさん）といった、継続、努力、試行錯誤の重要性といった学校的価値観を子どもや保護者に伝えることは、各家庭文化によって生じる子どもたちの学校経験のばらつきを少しでも小さくすることを可能にするだろう。

　また、家庭のなかでは勉強のインセンティブを得ることが少なかったとしても、「スラスラ名人」（マナちゃん）に任命されたり、「めいじんの宿題の賞状」（ナオちゃん）をもらったりすることが、家庭で勉強に取り組むための動機づけの一つとなっていることも事例を通じて明らかにされた。家庭で学習するインセンティブを学校側が担保することは、子どもの学習意欲を維持するだけでなく、日々子どもたちの終わらない宿題に頭を悩ませる保護者にとっても、救い

の一手となるだろう。また、学校で宿題や勉強ができる時間と空間を確保することも有効な手立てとなっていることも事例から示された。

　ここまで、子どもたちの主体的側面に着目して、大人による家庭内の資本の活用という観点だけではみえてこない側面について検討を行ってきた。この作業を通じて、子どもたちがいかにして社会関係を築いているのかということについても明らかになった。本章が詳らかにしてきたように彼らの主体的側面は見逃すことができないほど大きなものである。しかし、長い間ナオちゃんが手紙のやりとりや音楽の話などを通じて築いてきた教師との良好な関係性が、教師が変わることによって勉強に対する意欲に大きな差が出てしまったことを鑑みると、子どもたちが築く社会関係は大人が築く社会関係以上に脆（あや）ういものでもある可能性がある。それは教師との関係のみならず、友人関係に関しても同じことが言える。家庭から学習に関するインセンティブを得ることが少ない場合、教師、友人関係はそれを補う大きな要素である。子どもたちは主体的にその社会関係を構築できるということを本章では示せたが、それが大人が築く社会関係よりも壊れやすい可能性があるものだとするならば、学校はより子どもたちの友人関係や教師－児童関係に注意を払う必要があるだろう。もちろん親子の相性があるのと同様に、教師－児童の相性もある。多くの教師、多くの大人が子どもたちの主体的な側面を存分に発揮できる環境を整えることが子どもを育てる社会の側の責務である。

❖参考文献

船橋恵子（1999）「〈子育ち〉の社会的支援と家族」『家族社会学研究』No.11, 国際文献社 , pp.25-35.

Harris, R. J. (1998) *The Nurture Assumption: Why Children Turn Out the Way They Do*, New York: The Free Press.（石田理恵訳（2000）『子育ての大誤解──子どもの性格を決定するものは何か』早川書房）

近藤博之（2015）「学力と意欲の階層差」近藤博之・岩井八郎編『教育の社会学』放送大学教育振興会 , pp.125-139.

牧野カツコ（1999）「子どもと家族」『家族社会学研究』No.11, 国際文献社 , pp.3-7.

天童睦子・多賀太（2016）「『家族と教育』の研究動向と課題──家庭教育・戦略・ペアレントクラシー」『家族社会学研究』第 28 巻第 2 号 , 国際文献社 , pp.224-233.

おわりに

伊佐　夏実

　第Ⅲ部では、13家庭の子育て戦略を、日常生活の編成、教育期待、学校関与、ネットワークという四つの側面に焦点をあて、資本活用の違いから分析してきた。しかしながら言うまでもなく、子どもは親が伝えようとする価値や行動様式をそのまま注入される鋳型ではない。そのため第12章では、子どもの主体性に視点を移し、二つの事例を通してその様相を検討した。

　どの家庭も、子どもの成長を支え、それを喜び、将来を楽しみにしながら日々の生活を営んでいたが、そこにある差異も明らかとなった。第11章でみたように、社会関係資本活用の元手となる親のネットワークそのものについては、その質や量に資本活用類型による違いは明確にはみられなかった。このことは、対象家庭の親たちが、X市あるいはその近郊で生まれ育っているということも関係しているだろう。子育てをする主体としての父親については、その存在がほぼみえない家庭が多かったものの、どの家庭も、比較的豊かなネットワークの網の目のなかで子育てを展開していた。ただし、社会関係資本活用型については、経済資本や文化資本の不足を補う形でその活用が目立っており、その実態については、第8章から第10章で示した通りである。四つの類型ごとに、その特徴をまとめておこう。

　まずは、三つの資本を巧みに操る全資本活用型である。豊かな資本を背景に、子どものあらゆる能力を教育的意図をもって伸ばそうとしているのがこのタイプである。学校生活に対する親和性が高く、教師とも良好な関係を築いている。「一歩上」を目指す教育期待をもとに、学校外教育にも多く投資し、プラスアルファの学習に力を入れるだけでなく、読み聞かせなどの読書習慣をつけるこ

とにも積極的である。変化する社会のなかで力強く勝ち抜いていく、そうした子どもがイメージできる子育てである。

　次に文化資本活用型は、子どもの興味関心を重視し、個性を最大限に発揮させようとするタイプだ。読書や読み聞かせを好み、学校外教育にお金をかけるというよりは、子どもが楽しんで学べるように、親の知識や経験が最大限利用されている。どちらかといえば、競争的な環境に子どもを置くことを敬遠し、のびやかに育てることを重視しているが、そうした働きかけにも教育的意図が垣間みられる子育てである。

　経済資本活用型は、学校外教育への投資や学習習慣をつけることには熱心な一方で、読書についてはそれほど重視していない。自分の力で着実に生きていける自立性を育みたいという教育期待が、そうした行動の背景にあると考えられる。また、学校や教師とは少し距離を置きながら、困ったことがあれば学校外の手段を用いて解決を図ろうとするような、学校教育からはやや自立した子育てを行っている。

　これら三つの類型には、親の意図や計画性が比較的はっきりとみられるのに対して、社会関係資本活用型は、子どもにまかせる自由度の高い子育てが特徴である。学習に関しては、とにかく学校の宿題をこなすことが第一で、それがクリアされていればそれ以上の働きかけを熱心に行うわけではない。背伸びし過ぎず安定的な生活を手に入れ、日々をのびやかに送ってほしいという親の願いのもと、子どもたちは自分たちだけの自由な時間を、めいっぱい楽しんでいる。ネットワークを生かした情報活用により、不足する経済資本や文化資本が補われ、子育てに対する焦りや不安から解放された自由な育児を実践しているようでもある。

　以上のような違いは、個々の家庭の階層的背景と結びつけて語ることも可能である。全資本活用型、文化資本活用型、経済資本活用型の3類型はすべて親が大卒層であり、全資本活用型はそのなかでも学歴や年収が豊かである。文化資本活用型は、世帯年収がそれほど高くなく、経済資本活用型は両家庭とも母親が短大卒である。そして、社会関係資本活用型は、いずれも非大卒層である。また、文化資本活用型と経済資本活用型の二つの類型は、前者が女児、後者が男児であるため、こうした子どもの性別も資本活用の違いに影響をもたらしたと考えることもできる。このようにしてみると、確かに階層による子育て戦略の違いは存在しているものの、対象となった13の家庭では、それぞれが活用できる資本を用いて、子どもの生活を支え、学力を支えていた。

　ただし、学力形成への有利さという点で言えば、社会関係資本活用型とその他の類型には差が見られることも確かである。とりわけ、子どもに学ぶことの楽しさを教え、高い教育期待をもち、それを実現できるだけの経済資本をもつ全資本活用型とでは、その後の進路という点においても違いが生じることは予測される。学力に関しても今後、格差が顕在化していく可能性はあるかもしれない。

　しかしながら、こうした学力格差の顕在化に関しては、さまざまな意見があるだろう。その存在そのものを非とするのか、社会を生きぬく最低限の学力があれば、格差そのものは問題としないのか。本書執筆者のなかでも統一した見解は得られていない。また、子どもの育ちをwell-bingの観点から捉えたならば、学力格差の存在自体が直ちに問題となるわけでもないだろう（Yamamoto 2017）。少なくとも本書対象家庭の子どもたちには、子ども期を楽しみ、多様な人と関わりながら力強く、成長していくことが期待されるのである。

　また第12章では、子ども自らが高い学習意欲を発揮しているケースを紹介したが、どちらの場合も、学校を通して伝達される価値観や、放課後学習などの追加の学習機会によってそれが支えられている側面が見出された。ナオちゃんの事例では、小学校3年生になってからの担任交代をきっかけに学習への取り組み方に変化が表れてきたことから、家庭における働きかけがそれほど多くない場合は、学校の在り方に子どもの学習意欲が左右されやすく、そうした層に対して学校が果たすべき役割についての示唆もあった。読み聞かせや宿題を見るという行為についても、保護者が苦手とする場合や、労働状況との兼ね合いでそれをするだけの余裕がない場合もあり、家庭での経験の差を埋める取り組みが必要とされる。本書シリーズの学校編あるいは国際編には、学校からの働きかけに関するヒントが隠されているだろう。

❖参考文献

Yamamoto, Yoko,(2017) "Because I Feel Happy": Japanese First Graders' Views about Schooling and Well-being." *Life Course, Happiness and Well-being in Japan*, edited by Barbara Holthus and Wolfram Manzenreiter. :Routledge.

第IV部

階層と子育て、学力研究に向けて

第 13 章

「知識基盤社会」における子育て・教育のゆくえ

バーンスティンの議論を手がかりに

山田 哲也

1.「知識基盤社会」の到来が与えたインパクト

　「今後の社会では、新たな知識を創出する営みがこれまで以上に重要になる」。こうした認識は、すでに多くの人びとに共有され、教育政策にも多大な影響を与えている。例えば、文部科学大臣が諮問する中央教育審議会は「我が国の高等教育の将来像」と題した高等教育改革を展望する答申で、「21 世紀は、新しい知識・情報・技術が政治・経済・文化をはじめ社会のあらゆる領域での活動の基盤として飛躍的に重要性を増す、いわゆる『知識基盤社会』(knowledge-based society) の時代である」(中央教育審議会 2005, p.3) という見解を示している。知識基盤社会の到来という時代診断は 2008 年に学習指導要領が改訂された時にも踏襲され、初等・中等教育段階においても知識基盤社会への対応を企図するカリキュラムが構想された (中央教育審議会 2008, p.8)。

　このような議論は、知識のもつ価値をいっそう強調したかたちで今日まで引き継がれ、近年は「知識集約型経済」や「知識集約型社会」という用語まで登場している。中央教育審議会が 2018 年に出した今後の高等教育のあり方を展望する答申では「資源や物ではなく、知識を共有、集約することで、様々な社会問題を解決し、新たな価値が生み出される社会である知識集約型社会」(中

央教育審議会 2018, p.8）が到来し「労働集約型経済から知識集約型経済への転換」（同，p.12）が生じるという見通しのもとで、大学を中心とした高等教育機関が「『知と人材の集積拠点』としての機能」（同，p.11）を果たすために必要な高等教育の姿が示されている。

　教育をめぐる議論の国際的な潮流をみても、知識基盤社会への対応というトピックが重視されている。OECD が3年ごとに実施する国際比較の学力調査、PISA の報告書では序文の冒頭で「各人がその可能性を最大限に発揮し、ますます相互依存性が高まる世界に貢献し、最終的にはより良いスキルをより良い生活へと変えてゆくために必要な知識とスキルを市民に身につけさせることは、世界中の政策担当者が抱く最大の関心事である」（OECD 2016, p.3）と明記され、知識獲得の重要性がかつてないほど高まっているとの認識のもとで調査が実施されていることが分かる。

　他方で、こうした見方を無批判に受け入れる危うさについても確認しておく必要があるだろう。知識基盤社会というイメージが、どの程度実態を正確に反映したものかどうかは定かではなく、それ自体が問われるべき問題である。知識が重要な役割を果たすのは近年に限ったことではない。科学技術の革新が社会を大きく変えてゆくという期待も、これまで何度となく繰り返されてきた、ある意味では陳腐な見解にも思える。

　知識基盤社会なるものはまったくの虚像なのか、それが実態を反映しているとすればどの程度なのか、といった問題は重要だが本章ではこれ以上立ち入らない。いずれにせよ、これまで述べてきた社会像が多くの人びとに共有され、家族が行う子育て・教育のあり方に強い影響を与えていることは確かである。

　私たちの調査で出会った家族の様子からも（とりわけ全資本活用型の家族が「一歩上」を見据えたり、経済資本活用型の家族がわが子に卓越性を求めたりする様子には）、必ずしも明確に意識されているとはいえないものの、今後の社会の行く末について上記の社会像と重なるイメージを抱きつつ、ありうる未来に向けた準備の一環として子育て・教育を行う諸相がうかがえた。まずはこの点を確認し、議論を進めてゆくことにしたい。

2. バジル・バーンスティンの知識基盤社会論

　社会のなかで知識が果たす役割の変化、とりわけ経済活動におけるその位置づけの変化は、家族の行う子育てや教育のあり方にいかなる影響を与えるのだろうか。この問いを探究するために、英国の教育社会学者、B・バーンスティンの議論を参照する。

　バーンスティンは、家族が行う教育の階級差を解明し、学校教育と親和性の高い子育て・教育を行う中産階級が、労働者階級と比べ学校教育で有利になる状況を指摘した業績で教育社会学に多大なインパクトを与えた研究者である（Bernstein 1971=1981; Bernstein 1973; Bernstein 1977=1985）。その後、かれは議論の射程を広げ、教え・学ぶ営みの総体——ペダゴジー（pedagogy）——を記述・分析する理論枠組みを構想するに至った（Bernstein 1990, Bernstein 1996=2000）。

　研究キャリアの後半にかれが取り組んだテーマの一つは、1980年代・90年代に生じた経済の変化が教育に与える影響の解明であった。バーンスティン自身は、当時の英国で進展したサービス経済化を念頭においていたようだが、そこで提示された論点はいまなお参照に値するもののように思われる。

　　今日、アメリカ合衆国や英国に導かれて、ヨーロッパ中において、資本主義の最近の変化を導く新しい原理がある。市場原理とその管理者は、ますます教育政策と教育実践を管理するようになっている。<u>市場への適合性（market relevance）は、諸言説を選択し、それらを関連づけ、形式を与えて研究するための重要な方向づけの基準になりつつある。</u>（中略）根本的な意味において、知識の新しい概念と、知識を生み出し、それを使用する人びととと知識との関係についての新しい概念とが存在している。<u>この新しい概念は、真に世俗的な［知識］概念である。知識は金のように、それが優位さと収益とを生み出すことができる所へはどこにでも流れてゆくはずである。実際には、知識は金のような、ではなく金そのものなのだ」</u>（Bernstein 1996=2000, pp.149-150［下線は引用者による。一部訳文を変更（原

文は p.87)]）

　バーンスティンは、後期の著作で今日における資本主義のあり方が「市場へ
の適合性」にもとづく知識の編成・伝達を要請し、その結果、知識の世俗化が
徹底される兆しがみられると論じている。

　ここでいう知識の徹底的な世俗化とは何か？　先に引用した一節によれば、
知識がその担い手と独立したものとして切り離され、貨幣のように流通する事
態を指す。中世においてはキリスト教的な秩序のもとで区分されていた知識は、
かつて社会学者のE・デュルケームが『フランス教育思想史』で的確に指摘し
たように、しだいに宗教のくびきから解放され、事物そのものを対象に人間が
自ら反省的に思考を深めてゆく科学的な営みへと変容していった（Durkheim
1938=1981）。

　ただし、デュルケームが教育の世俗化と呼ぶこのプロセスには、いまなお知
識を担う人びとの献身が不可欠である。第一に、既存の知識を習得したうえで
新たな知を付け加える営みには、一定の時間をかけたコミットメントを必要と
する。第二に、知識の独創性を判定するためには、同じ専門分野で活動する専
門家のコミュニティを形成・維持しなければならない。

　しかしながら、近年は学術研究がもたらす知識の経済的な応用可能性がこれ
まで以上に重視され、個別の学問領域を横断する学際的な取り組みや諸学が協
働して推進する研究プロジェクトに多くのリソースが割かれるようになった。
こうした事態が生じると、これまでは個別の学問分野を支えるコミュニティが
保持してきた基準とは必ずしも一致しない他分野の基準を用いて知識の新規性
が検討されるようになる。また、知識の応用可能性がより重視される今日にお
いては「経済的な優位性と収益をもたらすかどうか」という学術以外の基準で
知識の価値を判定する傾向も強まっている。

　もちろん、新しい知識を生み出し、あるいはそれをもとにイノベーションを
起こすためには、新しいビジョンを抱いた個人の熱意と献身が不可欠である。
この点はいまもなお変わらない。しかしながら、バーンスティンが指摘するよ
うに、知識を生み出し、あるいはそれを使用する人びとにとっては、その背後
にある個人的な思い入れは重要ではなく、場合によっては応用の妨げになりか

ねない。

　バーンスティンのいう世俗化の徹底とは、この意味で知識が「脱人間化された」（dehumanized）事態を意味する。正統な知識を生み出す組織としての大学を規定した秩序は大きく変容し、「諸言説を選択し、それらを関連づけ、形式を与えて研究するための重要な方向づけ」（Bernstein 1996, p.87＝2000, p.149）があくまでも経済的な意味での市場適合性に基づいて行われる状況が到来する。本章の冒頭で確認した知識基盤社会の到来とは、かれが指摘するこのような状況がより露になってゆく社会変動のプロセスとみることができる。

　そこで、以下では、かれの議論をてがかりに、学校教育におけるペダゴジーの変化（ペダゴジーの含意については後述する）と、それが家族の子育て・教育戦略に与える影響について考えてみたい。一見すると迂遠にみえるこの作業は、本書で取り上げた家族が、どのような社会的背景のもとで子育て・教育の方向を模索しているのかを提示することをねらいとしている。

3. ヤヌス的ペダゴジーの登場と展開

　ヤヌス（Janus）とは二つの顔をもつ古代ローマ時代の神で、出入り口を守護し、日の出と日没をつかさどることから、英語の January の語源にもなっている。バーンスティンは、知識の脱世俗化・脱人間化が進行するなかで、これまでは対照的なタイプとされていた二つのペダゴジー、すなわち「見えるペダゴジー」（visible pedagogy）と「見えないペダゴジー」（invisible pedagogy）に基づく実践の双方の特徴をあわせ持った「ペダゴジーのヤヌス」（a new pedagogic Janus）が新たに登場しつつあると主張する（Bernstein 1990, p.87）。

　バーンスティンによるペダゴジーの定義は「行動、知識、実践、規準の新しい形、ないし今より発展した形を、ある者が、適切な提供者であり評価者であるとみなされる他の者から（ないし何事かから）獲得する、持続的な過程」（Bernstein 1999＝2000, p.16）である。この定義に即せば、「新しい」あるいは「発展した」ものごとを伝達し獲得するあらゆる営みがペダゴジーに含まれる。

　ところで、ペダゴジーが「見える」「見えない」とは、何を意味するのだろうか。バーンスティンは、a）伝達者と獲得者（学校を例にとれば教師と生徒）

との間の序列関係、ｂ）伝達する内容を組織化するルール（順序づけやペース配分）、ｃ）評価基準、これらがそれぞれペダゴジーの対象となる人びと（先の例では生徒）に明示され、感知しうるペダゴジーを「見えるペダゴジー」、これらが暗示的で獲得者には知られていないペダゴジーを「見えないペダゴジー」と呼ぶ。多くの場合、学校教育における見えるペダゴジーは教師主導の一斉教授方式を採用し、見えないペダゴジーでは子ども中心主義的で教科横断型の体験学習が重視される（Bernstein 1990, pp.70-71; Bernstein 1996=2000, pp.186-187）。

　ここで注意しなければならない点は、ペダゴジーの「見える」「見えない」は、あくまでも新しいものごとの獲得者にとってである、ということである。見えないペダゴジーの場合でも、獲得者が評価者の意図を勝手に読み込み、過剰に反応することもありうるし、伝達者が依拠する論理に詳しい獲得者にとっては見えない序列関係・内容の編成原理・評価基準は認識可能なものになる。

　バーンスティンもこの点が誤解されがちだと考えたのか、後の著作では見える／見えないペダゴジーとほぼ同義の概念対として「パフォーマンス・モデル」と「コンペタンス・モデル」というペダゴジーのモデルを示している。二つのモデルの呼称は、見えるペダゴジーと見えないペダゴジーがそのねらいとして掲げる「外部から定められた特定のパフォーマンスを発揮する」（見えるペダゴジー）、「獲得者が本来有する潜在的な能力（コンペタンス）を具現化する」（見えないペダゴジー）という目標に由来する（Bernstein 1990, p.72, Fig.2.3; Bernstein 1996=2000, p.106）。

　バーンスティンは、見えるペダゴジー（パフォーマンス・モデル）と見えないペダゴジー（コンペタンス・モデル）に基づく教育実践を、対照的な性格をもつ典型と考えていた。ペダゴジーは多様なスタイルで実践されるが、無数にありうるその実践は現実にはいくつかのタイプに収斂する傾向があり、実際に選択されることの多い典型として、二つのペダゴジーないしモデルを想定していたのである。

　しかしながら、本節の冒頭で述べたように、見えるペダゴジーに区分されるにもかかわらず、表面上は見えないペダゴジーと類似したヤヌス的なペダゴジーが、学校教育の領域で近年登場し、拡大しつつある。ここではかれの後期

の著作から、このトピックに焦点をあわせた二つの議論を取り上げてみよう。

　第一に着目するのは、「市場志向の見えるペダゴジー」（market-oriented visible pedagogy）に関する議論である（Bernstein 1990, pp.86-88）。ヤヌス的な性格をもつこのペダゴジーは、これまでの「自律的な見えるペダゴジー」（autonomous visible pedagogy）に対抗するものとして登場した。

　バーンスティンによれば、従来的な見えるペダゴジーが有していた自律性とは、①教え・学ぶ営みの外部（例えば市場のニーズ）からの自律と、②そこで伝えられる（学問的な）知識そのものに価値があるという本質論的発想（知識の自足性）を意味する。真理の追求をめざし、それぞれの学問領域・研究分野を特徴づける独自のアプローチから知識の更新を図る学問の営みを中核にすえ、実際にそれに従事するかはともかく、自律的な研究活動の遂行を最終目標に系統立てられたアカデミックな知識の伝達・獲得をめざすペダゴジーが、かれのいう「自律的な見えるペダゴジー」である。大学（院）をゴールとした、アカデミズム重視の学校教育をイメージすると分かりやすいだろう。

　これに対して、市場志向の見えるペダゴジーは市場への適合性を重視する。知識の自律性・自足性ではなく、「その知識が何に役立つのか」を主に経済活動に則して評価する点に特徴がある。このタイプの見えるペダゴジーは、「アカデミズムに偏重し、実際の生活と結びつかない難解で退屈な学習を子どもや保護者に押しつけてきた」という従来の自律的な見えるペダゴジーに対する批判、とりわけ進歩的な立場をとる左派による批判を一部取り込むことで自らの意義と優位性を押し出す点に新しさがあった（Bernstein 1990, p.87）。

　市場志向の見えるペダゴジーは、教育に準市場を導入し、保護者の選択を誘因に教育の多様化を図る政策とセットで展開した。経済活動の要請に応じたパフォーマンスの発揮を目標に掲げる点で、このペダゴジーはあくまでも見えるペダゴジーの範疇にあるが、アカデミズムに偏重したカリキュラムを批判し、学習者の自発性や学業と実生活との結びつきを重視するなど、見えないペダゴジーと合致する点を多く有している。バーンスティンが「ペダゴジーのヤヌス」と呼ぶのはそのためである。

　第二に取り上げるのは、「領域学（regions）モード」「一般的スキルモード（generic mode）」をめぐる議論である。先に述べたように、バーンスティンは、

見えるペダゴジー／見えないペダゴジーという区分に代えて、コンペタンス・モデル／パフォーマンス・モデルというペダゴジーのモデルを提示するようになった（Bernstein 1996=2000, p.102）。そのうえでかれは、ふたつのモデルに基づくペダゴジーは、実際にはいくつかの異なる「モード」として具現化すると論じる。ペダゴジーのモデルは抽象度が極めて高いため、現実に生じるペダゴジーのバリエーションを論じるために、バーンスティンはより具体的なペダゴジーのモードを二つのモデルと対応させて示している（表13-1）。

バーンスティンによれば、コンペタンス・モデルは「類似性」に基づく関係を基礎に成り立つが、どのような類似性に立脚するかによって異なるモードとして具現化する（Bernstein1996=2000, p.110）。本章で展開する議論の筋とはそれるため、コンペタンス・モデルの各モードについては説明を割愛する。

コンペタンス・モデルが類似性を基盤にしているのに対し、パフォーマンス・モデルは「相違性」に基礎を置く。別な言い方をすると、パフォーマンス・モデルではそこで伝達・獲得する知識が明確に区分され（バーンスティンの用語法で表現すると分類classification が強く）、教える側と学ぶ側の非対称的な縦の関係も明示的である（強い枠づけframing をその特徴とする）。何が相違性を生み出すかによって、パフォーマンス・モデルは、次に述べる三つのモードに分岐する。ヤヌス的ペダゴジーに関わる議論は、これらのモードの違いを論じる際に登場するため、やや詳しくみてゆきたい。

個別学モード（singulars）は、先に述べた自律的な見えるペダゴジーとほぼ同義のペダゴジーを意味する。「個別学」を構成するそれぞれの学問分野は、他の知識群と自らとを明確に区別し、それぞれの学術的なアイデンティティを維持しつつ、新たな知識を産出・伝達することをめざす。

第二のモードである領域学モードと結びついた研究領域としてバーンスティ

表13-1　ペダゴジーのモデルと各モデルのモード

	コンペタンス・モデル	パフォーマンス・モデル
各モデルの諸モード	リベラル／進歩的 ポピュリスト ラディカル	個別学 領域学 一般的スキル

出典：Bernstein 1996=2000, pp.110-116. より著者作成。

ンが例示するのは、伝統的な分野では工学や医学、建築学、比較的近年に盛んになったものとしては認知科学、経営学、商学、コミュニケーション・メディア学などである。これらはいずれも個別学を横断し、学際的な応用可能性を志向する、あるいは特定の問題解決をめざす点に特徴がある。学際性・応用志向から窺えるように、領域学モードとして展開するペダゴジーには、学術以外の特定の目的を果たすために中央集権的な統制を強め、個別の学問に対する人びとのコミットメントを弱める作用がある。

　ペダゴジーのモードをめぐる議論でバーンスティンが最後に言及した一般的スキルモードは、訓練可能性（trainability）概念を中核にしたペダゴジーである。このペダゴジーは学校教育の外部でなされる職業訓練・資格制度を源流とする。様々な職場の活動を分析して実際の労働領域でパフォーマンスを発揮するために必要な能力・スキルを抽出し、その習得をめざすためのプログラムを編成する活動に、バーンスティンはこれまでのモードとは異なるペダゴジーの姿を見出した。

　先に述べたように、一般的スキルモードによって伝達することがらは、当初は労働の現場から導出されている。しかしながら、労働市場で有用とされることがらが短期で変動し、今後の見通しを立てづらい状況が到来すると、変化する市場のニーズに柔軟に対応するために、これまでよりも高度の抽象性・汎用性をもつ知識や、それを使いこなせるスキルの獲得が求められる。

　新しい状況に柔軟に対応し、必要に応じて知識を更新してゆく「訓練可能性」を育てる一般的スキルモードは、みかけのうえでは学習者の潜在能力を発揮させるコンペタンス・モデル（見えないペダゴジー）に限りなく近づく。だが、一般的スキルモードによって獲得されることがらは、結局は働く現場で具現化されるパフォーマンスと不可分である。

　最終的な目標が個人に内在する能力の発露にはないので、バーンスティンは一般的スキルモードをパフォーマンス・モデルの一つに位置づけている。常に学び続け、それぞれの個性を発揮せよ。ただし、労働に役立つ限りにおいて。一般的スキルモードの鍵概念である「訓練可能性」にはこのような含意があるといえよう。市場からの要請に学校教育が応答する際に、高等教育段階では主に領域学化が進展したのに対し、初等・中等教育段階では主に職業教育の文脈

で、労働市場の要請に柔軟に応える汎用性の高い一般的スキルの育成をめざすペダゴジーが登場した（Bernsten 1996= 2000, pp.114-125）。

　紙幅の都合で詳細を示すことができないが、「生きる力」の育成という目標を保持しつつ、2000 年代初頭に「確かな学力」をより強調する路線に舵を切り、直近の改訂では育成すべき「資質・能力」を目標に明記するようになった日本の教育課程行政のあり方も、英国とは大幅に異なる経緯をたどってはいるが、一般的スキルモードの登場・展開として整理することができる（山田 2016）。

　いささか迂遠な説明になってしまったが、市場志向の見えるペダゴジーと一般的スキルモードに関するバーンスティンの議論をここまで確認してきた。知識基盤社会に向かう変化のなかで、見える・見えないペダゴジーの双方の性格をあわせもつヤヌス的ペダゴジーが登場した、というのがかれの時代診断である。市場志向の見えるペダゴジーは、後に一般的スキルモードへとその呼称を変えるが、従来と比べて混在的な特徴をもつペダゴジーの登場を指摘した点が重要である。

　ただし、留意しなければならないのは、ヤヌス的なペダゴジーはあくまでも見えるペダゴジー（ないしパフォーマンス・モデル）の変種だということである。バーンスティンによれば、学校教育制度を主導するフォーマルなペダゴジーは見えるペダゴジーとなりがちで、ときおり見えないペダゴジー（コンペタンス・モデル）が採用される場合でも、就学前・初等教育段階の改革に留まるのがこれまでの実情であった。二つの顔を持つ「ペダゴジーのヤヌス」の前方には、見えるペダゴジー／パフォーマンス・モデルが鎮座するのである。

　なぜそうなのかについて、バーンスティンは多くを語らないが、そもそも、学校教育は階級間の強い区分を前提としていることに加え、学校が伝達を試みる近代的な学問知識の区分が、三科と四科とを明瞭に区分する中世的な知識の編成原理に端を発していることと、教育目標や評価の基準を明示するペダゴジーのほうが、公平性を担保し説明責任を果たしやすいためだと思われる。いずれにせよ、ペダゴジーの営みを特徴づけてきたこれまでの典型が不明瞭になったことは確かである。こうした変化は、家族が行う子育てや教育にとって何を意味するのだろうか。

4. ペダゴジーの変容は家族の教育戦略に何をもたらすのか

　中産階級内部の葛藤が、見えるペダゴジーと見えないペダゴジーとの葛藤を生み出している。かつて、バーンスティンはそのように指摘した。かれによれば、学校教育の主たる支持者は、学歴を頼りに自らの社会的地位の獲得・継承を図る中産階級であり、中産階級内の利害対立が、学校教育のペダゴジーのバリエーションを生みだしているという（Bernstein 1977=1985, pp.130-131; Bernstein 1990, p.74）。

　バーンスティンの整理によれば、見えるペダゴジーは経済領域と直接的にかかわる旧中産階級（ある程度の資産を持つ自作農や商人など）の教育戦略と親和的である。これに対して、見えないペダゴジーは専門職や企業のホワイトカラーなどを典型とする新中産階級が採用する教育戦略と親和的である。学歴や資格に象徴される専門的な知識を自らの社会的な基盤とする新中産階級を、バーンティンはシンボル（象徴）を操作することで間接的に経済活動に関わる社会集団ととらえ、かれらを象徴統制（symbolic control）領域で活動するアクターとみなしていた。

　産業化とともに新中産階級が拡大すると、かれらの支持する見えないペダゴジーを学校教育に取り入れる動きが進展する。ただし、新中産階級も労働者階級との社会的な分業体制を維持するためには、知識とその担い手を区別する境界線が明確な（すなわち分類の強い）見えるペダゴジーに最終的に依存せざるを得ない。そのため、学校段階によって見えないペダゴジーの導入の度合いが異なってくる。具体的には、就学前教育と初等教育段階では見えないペダゴジーへの転換が最も進み、中等教育段階では見えるペダゴジーと見えないペダゴジーが混在し、高等教育段階では見えるペダゴジーが依然として優位な状態が続いたという（Bernstein 1977=1985, pp.133-153）。

　ただ、ここまで述べてきた状況は、1970 年代までの状況を当時のバーンスティンが整理したものである。前節で述べたように、その後、事態は大きく変化する。学校教育において見えるペダゴジーが最終的に優位になる状況自体は続くものの、前節で述べたペダゴジーのヤヌス化が進展し、見えないペダゴ

ジー／コンペタンス・モデルのみかけをもつペダゴジーが従来型のそれを批判し、代替を試みる状況が到来したのである。

その背景として、筆者のみるところでは、1990年代以降に進展した経済上の変化によって、バーンスティンのいう生産領域と象徴統制領域の相互依存関係が強まった点があげられるだろう。かつての新中産階級はシンボルの操作を媒介に経済活動に寄与していたが、SNSなどの新しい情報通信技術を用いたサービスが隆盛し、その動きとも連動したいわゆるビッグデータ分析が多大な収益をもたらす可能性がひろく認められた今日においては、シンボルの操作そのものが、経済的な資本の増殖と不可分な営みとなりつつある。

こうしたなかで生じた変化が、第2節で述べた知識の世俗化・脱人間化である。バーンスティンの議論に則していえば、高等教育における領域学の影響力が拡大し、それを受けるかたちで、初等中等教育段階では一般的スキルモードが浸透しつつある。

バーンスティンの議論を手がかりに、近年の学校教育にみられる変化の整理を試みたが、こうした変化は、本書の主題である家族の子育て・教育の変化とどう関連しているのだろうか。

第一にいえるのは、変化する学校教育のペダゴジーに対応すべく、それぞれの家族の教育戦略における学校の位置づけがより複雑になる、ということだろう。

学校段階によって見えるペダゴジー／見えないペダゴジーのどちらが優位なのか、この点が今日よりも比較的明確であった時代の中産階級の家族は、子どもが通う学校に応じてペダゴジーを切り替えて、学校でわが子が成功するよう配慮することが可能であった。就学前・初等教育段階ではのびのびと子どもを育て、中等教育、高等教育と学校段階があがるにつれてアカデミックな活動に順応できるよう家庭での教育を見えるペダゴジーに切り替える、そのような教育戦略を採用していたのである。ちなみに、バーンスティンによれば、労働者階級の家族は、ペダゴジーを転換する必要性に気づかず（あるいは「見えない」評価基準をうまく認識できず）、そのために学校で失敗する可能性が高まるとされていた（Bernstein 1977＝1985）。

ところが、ヤヌス的なペダゴジーが学校教育に導入されると、これまで中産

階級が採用していた教育戦略は変更を迫られる。初等・中等段階で浸透しつつある一般的スキルモードは、みかけのうえではコンペタンス・モデル（見えないペダゴジー）の特性を持つため、学校段階でペダゴジーを転換してきた従来的な対応を保持するのか、はじめから一貫して見えるペダゴジーの子育て・教育を行うのか、その判断に迷う事態が生じることになるからである。

　例えば、本書の第Ⅱ部で登場する四家族のうち前半で紹介された高梨家と花田家は、のびのびとした子育てを志向したり、体験的な学びを重視したりする姿勢を示しながらも、日々の子育てを通じて達成したいことがらは明確で、高梨家の子ども、エミリちゃんのテストに対する反応に象徴されるように、ペダゴジーにおける獲得者である子どもたちも、達成すべきことがらと自らのそれとの乖離に敏感なように思われる。子どもの個性を重視し、かれらの意向を支援する姿勢を保持しつつ、学校教育との接続を意識し、そこで要請されるパフォーマンスに応じられるように働きかける。その姿には、ヤヌス的なペダゴジーを家庭でも実践し、近年の学校教育を主導する変化にいち早く対応する姿勢をみることができる。

　他方で、第Ⅱ部の後半に登場する田村家の子育ては、就学前・初等教育の段階までは見えないペダゴジー／コンペタンス・モデルを採用し、徐々にペダゴジーを見えるものに切り替えてゆくミドルクラス（とりわけ新中産階級）がこれまで採用していた教育戦略を踏襲しているように見える。

　いわゆる非認知スキルが人びとの注目を集める今日においては、単なる知識の習得に留まらず、人格と分かちがたく結びついたことがらまで、将来身につけるべき資質として学校教育の目標にリストアップされるようになっている。こうした状況において、従来型の見えないペダゴジー／コンペタンス・モデルを支持する人びとは、これまでのように子ども中心主義的な立場を保持し続け、それぞれの個性を十全に発揮できるような子育て・教育を試みるのか、先行きが不透明な（とされる）社会の要請に応え、したたかに適応できるように、他者から明示された能力・資質を効率よく習得すべく子育てや教育の方針を変えるのか、新たな選択を迫られることになる。

　また、学校教育の最終段階においてもアカデミズムのあり方が変化し、領域学の影響が拡大している。高等教育機関に子どもを進学させる場合、そこでの

ゴールを従来的なアカデミズムの習得におくのか、領域横断的な知の形成と応用可能性の追求におくのかという分岐が生じている。本書の調査対象となった家族の子どもはまだ小学校に通っている段階だが、かれらが成長し、大学進学を選択する際には個別学と領域学のどちらを選択するのかという問題が浮上するだろう。学校教育のペダゴジーがこれまで以上に複雑化し、労働領域との結びつきが多様になったことで、どのように学校を利用し、自らの地位を維持・継承するのかという家族の教育戦略も変更を促されることになった。序章で触れた A. ラローのいう計画的育成（concerted cultivation：Lareau 2011）の子育てにおける「計画」のゴールをどこに設定するかで、これまでとは異なる新しい分岐が生じているのである。

　中産階級にとってもそうであるが、それ以上に労働者階級の家族にとって、上記の変化はより複雑で難しい対応を迫られる事態として感知されるだろう。場合によっては、こうした変化は気づかれず、これまでの学校像を前提に子育て・教育を行う可能性もある。

　この点に関しては、第Ⅱ部の最後に登場する橋本家の子育てにみられた「自然体」志向が示唆的である。橋本家の子育ての様子は、本書の他のパートでも言及された社会関係資本活用型の家族に特徴的な「子どもの自然な成長に任せる子育て（the accomplishment of natural growth）」（Lareau 前掲書）の典型ともいえるものだが、かれらが採用する教育戦略はある部分では「生きる力」の育成をめざす近年の学校教育とも合致している。他方で「自然体」の子育てがヤヌス的ペダゴジーのもう一方の側面であるパフォーマンスを重視する要請に対応できるかどうかについては、あくまでも自然な成長のなかで発揮される子どもたちの自発性に委ねられているといえよう。

　労働者階級に限らず、子育てや教育に割く資源が相対的に少ない家族にとって、ヤヌス的ペダゴジーの登場と展開は、学校教育を適切に利用するハードルが高まる事態を意味する。本書に登場する家族は、子どもたちの学力形成を支えることに一定程度成功していたが、もし、子どもたちの自然な成長に任せる姿勢が学校で求められるパフォーマンスを発揮するための家族の関与の断念と結びつくならば、学校教育を媒介とした階級・階層の分断が促進されかねない。バーンスティンが指摘するように、知識やスキルの獲得が経済活動とより密接

に結びつく事態がさらに進行すると、学業達成の差異が離学後の生活に与える影響が大きくなる。社会経済的な背景が厳しい状況にある家族は、これまでも学校教育から排除される傾向にあったが、こうした状況がより深刻になる可能性があることをあらためて確認しておきたい。

バーンスティンの議論から第二に指摘できる点は、学校以外の教育サービスをどのように利用するのかという点についても、これまで以上に選択肢が複雑化し、何が最適なサービスなのかが家族にとってみえづらくなった、ということである。この問題について考える際には、日本に固有の文脈を踏まえつつ、学校教育に生じた変化を捉える必要がある。

バーンスティンの議論に則してこれまで整理してきた学校教育の変化、具体的には市場志向の見えるペダゴジー（後の一般的スキルモード／領域学モード）の拡大は、英米を中心とした諸外国においては学校教育への準市場の導入とセットになっていた。リベラル・進歩的左派の学校教育批判を取り組むかたちで、伝統的なアカデミズム重視の学校教育が批判され、経済活動に資する限りにおいての「個性」重視路線が登場する。

こうした動向は、Ｐ．ブラウンによるペアレントクラシーをめぐる議論においても指摘されていた。バーンスティンが論じた学校教育の変容は、従来型のメリトクラシーが掲げた理念に幻滅した保護者たちが、選択によって自らの学校教育に対する影響力を強める状況の到来として描くこともできる変化であった（Brown 1990）。これまでの伝統的な教授法を墨守する学校は保護者のニーズや子どもたちの興味関心にうまく応えることができない。学校選択制を典型とする準市場の導入によって学校の多様化を図る必要がある。そのようなロジックで学校教育のペダゴジー転換が図られたのである。

他方で、日本の場合は諸外国と比較すると学校選択制や公立学校の複線化の進展は限定的で、ペダゴジーの転換は主としてカリキュラムの改革（それに加えて近年は入試制度の改革）を通じてなされた点が異なっている。

その背景として考えられるのは、第一に、日本では高度成長を契機に入試による選抜が大衆的な規模に拡大し、社会経済的な背景の違いにかかわらず人びとを学校教育に長期にわたって包摂することが可能になったこと（苅谷 1991・1995; 竹内 1995=2016）、第二に、先に述べたことがらとも関連するが、受験対

策を謳う塾や予備校をその典型とする学校外の民間教育サービスがはやくから充実し、学校外のプライベート・セクターが供給する教育サービスの多様化によって、学校では満たすことができない保護者のニーズに応答しつつ、他方で学校教育における競争を補完していったプロセスを指摘できる。本稿の議論からはやや逸れてしまうが、教育の大衆化が急速に進行した時期に私立学校が需要の増大に対応したという歴史的経緯も、準市場の導入によって公立学校を多様化する動きを一定程度抑制したように思われる。

　いずれにせよ、こうした日本的な文脈を踏まえると、学校教育の今日的な転換に対応するだけではなく、民間の事業者が提供する、内容・価格面できわめて多様な教育サービスをわが子のためにどう活用するのか、という点においても新たな対応が保護者に迫られることになる。学校外で様々な事業者が提供する教育サービスは価格も多様なため、経済的な資源に制約がある保護者も家計のやりくりを工夫すれば利用可能なものがある。実際、私たちの調査対象となった家庭のほとんどが子どもたちに何らかの習い事をさせており、子育てに割く資源に制約がある場合でも、金銭的・時間的な負担がそれほど重くない教材を選ぶなどして、学校外でなされる子どもたちの教育を充実させる工夫をしていた。

　近年は、都市部を中心にプログラミング教育など、知識基盤経済への対応を明確に打ち出した各種の学校外教育サービスが普及しつつある。保護者たちは、変化しつつある学校とどのように付き合うかという課題に加え、多種多様な民間の教育サービスをどう適切に利用すべきかについても、頭を悩ませることになるだろう。調査の性格上、本章では展開できなかったが、地域による学校内外の教育機会の格差も知識基盤社会の進展とともに拡大するおそれがある。

　最後に、子育てのゴールの抽象化と絶えざる問い直しが加速する傾向を指摘しておきたい。訓練可能性を鍵概念におく一般的スキルモードのペダゴジーにおける教育のゴールは、「生きる力」というキーワードに端的にみられるように、きわめて抽象的でその内容が文脈・状況に応じて変化可能なものにならざるを得ない。バーンスティンは、ヤヌス的ペダゴジーによって形成される獲得者のアイデンティティは、市場が与える意味づけを資源にして（すなわち経済活動にどのように貢献できるのかという観点から）アイデンティティを構成

する、脱中心化された道具的（市場）アイデンティティ（instrumental [market] identities, Bernsten 1996=2000, p.132）に水路づけられると指摘する。それぞれの家族は、この種のペダゴジーが掲げるある意味で空疎な目標に対して、わが子の現状を踏まえつつ、将来のあり得る社会像を常にアップデートしながら具体的な内実を与えつづけるという困難な課題に取り組まなければならない。

　今回の調査対象となった家族は、それぞれのやり方で子どもの個性を尊重しつつ子育てを行う傾向がみられた（バーンスティンによれば、こうした個性志向の子育ては、中産階級に採用される傾向がある）。他方で、子どもの個性を重視するといいながらも「どのような人物に育って欲しいか」というイメージはどこか具体性を欠いており、とりわけ全資本活用型、経済資本活用型の家庭では、他の子どもたちから「卓越」する点をいかに見出すか、経済的な「自立」につながる子どもの特質は何かを模索する姿勢が顕著であった。

　もちろん、子どもの将来に対する語りが具体的な像を結ばないのは、子どもたちがまだ小さく、小学校に通う段階だということに主に起因する。しかしながら、子どもの将来に対するこうした期待のあり方には、道具的（市場）アイデンティティへと人びとを水路づけるペダゴジーが学校教育に浸透しつつある事態に対するそれぞれの家族のリアクションをみることができる。バーンスティンによれば、道具的（市場）アイデンティティの形成過程においては、階級・階層、エスニシティ、ジェンダーといった社会的な属性に立脚するよりも、それぞれの子どもがもつ特性が社会からの要請（とりわけ経済的な観点からの要請）にどれだけ合致しているのか、という観点が重視されるという。

　いわゆる格差社会や子どもの貧困をめぐる議論が世論を喚起するようになって久しいが、今日においても日本は階級・階層やエスニシティなどの社会的な属性が教育に与える影響が政策上の検討課題となる機会は十分とはいえず、ジェンダーについても、近年は医学部の入試をめぐる不公正な対応が批判されつつも、格差を告発する声はまだ弱い。子どもの貧困への対策には不十分ながらも一定の進展がみられるが、社会集団間の差異が家族の教育や子どもの学業達成に与える影響が明示的に議論され、制度的な手立てがなされているとはいい難い状況がいまだに続いているように思われる（松岡 2019）。

　こうした状況のなかで、それぞれの家庭は集合的なアイデンティティの資源

を十分に得られない状況のなかで、子どもの個性を重視しつつ、学校教育とうまくつきあい、手持ちの資源で利用可能な学校外の教育サービスを取捨選択し、不透明な将来のなかで子どもたちが自立してゆくために何ができるかを模索する。本書で検討した家族も例外ではない。子どもの才能を見出し、卓越した水準まで育つように働きかける。個性を尊重し、その子ならではの特質を最大限に発揮するように促す。将来の自立につながるような多様な経験を提供する。ゆっくりと穏やかに生きて欲しいと願いつつ、子どもの自然な成長に期待する……。それぞれの家族の模索と現時点での達成が、今後、どのように展開してゆくのか。その趨勢を捉えるうえで、バーンスティンの議論はいまなお様々なヒントを私たちに与えてくれる。

❖参考文献

Bernstein, Basil. (1971) *Class, Codes and Control Volume1: Theoretical Studies towards a Sociology of Language,* Routledge & Kegan Paul. （＝萩原元昭編訳（1981）『言語社会化論』明治図書出版株式会社）.

──────── (1973) *Class, Codes and Control Volume2: Applied Studies towards a Sociology of Language,* Routledge & Kegan Paul.

──────── (1977) *Class, Codes and Control Volume3: Towards a Theory of Educational Transmissions (2nd edition),* Routledge & Kegan Paul. （＝萩原元昭編訳（1985）『教育伝達の社会学』明治図書出版株式会社）.

──────── (1990) *The Structuring of Pedagogic Discourse: Class, Codes and Control Volume 4,* Routledge.

──────── (1996) *Pedagogy, Symbolic Control and Identity: Theory, Research, Critique,* Taylor & Francis. （＝久冨善之他訳（2000）『〈教育〉の社会学理論』法政大学出版局）.

──────── (1999) "Official knowledge and pedagogic identities" Christie Frances, ed., *Pedagogy and the Shaping of Consciousness,* Cassell Academic （＝長谷川裕、本田伊克、久冨善之訳（2000）「オフィシャルな知識と〈教育〉的アイデンティティ」『＜教育と社会＞研究』10号, 一橋大学＜教育と社会＞研究会, pp.5-18）.

Brown, Phillip (1990) "The 'Third Wave': education and the ideology of parentocracy", *British Journal of Sociology of Education* vol.11, no.1, pp.65-85.

中央教育審議会（2005）「我が国の高等教育の将来像（答申）」（平成17年1月28日）.

──────── (2008)「幼稚園、小学校、中学校、高等学校及び特別支援学校の学習指導要領等の改善について（答申）」（平成20年1月17日）.

──────（2018）「2040 年に向けた高等教育のグランドデザイン（答申）」（平成 30 年 11 月 26 日）。

Durkheim, Emile. (1938) *L'évolution pédagogique en France,* Alcan.（＝小関藤一郎訳（1981）『フランス教育思想史』行路社）．

苅谷剛彦（1991）『学校・職業・選抜の社会学──高卒就職の日本的メカニズム』東京大学出版会。

苅谷剛彦（1995）『大衆教育社会のゆくえ──学歴主義と平等主義の戦後史』中央公論社。

Lareau, Annette (2011), *Unequal Childhoods: Class, Race, and Family Life, Second Edition with an Update a Decade Later*, University of California Press.

松岡亮二（2019）『教育格差──階層・地域・学歴』筑摩書房。

OECD (2016), *PISA 2015 Results (Volume I): Excellence and Equity in Education,* PISA, OECD Publishing.

竹内洋（1995）『日本のメリトクラシー──構造と心性』東京大学出版会（増補版 2016 年刊行）。

山田哲也（2016）「PISA 型学力は日本の学校教育にいかなるインパクトを与えたか」日本教育社会学会編『教育社会学研究』第 98 集 , 東洋館出版社 , pp.5-28.

第 14 章

子育てに格差はあるのか

アメリカの子育て・教育研究の視点から

山本 洋子

1.「タイガー・マザー」をめぐる子育て論争

　2011 年にアメリカで出版された「タイガー・マザー」という本を読まれた方はいるだろうか？　日本語訳も出ているが、中国系アメリカ人、エイミー・チュアによって書かれたベストセラー子育て体験記である。本人は法学部の教授で子育てを研究したわけではないのだが、自身の親としての体験をもとに優秀な子どもを育てる「中国式」子育ての秘訣を披露した本である（Chua 2011）[1]。友だちとの遊び時間もゲーム・テレビの時間も一切なし、楽器の練習は毎日数時間、A 以外の成績は問題外、体育と音楽以外の教科で 1 番になれというスパルタ子育ては物議をかもしだし、子育てや教育研究者も巻き込んだ大議論となった。ニューヨークタイムズを含むメディアで特集が組まれただけでなく、学術誌でも「タイガー・ペアレンツの神話を解体する」という特集が組まれたほどである（Juang et al. 2013）。

　チュアの子育て体験記がなぜこれほどメディアや学者を巻き込んだのか。それは、「よい」子育てをめぐり対立する意見がぶつかったからである。後に詳しく述べるが、チュアがつづった「中国式」子育ては、多くのアメリカ人には、子どもの意思や人格を無視し、子どもを管理し威圧する「権威的子育て」と

して映ったのである。子どもによりそい意思や自主性を尊重する「民主的子育て」の対極にあるのだ。大人による厳しい指導のもと自制心や努力を培い技術を磨く「できる子」か、子どもをほめプライドや自己肯定感を高めやりたいことを見つける「のびる子」を育てるのかという子育て観が対立したのである。

　実は、チュアの本が出版される以前から、アジアからの移民やアジア系アメリカ人の子育て、特に子どもの教育へのかかわりは、アメリカの教育学や子育て研究において、かなり注目を集めてきた。アジア系アメリカ人の子どもたちの学力が、他の人種に比べて全体的に極めて高いからである。もちろん、アジア系といってもさまざまで、エスニシティによって学力差が大きく異なることが指摘されている（Lee 2009）。しかし、全体的に、特に東アジア系（韓国、中国、日本から渡米した家族の子どもとその子孫）の幼少期から高校にかけての学力が、他の人種に比べて高いのである（Schneider and Lee 1990）。同じアメリカで学校に通っているにもかかわらず他の人種より学力が高いとなれば、学校外での子育てや家庭環境に学力を高める秘訣があるに違いないということで、アジア系の子育てや家庭環境が注目を浴びてきたのである。

　アジア系の子育ての研究は階層研究という点でも興味深い。人種内で学力の階層差はあるものの、同等の経済状況や階層の他の人種の子どもたちと比べた場合、特に東アジア系の子どもたちは、圧倒的に高い学力を発揮しているからである。そして、アジア系の子育て研究が増えてきたもう一つの理由は、アジア系アメリカ人の学者たちが増えたことにより、これまで白人研究者の視点で築き上げられてきた「よい」または「よくない」子育て理論や研究に対して、疑問を投げかけはじめたからである。1980年代までの主な子育て研究においては、アジア系の子育ては、一般的に「よくない」子育てに分類されたからである。これについては、あとで詳しく説明していこう。

　本章では、アジア系アメリカ人の子育てに着目しながら、子どもの成長に「よい」子育てはあるのか、学力に「効果的」または「有利な」子育てはあるのかという問いを中心にみていく。そのうえで、文化差・階層差に関連する学力格差というテーマについても触れていく。本章で紹介するのは、欧米、特にアメリカの研究・調査である。子育てと教育については、心理学・社会学・教育学・文化人類学など、多岐にわたる社会科学分野で活発な研究が行われてき

た。本章では、さまざまな学問分野の理論や調査結果を取り入れながら説明していく。

2.「よい」子育てはあるのか？

アメリカ人の子育てときくと、どのようなイメージが浮かぶだろうか。私が日本の子育て世代の母親たちにきいたところ、自立や独立を重んじる、個性を大切にする、子どもの意見を尊重するといった言葉が返ってきた。実は、このような子育ては、心理学研究では「民主的子育て」と呼ばれ、アメリカの白人中流家庭によくみられる（Baumrind 1971, 1989）。実際には、約50％の子どもが白人以外の人種的マイノリティで、約5人に一人の子どもが貧困の家庭に育ち、また約5人に一人の子どもが移民の家庭で育つアメリカの子育ては一概には言い表せない[2]。けれど、子どもの成長や発達にとって「よい」または「理想の」子育てはあるのかというテーマは、長い間社会科学、特に心理学の分野で探求されてきた。

もちろん、「よい」子育ては、社会の規範によってさまざまである。特に、社会や文化によって異なる「よい」子ども像や大人像に大きく左右されるだろう。しかし、たとえば、ある程度栄養のある食事をとることが子どもの体の発達に必要なように、子どもの心や能力の発達にも普遍的で必要な「よい」子育て（parenting）があるのではないか。心理学では、そうした健全な発達があるだろうということを前提に、理想的な子育てを追求する調査が行われてきた。

さまざまな子育て理論の中でも、今日にいたるまで多大な影響を与え続けているのが、1970年代から1980年代にかけて発表されたバーマリンドとその弟子たちによる子育て類型である（Baumrind 1971, 1989）。この調査は、米国の中流階層の白人親子を丹念に観察し、またインタビューを行ったものである。これらのデータを分析した結果、子育てはおおまかに4タイプに分けられること、また健全でかつ「できる」子を育てる子育てがあるという結論が導びかれた。まず、理想の子育てとしてあげられたのが、子どもにやってはいけないことや規律を教えながらも、あたたかく愛情をもって接する「民主的子育て」（authoritative）である。こうした家庭では、子どものニーズや気持ちに寄

りそい、自立と意見を尊重し、会話を大切にする。冒頭であげたアメリカ人の子育てのイメージは、このタイプと一致しているだろうか。これに対し、「よくない」子育てもあげられた。規律やしつけは行うが、親主体で物事を決め一方的に叱ったり制裁を行うことが多く、厳しく温かさがみられない「権威的子育て」（authoritarian）である。次にあげられたのは、子どもに甘くかわいがるが、一貫したルールはなくしつけをあまり行わない「自由放任子育て」（permissive）である。そして最後に、子どもに関心がなく子育てを放棄している「ネグレクト子育て」（neglectful）があげられた。

　さまざまな調査結果によれば、「民主的子育て」で育った子どもは、精神的に安定し、自制心や自主性をもち、自立し、社会性を備えている傾向が高いという（Baumrind 1981; Steinberg et al. 1989）。また、「民主的子育て」は、学力向上にもつながるというエビデンスがある。青少年の心理と学力を調べたスタインバーグの研究では、「民主的子育て」は子どもの自主性、やる気、自己肯定感を育むため、それが学力の向上につながるという結果が出た（Steinberg et al. 1989）。つまり、「民主的子育て」によって育まれた自主性や安定した精神が、やる気や熱心な学習態度につながり、学力の向上を導くのである。これは、内発的なモチベーションや自己肯定感が学力形成に大切だという欧米の学生を対象とした数々の研究結果を考えると、なるほどと思われるかもしれない（Booth and Gerard 2011; Gottfried 1990）。

　バーマリンドの研究は白人の中流研究を対象としたものだったが、しつけに焦点を当てた社会学研究では、子育てには階層差があることが報告されている。全体的に「民主的子育て」は中流家庭によくみられるが、経済的に恵まれない家庭ではあまりみられない子育てであるようだ。しつけの階層差について丹念に文献をレビューしたギーカスによれば、中流家庭の親は子どもに愛情深くサポート的で、子どもの意見をきき、会話的な話し方をし、しつけるときには言葉で説明する傾向にある。これに対して、労働者階級の親は、命令的で権威的、子どもに対して命令的で制約するような話し方をし、体罰を行う傾向があると報告されている（Bernstein 1971; Gecas 1979）。また、バーマリンドの子育て類型が白人以外の人種に当てはまるかみた研究では、人種的マイノリティや移民の家庭、特にアジア系の子育てには、階層にかかわらず「権威的子育て」が多

いことも報告されている（Baumrind 1972; Chao 1994; Li 2012）。冒頭であげたエイミー・チュアの子育ては、この類型を用いれば、まさに「権威的子育て」にあたるだろう。バーマリンドらの理論によれば、子どもの反抗心または不安感を強め、あたたかく良好な親子関係が築きにくい子育てタイプである。ただし、社会学研究など子育てやしつけの階層差・人種差をみたものは、子育てがどう異なるのかに焦点をあてている。そのため、たとえば「権威的子育て」が、中流の白人家庭以外で子どもにどのような影響を与えるのかを調べたものは少ない。

　はたして、これら4タイプの子育ては階層や文化に関係なく、子どもにとって「よい」または「よくない」のだろうか。たとえば、なぜ、アジア系の子どもたちの多くは「権威的」子育てで育てられているのにもかかわらず、全体的に学力が高く、親に反抗するわけでもなく、親と良好な関係を築いているのだろうか。こうした疑問は、子育てタイプを研究する学者の間でも謎としてあげられていた。これに対して、1990年代に文化的視点を持ち込んだのがルース・チャオである。中国系子育てに焦点を当てたチャオの研究は、子育て研究に大旋風を巻き起こした。バーマリンドの類型によれば、子どもへの期待が強く、子どもの生活や行動を管理し厳しく指導するアジア系の子育ては「権威的子育て」であり、「よくない」子育てである。これに対しチャオは、アジアに根付く伝統や文化規範に着目し、バーマリンドが提示する「権威的子育て」や「民主的子育て」には含まれていない、親の厳しさの中にある愛情を指摘した（Chao 1994）。たとえば、中国では、階層に関係なく、大人が愛情を抱きながら子どもを厳しく指導する子育て・教育の伝統がある。子どもは大人の指導や導きを得てこそ育つと考えられているからだ。また、子どもの日常をある程度管理しながらきちんとしつけること、教育することは、親の大切な役割と考えられている。そのため、中国の親は子どもと親密な関係を保ちながら、子どもを熱心にかつ厳しくしつけているという。加えて、東アジアでは一般的に教育が重んじられ、学業に励むことは文化的規範となっているため、親は子どもに高い教育期待を抱いている（Li 2012）。こうして育てられた子どもは、親に感謝し、親と社会の期待を内面化し、親の期待に沿えるよう学業にはげむという（Li 2012; Schneider and Lee 1990）。こうした親の役割や子どもとの親密な関

係は、チュアの「タイガー・マザー」でも描かれていた。

　「権威的子育て」が必ずしもネガティブでないのは、アジア系移民だけではない。実は、バーマリンドの調査でも、黒人系アメリカ人の母親の子育ては権威的な傾向にあるが、子ども、特に女子は、自立し自己をきちんと主張できるポジティブな子どもに育つことが報告されている（Baumrind 1972）。子どもに愛情を抱きながらも時に体罰を含む厳しいしつけ方法を行うというタフな子育て方法が、差別に直面したり犯罪やリスクの高い地域に住む黒人系の子どもたちにとっては、効果的なのだろうと言われている（Furstenberg et al. 2001）。これらの研究は、「よい」子育て方法が、文化的・経済的背景などのコンテクストにより異なることを示したのである。

3. 学力に「効果的な」子育てとは？　親の教育への関わり

　では、なぜ、同じアメリカの学校に通っているにもかかわらず、アジア系、特に東アジア系の学生の学力はきわめて高いのだろうか。これに対しては、階層という点に注目し、アジア系移民やアジア系アメリカ人の学歴・収入が平均して高いからだという説がある。たしかに、他のマイノリティ人種と比べるとアジア系の平均学歴や収入は高いが、実際にはアジア系アメリカ人は裕福層と貧困層に分断されている（Pew Research Center 2018）。また、この仮説では、なぜ東アジア系の子どもたちは、経済的に恵まれない状況にある子どもたちでも、比較的学力が高いのかは説明できない。東アジア系の学生たちが経済的、階層的なハンディをある程度克服しているとすれば、何かしら教育に「効果的な」子育てと家庭環境があるのかもしれないということになるだろう。

　幼児や小学生を調査した数々の研究によれば、東アジア系の親は、子どもが幼少時のころから高い教育期待を抱いており、離別が少なく家庭内で言い争いなどが少ない比較的安定した家庭環境を保ち、文字や数を教えたり、音楽などの習い事をさせたり、家庭で充実した学習サポートを行う傾向にある（Jung et al. 2012; Schneider and Lee 1990; Yamamoto et al. 2016）。つまり、子どもの教育に関与（involvement）し、学習に「効果的な」家庭環境（home learning environment）を築いているという。親の教育的関与を調べた研究は多いが、

教育的関与には、読み書きを教えるというフォーマルなものから、トランプゲームをしたり数や文字の遊びをするというインフォーマルなものがある。また、学習習慣を育くむ、学習しやすい環境づくりをする、図書館や博物館など教育的な場所に子どもを連れていくなど、内容もさまざまである（Elliott and Bachman 2018; Fantuzzo et al. 2004）。驚くことではないかもしれないが、このような幼児期の家庭環境や親の関与は、一般的に文字の読み書きといった「就学に役立つスキル」（School readiness）に強く関連している（Brooks-Gunn and Markman 2005）。

アジア系の家庭では、階層にかかわらず、こうした親の関与がかなり高いことが報告されている。筆者を含むブラウン大学の研究チームが行った中国系移民家庭の研究でも、中国系移民の親は、学校経験が少なく生活保護を受けている親も含めて、子どものしつけや教育は親が行うべきと考え、家庭内での対立が少なく比較的安定した家庭生活を築き、幼児期から家庭で文字や数を教えたりする傾向があった（Yamamoto et al. 2016）。他方、同じ中国系移民家庭内での違いを調べると、4〜6歳の算数や英語の能力・習熟度に階層差がみられた。

多様な人種を含んだ調査でも、幼児期の段階で言語能力や就学に役に立つスキルに階層差があることが明らかになっている（Duncan and Magnuson 2005; Galindo and Sonnenschein 2015）。なぜ、就学する以前から能力や習熟度に階層差があるのか。これに対しては、さまざまな研究があるため、ここでは詳しくは述べないが、アメリカの研究調査には、乳幼児期の言語や知能の発達に着目したものが多い。かなり広く知られた研究に、乳幼児期の家庭の言語環境を階層別にみた調査がある（Hart and Risley 1995, 2003）。この調査は、子どもが7〜9カ月のころから3歳になるまで、毎月1時間、42家庭の家庭生活を観察・録音し、長期にわたるデータを集めたものである。その結果、平均すると子どもが起きている間の1時間で、親が専門性の高い職業に就いている家庭では2153の言葉、中流家庭では1251語、生活保護を受けている家庭では616語の言葉が耳に入るという。これを計算すると、階層によって、3歳になるまでに3000万語ほど耳にする「言葉のギャップ」が生じる。さらに、家庭で耳にする言葉の数と、子どもの語彙の習得や言語発達に関連性がみられ、こうしたギャップは年齢とともに広がっていった。こうした結果を踏まえ、ハートとリ

スリーは、家庭での言葉の経験の豊富さが幼児の言語発達に影響し、後の学力格差につながると力説している。

　ハートとリスリーの調査が主に言葉の量や会話の仕方に注目したのに対し、親の教育への関与の仕方の違いを指摘する研究もある。たとえば、子どもの学習には、数や文字を覚えたり計算をするなど習得すべきものがはっきりしている「制約があるスキル」（constrained）と、読解力・思考力・判断力など広がりをもち終わりがない「制約がないスキル」（unconstrained）があり、親の関与の仕方によって育つスキルが変わってくるというのだ（Paris 2005）。文字やスペルの仕方を教えたりするのは制約のあるスキルを促すが、よみきかせなどを通じて内容や言葉について問いかけたり、一緒に話の内容を広げたりするのは、制約がないスキルを促すという。階層が高い親は、特に幼児期に子どもに読み聞かせで問いかけたり説明を求めたり、日常的にまわりの世界について話を展開したりと制約のないスキルを育てる関与の仕方をする傾向にある（Kalil et al. 2016; Snow and Matthews 2016）。こうした「制約がないスキル」は、学年があがるにつれて必要になる読解力や複雑な思考を支えるため、子どもの長期的な学力に不可欠であると考えられている（Snow and Matthews 2016）。学習に関連した体験や親の関与の量だけでなく、関与の仕方が、特に高学年にみられる学力の階層格差を生み出す可能性が指摘されているのである。

　われわれが行った中国人移民の家庭の調査でも、顕著な階層差がみられたのは、文字や数字・計算などを教えることでなく、よみきかせの頻度であった。残念ながらこの調査では、読み聞かせの仕方まではきいていなかったが、親の読み聞かせが子どもの4歳時点での算数や言語能力に強く関連していた（Yamamoto et al. 2016）。はたして、アジア系の家庭でも「制約のあるスキル」と「制約のないスキル」を育てるような関与の仕方に違いがあるかどうか、興味深い点である。

4. 親の関与か親の期待か？

　親の教育関与が子どもの学力形成、そしてさらには学力格差につながるという見解に対し、子どもの学力形成に「効果的」なのは、親が何をするかでなく

何を望むかという親の思いだということを示すエビデンスがある。子どもにこれくらいの成績はとってほしい、またはとるべきだ、大学までは行ってほしい、行くだろうというような、やや現実味を帯びた教育期待である。

　興味深いことに、いくつかの研究で、親の教育期待こそが子どもの学力に強力な影響をもたらすことが報告されている。たとえば、メディアでも注目を浴びたのが、社会学者ロビンソンとハリスの『壊れたコンパス：親の子どもへの教育関与』という本である（Robinson and Harris 2014）。多様な階層と人種の生徒を含む大規模かつ長期的な全国データを用い、60 種以上の親の教育サポートや関与を分析したところ、子どもの学力に関連するのは、3 種類だけという結果が出た。親の学歴期待、子どもと学校に関して話し合う、特定の先生を担任になるようリクエストすることである。読み聞かせや学校でのボランティアなどその他の項目は、子どもの学力とは一貫した相関関係を示していないばかりか、宿題の手伝いにいたっては、東アジア系の生徒を除いて学力と負の関係にあった[3]。

　また、複数の研究結果を統合し統計分析（メタアナリシス）した研究でも、親が子どもに対して抱く教育期待が、親の教育関与よりも大きな影響を与えることが報告されている（Fan and Chen 2001）。もちろん、親はよくできる子どもに対して高い教育期待を抱きがちなため、どちらが先にくるかはわかりにくい。また、子どもに高い期待を抱いている親は子どもの学習に関与する傾向が強いため、両者を切り離すことは難しい。だが、親の教育期待は子ども自身の教育期待、つまりこれくらいの成績はとりたい、大学に行きたいといった子どもの思いにつながり、子ども自身のやる気が勉強につながり学力を導くと考えられている（Hao and Bonstead-Bruns 1998; Steinberg et al. 1992）。

　親の教育期待は階層によって大きく異なることが報告されているが、ここでも、階層差が少なく、子どもに対して高い教育期待を抱いているのがアジア系の家庭である。学業や教育に価値を置く文化もそうだが、学力は努力次第であるという考え方が、高い教育期待を形成しているといわれている（Li 2012; Yamamoto and Holloway 2010）。学力は生まれもった素質や能力によって大方決まるという考え方が主流のアメリカに比べ、子どもの学力が努力次第でのびると考えるとき、親は、子どもに高い学力を期待するようになると考えられる

(Holloway 1988; Yamamoto and Holloway 2010)。

　ただし、親の教育期待は高いほどいいというわけでもない。特に階層の高い家庭にみられる高すぎる教育期待や教育への過度のかかわりが、子どもに与える負の影響を報告した研究も少なくない（Lareau 2000）。アジア系移民の親と思春期の子ども対象の長期インタビューを質的に分析したデスリー・チンは、アジア系の家庭に多い教育プレッシャーに対し警笛を鳴らしている（Qin 2008）。この研究では、学力が高い学生が必ずしも、精神的によい状態を保っているわけではないことが明らかにされている。けれど、学業と心理面でのバランスを保っている子どもの親は、子どもの社会関係や感情を理解し、ニーズを尊重し、比較的オープンな関係やコミュニケーションをとっている傾向がみられた。

　ここで、子育てがどのように親の教育期待や教育関与の仲立ちとなり、学力形成にかかわっていくのかをみた研究を紹介しよう。信頼や絆といった社会資本に着目し、「親子間の社会資本」を調べたハオらの研究では、親と子どもの教育期待が近いほど、子どもの学力が向上するという結果が出ている（Hao and Bonstead-Bruns 1998）。逆に親子間の教育期待のギャップが大きくなると、子どもの学力は低下している。親の期待は高くても子どもが同意しないと、逆に子どもの成績は下がるというわけだ。さらには、親の子どもへの教育活動への参加やかかわりを通じて形成された親子間のつながりが、親子の教育期待を近づけるという結果が出ている。

　親子の教育期待が共有されるためには、親の教育関与やかかわりが仲立ちとなるというわけだが、ここでまた登場するのが子育て研究である。スティンバーグの研究によれば、親の教育的かかわりが効果的な影響をもたらすのは、子どものメンタルや親子関係にとって「よい」子育てである。多様な人種の高校生を対象とした長期データを用い、子育て類型と親子関係をみたこの研究によると、親子間のきずなを高めたり（例：楽しいことを一緒にする）、子どもの自主性を尊重しながらも子どもから目を離さない（例：子どもの活動などを把握している）子育てが行われている場合には、親の教育的かかわりは子どもの学力の向上へと貢献している（Steinberg et al. 1992）。逆に、親が子どもの教育に関与していても、子どもに対して権威的で自主性を尊重せず、親子関係のきずなが築かれていない場合は、学力への効き目があまりないと報告されている。

この研究では親の教育期待は見ていないが、一連の研究をつなげていくと、親の教育期待が学力形成に効果を発揮するためには、親の教育の関わりや子育てを通じて良好な親子関係、信頼関係が築かれ、子ども自身が親とのきずなを感じていることがカギとなるようだ。

5. 家庭の文化差と学校経験

さて、全体的に学力が高いと報告されているアジア系アメリカ人、特にアジア系移民の子どもだが、ここで子育てと学校経験についてみてみよう。学力の階層差を説明する理論の一つに、家庭と学校の文化・価値・規範の「つながり」に目を向けた一連の研究がある（Bourdieu and Passeron 1977）。これまで取りあげてきた研究は、主に文化や階層によって異なる子育てが子ども自身の学力・能力・スキルに与える影響に焦点を当てていた。これに対し、家庭で育まれる身体化された「文化資本」（例：行動習慣や言語の使い方など）が、学校で有利になったり不利になったりする過程や構造に着目した研究である。

たとえば、ラロー（Annette Lareau）による質的研究では、アメリカの中流階級の小学生は、さまざまな課外活動に参加したり大人と接する機会にふれながら、大人と対等に堂々と会話し、自分の意見を提示し時に交渉するといった米国社会で必須のコミュニケーション能力を培っている（Lareau 2003）。こうした能力により、中流階級の子どもたちは自己の意見や要求を提示し、自己の見解を言葉を使って明確に詳細に伝え、議論や交渉を行うという文化資本を形成していく。そして、発言力や自己主張が重視されるアメリカの学校や社会では、こうしたコミュニケーション能力を備えていると学校・社会経験が有利になっていく。つまり、社会や学校に期待されている能力を磨くことによって、順調で快適な学校生活を送ることができるのだ。子育てにみられる階層差が教育格差につながっていくのは、子育てや家庭の教育戦略が、学校や社会で重視されている価値や文化と一致した時に、より効果を発するという考え方である。

ここで、言語の階層差をみたハートとリスリーの研究を思い出してほしい。私自身、この研究を読んだ時に浮かんできた疑問があった。この調査は白人と黒人家庭を対象としていたが、アジア人またはアジア系の家庭でも、これほど

乳児が耳にする言葉に階層差があるだろうか。コミュニケーションの文化差を調べた研究によれば、アジアでは読み手が相手の言おうとしていることを読むことが期待されるのに対し、欧米では話し手が相手に明確にわかるように伝達するのが期待されているという（Hall 1976）。いわゆる、空気をよむのが大切か大切でないかという違いである。また、自己主張でなく人の話を聞くこと、時と場合によっては静寂や沈黙が美徳とされている日本社会では、階層の違いによってこれほど話しかけに、それも乳児への話しかけに差がでるだろうか。ハートとリスリーの調査は、子どもの言語や語彙の発達に焦点をあてていたが、これほど言葉かけの量や頻度に階層差が出たのは、言葉を用いるコミュニケーション能力が、アメリカの学校生活でも社会生活でもこの上なく重要視された「文化資本」だからではないだろうか。

　さて、全体的に学力が高いアジア系アメリカ人だが、しばしば授業中に発言をしないこと、自分の意見をはっきりと主張しないことなどが、教師に共有される問題としてあがっている（Liu 2002; Tateishi 2007）。発表や議論、意見交換が多く重要視されるアメリカの授業で、消極的で寡黙なのである。私たちが行った研究では、階層に関係なく、中国系移民の子どもは4歳の段階で、平均して白人の子どもよりも寡黙で自分の意志を表現しないと、幼稚園・保育園の教師に評価されていた（Yamamoto and Li 2012; 山本 2012）。重要なのは、自己主張や発言をしないことが、アメリカの学校生活において不利な学校経験をもたらすことである。同じ研究では、寡黙な子どもは、友人関係、学校生活、学習態度において教師からネガティブな評価を受ける傾向にあった。ただし、寡黙さや自己主張は、子どもたちの学力、つまり客観的なテストの点には関連していなかった。興味深いことに、チャイナタウンなどアジア人が多い園に通う子どもは、教師にアジア人が多いせいか、寡黙だと友人関係がよく学習態度もよいというポジティブな評価を受けていたのである。学校と家庭の価値や文化のギャップが、教師の評価や学校経験に与える影響を示した一例である。

　アジア系の家庭では、全体的に学力形成に「効果的な」子育ては行われているが、アメリカの学校生活や学校経験に有利になる文化資本を育むような子育ては行われていないということになるだろうか。これは、アジア系の家庭の文化がアメリカのメインストリームの文化とは違うのだから、無理もない。ラ

ローの研究のように、階層による家庭の文化資本の違いをみたもの、そこから
生じる学校と家庭文化の軋轢をみたものは多いが、アジア系アメリカ人の例は、
階層ではなく、マイノリティという立場から生じる家庭と学校の価値や文化の
不連続性、そこから生じる学校経験への影響を示している。学力に「効果的」
な子育ては、必ずしも学校経験や学校生活に「有利な」子育てではないといえ
るだろう。

6. おわりに

　本章では、アジア系アメリカ人家庭の子育てや教育的かかわりに着目しな
がら、「よい」子育てと学力に「効果的な」子育て、そして学校経験に「有利
な」子育てについてみてきた。アジア系アメリカ人の子どもたち、特に経済的
に恵まれない家庭の子どもの学力が高いことを踏まえると、階層による学力
格差は固定的ではないこと、または親の教育期待や教育へのかかわりが階層に
よる格差を縮小する可能性があることが示唆される。近年注目されているのは、
文化的規範や習慣が、親の子どもへの教育期待や教育的かかわりに与える影響
である。東アジア文化に共有されるといわれる教育への価値、親の強い役割意
識、努力思考などが、全体的に高い学歴期待や教育への関与につながり、階層
によるハンディを縮小するのではないかと考えられている（Li 2012; Yamamoto
et al. 2016）。ただし、アジア系においても民族内で学力の階層差が存在してい
ることを踏まえると、学力に効果的な子育てには、文化にかかわらず階層差が
みられるといえるだろう。また、アジア系の家庭では学力に「効果的な」子
育ては行われているが、アメリカの学校で役立つ文化資本を培うという点では、
決して学校経験に「有利な」子育てが行われているわけではない。

　本章では着目しなかったが、国の教育システムが子育てや親の教育戦略に与
える影響にも留意する必要がある（Yamamoto and Brinton 2010）。アメリカで
は試験の点数だけでなく、学校の内申書、エッセイ、推薦状、課外活動、特
技やリーダーシップなどの経験、そして時にインタビューなどが、大学を含
む学校入試の基準となる。また、授業自体も小学生のころから、プロジェクト
を採用し発表や議論の機会を多く取り入れた学校が多い。これは、覚えるべ

き内容や習得すべき模範がはっきりしたカリキュラムがあり、試験の点数を重視する東アジア（韓国・中国・日本）の入試制度とは大きく異なる（Li 2012; Yamamoto and Brinton 2010）。このため、アメリカでは子どもに大学進学を望むなら、学力を培うだけでなく自己の意志や意見を表明でき、多岐にわたる活動に興味を持ち参加し、コミュニケーション能力を培う子育てが必要となってくる。もちろん、こうした能力やスキルは学校でも育まれるが、子どもの自主性や意見を尊重し、自己肯定感を高める「民主的子育て」は、アメリカの教育システムとも一致しているのだ。

　こうした点をふまえると、「よい」子育て方法が、文化的・経済的背景などのコンテクストにより異なるように、学力や学校経験に効果的で有利な子育ては、教育制度や学校文化との関連性により生じるものだということになるだろう。つまり、子育てによる格差は、教育システムや社会の価値を強く反映しているといえるだろう。全体的に、子どもを人格として尊重し良好な親子関係を築くような子育ては学力に対して効果的であるようだが、「よい」子育てと学力に「効果的な」子育ての理解には、さらに社会や教育システム、そして文化的なコンテクストをみていくことが必要だろう。

❖注

▶1　後の研究で、チュアのいう「中国式」子育てはかなり極端だということが指摘されている（Juang et al. 2013）。

▶2　ここで示す白人の割合には、ヒスパニック系白人は含まれていない。（出所：Child Trends. "Key Facts About the Racial and Ethnic Composition of the U.S. Child Population" https://www.childtrends.org/indicators/racial-and-ethnic-composition-of-the-child-population（最終閲覧日 2019.07.20）

▶3　この分析結果は相関関係を示しているため、親の宿題への介入が学力低下を招くわけではなく、学力的に大変な子どもに対しては、親は宿題を手伝う傾向があるとも解釈できる。

❖参考文献

Baumrind, D. (1971). "Current Patterns of Parental Authority," *Developmental Psychology*, 4, pp.1-103.

Baumrind, D. (1972). "An Exploratory Study of Socialization Effects on Black Children: Some Black-White Comparisons," *Child Development*, 43, pp.261-267.

Baumrind, D. (1989). "Rearing Competent Children," in Damon, W. ed., *The Jossey-Bass Social and Behavioral Science Series. Child Development Today and Tomorrow* (pp. 349-378), San Francisco: Jossey-Bass.

Bernstein, B. (1971). *Class, Codes, and Control. Volume 1: Theoretical Studies towards a Sociology of Language,* London and Boston: Routledge and Kegan Paul.

Booth, M. Z. and J.M. Gerard. (2011). "Self-esteem and Academic Achievement: A Comparative Study of Adolescent Students in England and the United States," *Compare,* 41, pp.629–648.

Brooks-Gunn, J. and L. B. Markman. (2005). "The Contribution of Parenting to Ethnic and Racial Gaps in School Readiness," *The Future of Children*, 15, pp.139-168.

Bourdieu, P. and J. Passeron. (1977). *Reproduction in Education, Society and Culture*, London and Beverly Hills: SAGE Publications.

Chao, R. K. (1994). "Beyond Parental Control and Authoritarian Parenting Style: Understanding Chinese Parenting through the Cultural Notion of Training," *Child Development*, 65, pp.1111-1119.

Chua, A. (2011). *Battle Hymn of the Tiger Mother*, New York: Penguin Press.

Duncan, G. J. and K. A. Magnuson (2005). "Can Family Socioeconomic Resources Account for Racial and Ethnic Test Score Gaps?," *The Future of Children*, 15, pp.35–54.

Elliott, L. and H. J. Bachman. (2018). "How Do Parents Foster Young Children's Math Skills?," *Child Development Perspectives,* 12, pp.16-21.

Fan, X. and Chen, M. (2001). "Parental Engagement and Students' Academic Achievement: A Meta-Analysis," *Educational Psychology Review*, 13, pp.1-22.

Fantuzzo, J., C. M. Mcwayne, M. A. Perry, and S. Child. (2004). "Multiple Dimensions of Family Involvement and Their Relations to Behavioral and Learning Competencies for Urban Low-Income Children, *School Psychology Review*, 33, pp.367-480.

Furstenberg, F. F., T. D. Cook, J. Eccles, G. H. Elder Jr. and A. Sameroff. (2001). *Managing to Make It: Urban Families and Adolescent Success*, Chicago, IL: The University Chicago Press.

Galindo, C. and S. Sonnenschein. (2015). "Decreasing the SES Math Achievement Gap: Initial Math Proficiency and Home Learning Environments," *Contemporary Educational Psychology*, 43, pp.25–38.

Gecas, V. (1979). "The Influence of Social Class on Socialization," in Burr, W. R., Hill, R., Nye, F. I. and Reiss, I. L. eds, *Contemporary Theories about the Families* (pp. 365-404), New York: Free

Press.

Gottfried, A. E. (1990). "Academic Intrinsic Motivation in Young Elementary School Children," *Journal of Educational Psychology, 82*(3), 525-538.

Hall, E. T. (1976). *Beyond Culture*, New York: Anchor Books.

Hao, L. and M. Bonstead-Bruns. (1998). "Parent-Child Differences in Educational Expectations and the Academic Achievement of Immigrant and Native Students," *Sociology of Education*, 71, pp.175-198.

Hart, B. and T. R. Risley. (1995). *Meaningful Differences in the Everyday Experience of Young American Children*, P.H. Brookes.

Hart, B. and T. R. Risley. (2003). "The Early Catastrophe: The 30 Million Word Gap by Age 3," *American Educator,* pp.4-9.

Holloway, S. D. (1988). "Concepts of Ability and Effort in Japan and the United States," *Review of Educational Research*, 58, pp.327-345.

Juang, L. P., D. B. Qin and I. J. K. Park. (2013). "Deconstructing the Myth of the "Tiger Mother": An Introduction to the Special Issue on Tiger Parenting, Asian-Heritage Families, and Child/Adolescent Well-Being," *Asian American Journal of Psychology*, 4, pp.1-6.

Jung, S., B. Fuller and C. Galindo. (2012). "Family Functioning and Early Learning Practices in Immigrant Homes, *Child Development*, 84, pp.1510-1526.

Kalil, A., K. M. Ziol-Guest, R. M. Ryan and A. J. Markowitz. (2016). "Changes in Income-Based Gaps in Parental Activities with Young Children From 1988-2012," *AERA OPEN*, 2, pp.1-17.

Lareau, A. (2000). *Home Advantage: Social Class and Parental Intervention in Elementary School,* Maryland: Rowman & Littlefield Publishers.

Lareau, A. (2003). *Unequal Childhoods: Class, Race and Family Life,* Berkeley, CA: University of California Press.

Lee, S. J. (2009). *Unraveling the "Model Minority" Stereotype: Listening to Asian American Youth,* New York: Teachers College Press.

Li, J. (2012). *Cultural Foundations of Learning: East and West*, Cambridge University Press.

Liu, J. (2002). "Negotiating Silence in American Classrooms: Three Chinese Cases." *Language and Intercultural Communication*, 2, pp.37-54.

Paris, S. G. (2005). "Reinterpreting the Development of Reading Skills." *Reading Research Quarterly, 40, pp.184–202.*

Pew Research Center. (2018). "Income Inequality in the U.S. Is Rising Most Rapidly Among Asians." https://www.pewsocialtrends.org/2018/07/12/income-inequality-in-the-u-s-is-rising-most-rapidly-among-asians/ （最終閲覧日 2019.07.30）

Qin, D. R. (2008). "Doing Well vs. Feeling Well: Understanding Family Dynamics and the Psychological Adjustment of Chinese Immigrant Adolescents," *Journal of Youth and Adolescence,* 37, pp.22-35.

Robinson, K. and A. L. Harris. (2014). *The Broken Compass: Parental Involvement with Children's*

Education, Cambridge: Harvard Education Press.

Schneider, B. and Y. Lee. (1990). "A Model for Academic Success: The School and Home Environment of East Asian Students," *Anthropology & Education Quarterly,* 21, pp.358-377.

Snow, C. E. and T. J. Mathews. (2016). "Reading and Language in the Early Grades," *The Future of Children,* 26, pp.57-74.

Steinberg, L., J. Elmen and N. Mounts. (1989). "Authoritative Parenting, Psychosocial Maturity, and Academic Success among Adolescents," *Child Development,* 60, pp.1424-1436.

Steinberg, L., S. Dornbusch., and B. B. Brown. (1992). "Ethnic Differences in Adolescent Achievement: An ecological Perspective," *American Psychologists*, 47, pp.723-729.

Tateishi, C. A. (2007). "Why Are the Asian-American Kids Silent in Class? Taking a Chance with Words." *Rethinking Schools*, 22, pp.20-23.

Yamamoto, Y. and J. Li. (2012). "Quiet in the Eye of the Beholder: Teacher Perceptions of Asian Immigrant Children," in Garcia Coll, C. ed., *The Impact of Immigration on Children's Development. Contributions to Human Development*, Vol. 24, Basel, Switzerland: Karger.

Yamamoto, Y., J. Li. and JL. Liu. (2016). "Does Socioeconomic Status Matter for Chinese Immigrants' Academic Socialization? Family Environment, Parental Engagement, and Preschoolers' Outcomes," *Research in Human Development,* 13, pp.191-206.

山本洋子・Jin Li（2012）「寡黙でおとなしい子は損する？　アメリカにおける中国系移民の子どもの研究より」『Child Research Net』https://www.blog.crn.or.jp/report/02/134.html（最終閲覧日 2019.07.20）

Yamamoto, Y. and M. Brinton. (2010). "Cultural Capital in East Asian Educational Context: The Case of Japan," *Sociology of Education,* 83, pp.67-83.

Yamamoto, Y. and S. D. Holloway. (2010). "Parental Expectations and Academic Performance in Sociocultural Contexts," *Educational Psychology Review,* 22, pp.189-214.

私たちが見出したもの

志水 宏吉

1. 本書がねらったもの

　この本は、明石書店より出版された「学力格差」シリーズ（計4巻）の一冊
として、立案・刊行されたものである。日本の、そして世界の子どもたちの間
にある学力格差の実態解明と克服の筋道の探究が、シリーズ全体の主題である。
そのベースになったのは、「はじめに」でもふれた、私が研究代表をつとめた
共同研究プロジェクトである。そのプロジェクトでは、「家庭班」「学校班」
「統計班」「国際班」という四つの研究チームが編成された。この本では、その
うちの家庭班の研究成果をまとめた。

　序章では、本書の目的が、端的に「学力格差形成のプロセスにおける家庭教
育の影響を明らかにする」（15ページ）とまとめられている。研究チームは関
西のX市を舞台として対象となる家庭の協力を得て、4年にわたる継続調査に
よって、対象家庭における教育・子育てがそれぞれの家庭の子どもたちの学力
形成とどうかかわっているのか、を丹念に見極めようとした。その全容が本書
に収められている。

　私たちが依拠している学問分野は教育社会学である。教育社会学では、100
年近くも前から、社会集団・社会階層別の子育てのあり方が、子どもたちの学

校生活のありようや学力を中心とする教育達成にどのように関連しているかという テーマが実証的・理論的に探究されてきた。というか、この問題は、教育社会学のメイン中のメインと言ってもよい研究テーマである。本書でも登場するイギリスの B. バーンスティン（Bernstein 1981）やフランスの P. ブルデュー（Bourdieu 1970）といった巨人たちの議論、より最近ではアメリカのラロー（Lareau 2003）の研究などが、この領域での先行研究として最もよく知られたものである。

　私たちは当初、古典的なこのテーマ（＝社会階層による子育ての違いが、どのように学力格差を生み出しているか）に、日本ではまだほとんど試みられていない手法（＝家庭内への継続的な入りこみ調査）でアプローチしようと考えた。この着想は、本書第Ⅳ部第 14 章を執筆したアメリカのブラウン大教授山本洋子氏との交流から生まれたと言ってよい。山本先生は、2013 年度から毎年夏に日本に帰国した際に、私たちの研究室（大阪大学教育文化学研究室）を継続的に訪問し、多様な形で研究上の交流を行い、私たち教員や院生たちに大きな学問上の刺激を与えてくれている。氏との議論から、今回の調査のアイディアは生まれた。

　さて、第Ⅰ部第 1 章で述べたように、X 市の所得水準や学歴水準は日本全体と比べた場合「やや高め」である。立地的にも「大都市圏」にあると言ってよい。第一段階のインタビュー調査では、X 市に在住する 86 の家庭（インタビューを受けた対象の大部分は母親）の聞き取りを実施することができた。市内の多くの幼稚園および保育所に協力をお願いしたのだが、対象となった家庭の大多数は幼稚園経由で見つかったものであり、保育所に子どもを通わせている家庭は三つしかなかった。なぜか？　端的に、忙しいからである。聞き取りに応じる時間がないからである。そこで調査対象家庭に一定の「偏り」が生じるわけだが、それは避けがたい事態であった。

　さらにそこから、継続訪問調査を行う 13 家庭を選定したのであるが、ふつうに考えて、調査者（主として女性の大学院生）が継続的に家庭訪問し、放課後の時間帯から夜の時間まで数時間を過ごすという「しつこい」調査を受けてくれる家庭は、少なくともこの日本ではそう多くないだろうと予想された。が、それを引き受けてくれたのが今回の 13 家庭である。私たちにとっては有り難

いことだったが、その意味においてもこれらの家庭は「特別な家庭」である。しかも、その調査を4年間継続できたことも、当事者である私たちにとってもうれしい誤算であった。安定した、相対的に幸福な家庭でなければ、そうしたことは起こらないと考えてよいだろう。

　要するに、前章までで記述されているように、この13の家庭にはかなりのバリエーションがあるが、基本的にこれらの家庭は「恵まれた」タイプの家庭であることに留意されたい。当初私たちは、「精密コード」（ミドルクラス）対「限定コード」（ワーキングクラス）といったバーンスティン的図式、あるいは、「計画的子育て」（ミドルクラス）対「自然な子育て」（ワーキングクラス・貧困層）といったラロー的枠組みの適用を考えていたが、ほどなくそうした前提には無理があることに気づいた。欧米的な文脈での「ワーキングクラス」や一般的意味での「貧困層」は、今回の調査では十分に捕捉することができなかったからである。

　そこで私たちは、途中で作戦変更した。すなわち、階級（階層）間のコントラストのみにこだわるのではなく、「恵まれた」タイプの家庭における子育て・教育戦略のバリエーションをも豊かに記述すること。それを本書の到達点と設定した。

　もう一点、「学力格差」についても、ひとこと付け加えておきたい。本書の当初のプランは、子育てと学力格差を結びつけるというものであったが、この点についても私たちは路線変更を余儀なくされた。その理由は、大きく分けて二つであった。

　第一に、訪問調査を始めたのは対象児童が幼稚園児（5〜6歳時）だった時期であるが、その時点で（あるいはその翌年も含め）、彼らの学力を客観的・説得的に位置づけることがきわめて困難だったという事情があげられる。私たちなりにいくつもの工夫をこらしたが、対象児の学力を過不足なく測定する手立てはなく、それゆえに「学力格差」という問題設定をすること自体が不適切に思われた。

　第二に、そうした困難があるにもかかわらず、対象児たちの学力を何とか評価した際に、おしなべて彼らの学力が一定の水準に達していたという事実がある。逆に言うなら、対象児のなかには、明らかに「低学力児」だと判断しうる

子どもがいなかったのである。皆がある水準に達している現実を目の当たりにした時、私たちは、「あまり大きくない差をうんぬんするより、一定の学力水準を支えている家庭の働きかけの具体的な姿を描き出す」ことの方が大事だろうと考えた。

　学力格差という語のニュアンスについて、私たちは次のように考えている（志水 2014）。第一に「格差」とは集団的・集合的な現象である。個人の間にある「違い」を、教育社会学では「格差」とは呼ばない。それは単なる「個人差」である。格差とは、集団の間で生じる。例えば、階層間格差とか、男女格差とか。第二に「格差」とは、価値的な概念である。一般的に男女の平均身長には違いがあるが、それを「格差」と呼ぶ人は少ないだろう。格差には「是正すべきもの」という価値観が伴っている。男女の身長差はあってもよいが、学力差はない方がよい、と私は思う。だから、それを「学力格差」と呼ぶ。

　ペーパーテストの点数で測られるできる層とできない層の「学力格差」は多かれ少なかれ存在するだろう。問題はその物理的な点数の開きではない。すなわち、できない層の子どもたちの学力の下支えができていれば、極端に言うなら、できる層の子どもたちの点数はいくら高くてもよい、と私たちは考えている。問題は、できない層がとことんできない状況（＝ほとんど点数がとれない状態）に押し込められることである。言い換えるなら、クラスに「学力低位層」が何人もいるような状況である。その問題を私たちは何とかしたいと考えてきた。本シリーズの第 3 巻（『学力格差に向き合う学校』）では、まさにこの問題に焦点があてられている（若槻・知念　2019）。

2. 本書が明らかにしたこと

　本書が見出した知見を、3 点にまとめて改めて提示しておきたい。

　第一に、子育てのタイプとして、独自の 4 類型を提示したこと。

　その 4 類型とは、「全資本型」「経済資本型」「文化資本型」「社会関係資本型」。この 4 タイプは、ブルデューの議論を下敷きにしたものである。ブルデューは、特定の社会集団・家族が自己を再生産するために駆使する各種戦略（教育戦略や結婚戦略など）のリソースとして活用できるものとして、三つの資本を提示

した。とりわけそのなかでも、学校教育で成功するために不可欠な要素を「文化資本」という語で概念化したことはよく知られたところである。文化資本という語は、その「身体化された形態」としての「ハビトゥス」という語とともに、今日の教育社会学の基本的語彙を構成している。

　裏話をするなら、ここにいたるまでに、研究チーム内ではいくつもの試行錯誤があった。職業や学歴、あるいは教育についての意識やその他の要因でカテゴリーをつくろうとしたが、いずれも今ひとつうまくいかなかった。最後にたどりついたのが、このブルデューのカテゴリーの利用という考えである。

　この4類型は、私たちがはじめて提示するものである。ただ、注意しておかねばならない点は、前節でもふれたように、本類型を導き出すもととなった13の家庭はいずれも何らかの資本を豊富に所有している家庭（＝恵まれた家庭）ばかりであるという点である。いわば、「持てる者」の類型であり、「持たざる者」はここには当然ながら入ってこない。

　次に、ブルデューの議論の重要なポイントに「資本の転換（conversion）」がある。三つの資本は決して独立に存在し、機能するわけではない。経済資本を元手に文化資本を形成したり、社会関係資本を使って経済資本を得たりといった循環関係が資本の転換であり、それこそが私たちが生きる社会の特徴であるという示唆がブルデューの議論のなかにはある。残念ながら現在の私たちには、そこまでふみこむ余裕がなかった。今後の課題としたい。

　第二に、それぞれのタイプの子育てを長期にわたる訪問調査によって丹念に描き出したこと。

　これは本研究の知見というより、その意義といった方が正確かもしれない。換言すると、特定の因果関連を指摘したり、ある仮説を検証したりというよりは、諸事例を豊かに、あるいは生き生きと描き出すことを本書は試み、かなりの程度それに成功したということである。自画自賛になるが、とりわけ第Ⅱ部の四つの事例の記述は、これまでの教育社会学の領域ではあまり見られなかった貴重なものとなっていると考えている。4年間にわたって特定の家族を追いかけるという作業は簡単なものではない。各家庭の事例はメンバーで分担したが、いくつかの事例ではメンバーチェンジが生じたし、その他のいくつもの困難にも遭遇した。13家族全体を4年間追い続けるという目標が達成される確

率は低かったが、私たちはそれを成し遂げた。

　13の事例を四つにしぼるにあたっても、私たちには苦労があった。理論的にどれが最適かという観点から事例をしぼったわけだが、いずれの家庭にも「愛着」があり、できればもっと多くの、できればすべての家庭を事例として扱うことができないか、という思いにとらわれることもあった。それほど調査者と家族メンバーとの関係は近しいものとなっていた。

　第三に、大人の教育意識や子育て実践から独立した、子どもの主体的側面を指摘し得たこと。

　これは具体的には、第Ⅲ部第12章のことを指している。わずか二つの事例であるが、家族からの働きかけが相対的に弱いと思われる家庭の子どもが自分自身のイニシアチブで学力を伸長させている様子が描き出されている。子どもの個性あるいは主体性としか表現し得ない要因が、その子の育ちを形づくっていると調査者たちは一様に感じた。「同じような働きかけをしても、子どもは千差万別に育っていく」（294ページ）というまとめがなされているが、おそらくそれは真実であろう。これまで教育社会学は、個体と環境との相互作用について、主として後者の視点から記述・説明することが多かった。「これこれの環境にあるから、こういうふうに子どもが育つ」と。

　この章が提示しているのは、それとは逆の視点である。そして、その視点は、「実践者」や「当事者」の視点や声を大事にしようという、社会学一般の今日的トレンドに即応したものになっている。P. ウィリスの『ハマータウンの野郎ども』が教育社会学の古典とみなされているのは、今から半世紀ほども前に、ワーキングクラスの子どもたちの学業と暮らしを彼らの視点に即して描き出したからにほかならない（Willis 1996）。

　注目しておきたいのは、この章で扱われた二つの事例が、いずれも社会関係資本型の家庭のものだったという点である。社会関係資本がいかに子どものイニシアチブを引き出し得るかというテーマについての周到な考察を行うことは、残念ながらここではできなかった。しかしながら、経済資本や文化資本に相対的に恵まれない家庭、ないしは社会関係資本が特に豊富な家庭の子どもが、より自分の主体性を発揮し、自らを成長させることができやすいという仮説は、慎重に検証されるべき価値を持つものだと指摘することができる。

3. 若干の考察

　繰り返しになるが、収集された調査対象の特性から、私たちは分析方針の転換を行うことになった。すなわち、得られたサンプルが社会階層の上方にややシフトしたものとなったため、「ミドル」「ワーキング」「プア」といった階層別の子育てのコントラストのみを検討するのではなく、「恵まれた」家庭（主として「ミドルクラス」に位置する）の間でのバリエーションを探究する、という筋道を採ることになった。

　そうした前提のもとで、いくつかの理論的テーマに関して簡潔な考察を行っておくことにしたい。4点ある。

　まず、メインテーマである「階層と子育て」について。

　私たちが主として準拠してきたのはラローの議論である。ミドルクラスの「全面発達に向けての計画的子育て」に対して、ワーキングクラス・貧困層の「自然な成長に任せる子育て」という対比。そして、前者の親たちの「権利意識」（学校教育などの公的制度を積極的に利用しようという意識）に対して。後者の親たちの「制約意識」（それらに対する不信や不安、無力感）という対比。

　本研究においては、「全資本」型、「経済資本」型、「文化資本」型の三つの類型で前者と同様なものが観測され、「社会関係資本」型では一部後者に相当するものが見られたという結果となった。ラローの想定とは若干ずれてはいるが、基本的にはそれと矛盾しない、あるいはその議論を支持するような結果になったと言える。本書において対象となった「社会関係資本」型の家庭は、他の三つのタイプの家庭と比べて、職業・学歴・収入等の面で「ワーキングクラス」により近い位置にあると言えるのだから。

　日本には五つの階級が存在すると主張する社会学者橋本健二によると、それぞれの比率は以下のように推計されている（橋本 2018）。

1．資本家階級（経営者・役員）：254万人、就業人口の4.1%。
2．新中間階級（被雇用の管理職・専門職・上級事務）：1285万人。就業人口の20.6%。

3．正規労働者階級（被雇用の単純事務職・販売職・サービス職・その他マニュアル労働者）：2192万人、就業人口の35.1%。

4．旧中間階級：806万人、就業人口の12.9%。

5．アンダークラス（非正規労働者）：929万人、就業人口の14.9%。

　簡単に言うなら、「資本家階級」（アッパークラス）が4%、2と4を合わせた「ミドルクラス」が34%、3の「ワーキングクラス」が35%、そして5の「アンダークラス」（貧困層）が15%存在するということである（残りの10%余りは「その他・不明」と考えればよいだろう）。

　繰り返しになるが、本章の分析では、上記の分類でいうところの「2＋4」（ミドルクラス）対「3＋5」（ワーキングクラス）において見られる子育ての違いが、今回の対象家庭（「2＋3」）内部においても観測されたことになる。

　それに関連して、本書にしばしば登場した「ペアレントクラシー」というテーマについても言及しておきたい。

　「ペアレントクラシー」とは、これまでの社会の基本原理とされてきた「メリトクラシー」との対比で生み出された概念である。メリトクラシーは近代そのものを形づくる原理であると言ってよい。すなわち、「個人の有するメリット（業績）によって人生が切り拓かれていく社会」がメリトクラシー社会である。その際メリットは、以下の式で表現される。「メリット＝能力＋努力」。メリトクラシーは、封建的・身分社会的前近代を打破するために生み出された理念・原理であり、それを担う中核的存在とされたのが学校教育制度であった。

　そのメリトクラシーの社会が、「ペアレントクラシー」と形容できる社会に変容しつつあるという議論が近年支配的になってきている（ブラウン 1995）。ペアレントクラシーとは、「個人の人生が、生まれ育つ家庭によって大きく規定される社会」のことで、「選択＝家庭の富＋親の願望」という式で表現することができる。個人の人生の選択は、出身家庭が所有する富（＝三つの資本）の量と、子に対する教育期待を中心とする親のアスピレーションの質によって決定づけられるという見方である。ペアレントクラシーの時代になると、「子どもの能力」（認知的能力）や「努力の仕方」（非認知的能力）自体が、家庭環境や親の教育的働きかけによって人生の初期に大きく規定される、という事態が

生じることになる。その意味で、本書が記述した内容は、「日本のペアレント
クラシーの今」を物語る貴重なデータになっていると位置づけることもできる。

　第Ⅳ部第13章で山田が指摘するように、日本の都市部の教育熱心な親たち
は、変化しつつある学校教育とどのように付き合うかという課題のみならず、
多種多様な民間の教育サービスをどううまく利用すべきかについても日々頭を
悩ませている。

　このテーマにからんでもう一点指摘しておきたいポイントは、第Ⅲ部第11
章（堀家論文）で指摘された「父不在」という問題である。これは、かなりの
程度日本独自の問題だとみることができる。そもそも調査に全面的に協力して
くれたのが各家庭の母親、実際の子育てにおいて圧倒的なイニシアチブをとっ
ていたのも母親ということを考えると、「ペアレントクラシー」ではなく「マ
ザークラシー」とでも呼ぶべき状態が、日本に到来しつつあるのかもしれない。

　いずれにしても、先ほどの論点と重ね合わせるなら、ペアレントクラシーの
社会において、主としてミドルクラス層で駆使される「計画的子育て」は、昔
であればより上層の人々（＝貴族、アッパークラス）のみに許されたものであっ
たことだろう。それが今日では、社会の中層、そして下層部分にも徐々に浸透
しつつあるというのが、日本の状況だとみることができないだろうか。先の橋
本の整理を用いるなら、三角形の底辺を構成する人々（＝アンダークラス）を
除く大部分の人々に、ペアレントクラシーの波が押し寄せつつあるというのが、
日本の現状だとみなすことができるかもしれない。

　三番目に、「社会関係資本」概念についても簡単にふれておく。

　本書の13家族の分析では、他の類型とは異なる「社会関係資本」型家庭の
特徴が導き出された。サンプリングされた家庭の学歴や所得水準には当然バリ
エーションがあり、相対的に経済資本・文化資本に恵まれていない家庭が結果
的に「社会関係資本」型となったという事情があるが、彼らの子育て・教育戦
略は他と比べてユニークなものであった（第Ⅲ部第11章・第12章など）。

　社会関係資本という概念は、今日社会科学の多くの分野で注目されており、
いわゆるバズワードとなっている観がある。私たちのグループでも、「効果の
ある学校」研究を推進するうえで、カギ概念としたのがこの「社会関係資本」
である。その際最も強く打ち出したのが、以下のような考え方であった。す

なわち、学校は子どもたちの間に存在する経済資本の格差に介入することはそもそもできない。文化資本については介入する余地が大きい（それが教育の役割であるとも言える）が、家庭の間の文化資本の格差の壁には小さくないものがある。それに対し、社会関係資本には大きな可能性がある。なぜなら、それは基本的には人間関係が生み出す力であり、学校内外での社会関係資本をさまざまなルートを用い構築していけば、理論的には無限大の力を発揮しうると。やや楽観的な議論かもしれないが、私たちはそういう言い方で、「効果のある学校」づくりのカギとして、社会関係資本の構築を推奨してきた（志水 2014）。

　本書では、学校ではなく、家庭および地域が主たる考察の対象となったが、社会関係資本に恵まれた子どもたちは独自の成長の軌跡を描いていた。学校外での豊かな社会関係資本の存在が、学校との関係性を疎遠なものにする事例も扱われていたが、逆に言うなら、家庭・地域との社会関係資本と学校とのそれをうまく接合することができれば、子どもたちの成長にとって大きな力を発揮することができる。それをどのように精緻に概念化するか、各所に存在するそれをいかにうまく尺度化・測定できるか、といった学問的方法論上の問題は残っているが、社会関係資本概念は教育・子育て実践を組み立てるうえで大きな潜在力を有していることに間違いない。

　四番目に、第Ⅳ部第14章で山本が提示した「よい子育てとは」という問題について。アメリカにおけるアジア移民の子育てのあり方を検討することを通じて、「よい子育ては文化によって異なる」という指摘を山本は行っている。もっともな指摘である。「計画的子育て」と「自然な成長」という対概念を提出したアメリカのラローもどちらがよいかという議論はしていない。ただし、前者の方が学校制度のメリットを享受しやすいことを前提に議論を進めているが。本書では、四つの類型を設定し、それぞれの特徴について事細かに記述し、考察を展開したが、どれがよい子育てかという問題には踏み込まなかった。それぞれの家庭が、生かせるものを生かしながら懸命に子育てを行っているトーンで、本書は展開されている。

　全ての家庭にとって望ましい子育てとは何かを打ち出すことは難しい。ただ、本書の場合は、学力形成にとってポジティブな意味をもつ子育て実践に焦点をあて記述した。その中身については、第Ⅱ部における四つの家庭のエスノグラ

フィーにおいて詳細に展開されているが、四つの家庭の子どもたちは、順調に高い学力を形成するための基礎を育んでいるように見受けられた。

　山本はまた、「学力に効果的な子育ては必ずしも学校経験や学校生活に有利な子育てではない」可能性について言及している。これは、アジア型の教育を家庭で受けた子どもたちがアメリカの学校に十分にうまく適応できないケースもあるという事実から引き出されている言明であるが、この指摘は、ペアレントクラシーが急速に進行しつつある日本という、別種の文脈においてもあてはまる指摘かもしれない。すなわち、狭い意味での学力を伸長させるための戦略（競争的な塾に行かせるなど）が、学校生活・学校適応にネガティブに作用するような場合である。

　さらに山本は、「親の期待と親の関与とは別物である」という今一つの興味深い指摘も行っている。上記のペアレントクラシーの「公式」によると、「親の期待」と「家庭の資源」が決定的であるということになるが、山本の指摘はその媒介項的な役割を担う「親の関与」の内実こそが問われるべきであるという論点を導く。これは、ミドルクラス内での子育て実践のバリエーションを描き出そうとした私たちの研究関心とオーバーラップするものである。

　最後に、研究方法論上の問題について。

　すでに何度か述べてきたが、本研究のおそらく最大の意義は、継続的な家庭訪問調査によって、家庭での働きかけと子どもたちの育ちについての豊富なデータを収集できたことにあるといえるかもしれない。現代日本の都市部に在住する一般的家庭の教育戦略の諸相を、これだけビビッドに描き出した研究はそう見当たらないのではないか。学校等の教育機関において、継続的な参与観察調査によってデータを収集することが私たちの研究室の伝統となっているが、今回その方法を家庭に対して適用してみた。その成果は当初の私たちの予想を大きく上回るものであったと言ってよい。訪問調査を長期に続けることの困難に打ち勝ち、家族メンバーとのラポールを維持し続け、参与観察データを蓄積していけたことには大きな意義がある。

　私の頭の中にあったのは、かつてイギリスのS．ウォルマンという人類学者が行った調査研究である（ウォルマン 1996）。ウォルマンは、ロンドンの下町に居住するさまざまな家庭に継続的なかかわりをもち、それぞれの家族が「時

間」「情報」「アイデンティティ」という三つの編成的資源を駆使することで日常生活を巧みにハンドリングしていく様をエスノグラフィックに見事に描き切った。

社会学や教育社会学の領域では、近年時系列的なデータの蓄積の必要性が叫ばれているが、それは何も量的・統計的な研究分野にかぎったことではない。質的・事例的な研究分野においても同様の試みが重ねられていくべきであろう。

4. 今後の研究の展開に向けて

今後に残された課題は多い。4点あげておきたい。

第一に、欧米の研究で言うところの「ワーキングクラス」「貧困層」、日本語に意訳するなら「しんどい層」を、実質的に検討の対象とできなかったという不十分さが本研究にはある。その層の「家庭」にアプローチすることの困難さは、だれにとっても容易に推測することができよう。本研究においても「シングルマザー家庭」を二つ対象に設定できたが、それに対する分析を十分に行うことはできなかった。たとえば、シングルマザーにしぼった研究計画を設計するなど、方法論的工夫が要請されるところである。

第二に、すでに述べたことであるが、子育てと学力との関係についてつっこんで検討することができなかった。とりわけ年少の子どもたちを相手にする場合には、学力なるものを測定するツールを開発する必要があるだろう。またより根源的には、そもそも学力とは何かという問題についてのふみこんだ検討も必要となってくるだろう。今回の研究を振り返って、特に強く思うのがこの点である。

第三に、当初は家庭における言語使用、コミュニケーションパターンについてのミクロな分析も行おうと計画していたが、諸事情により今回はそれが実現しなかった。古典的な問題であるが、バーンスティンの言語コード論の妥当性についてはこれまで一部の検証事例しか存在していない（前馬 2011）。学力格差の根底に言語使用の問題があるのか。それはバーバルなものが重視される欧米圏の問題で、日本を含むアジア圏ではそれほどの階層差は見られないのか。今後の検討課題としたい。

　第四に、本研究プロジェクトにおいて収集した膨大なデータをまだ十分に活かしきれていないという問題がある。たとえば、86家族に対して行ったインタビュー調査の結果は、本書では一部で利用されたにすぎなかった。また13の訪問家庭において収集された質的データは、新たな視点に立つ再分析に開かれている。今回の調査にご協力いただいたすべての皆さまのお気持ちや費やした時間・労力等にお応えするためにも、私たちには得たデータを十分に学問的に検討する責務がある。

❖参考文献

Bernstein, B. (1971) *Theoretical Studies Towards A Sociology of Language,* Routledge（萩原元昭訳（1981）『言語社会化論』明治図書）.

Bourdieu, P. & Passeron, J. *La Reproduction : elements pour une theorie du system d'enseignement.*（宮島喬訳（1991）『再生産 教育・社会・文化』藤原書店）.

Brown, P.(1995)"Cultural Capital and Social Exclusion: Some Observations on Recent Trends in Education, Employment and the Labour Markets."*Work, Employment and Society.* 9(1): pp.29-51（稲永由紀訳（2005）「文化資本と社会的排除」A.H. ハルゼーほか編（住田正樹・秋永雄一・吉本圭一編訳）『教育社会学——第三のソリューション』九州大学出版会, pp.597-622）.

Lareau, A.(2003) *Unequal Childfoods: Class,race and family life*, University of California Press.

橋本健二（2018）『新・日本の階級社会』講談社現代新書。

前馬優策（2011）「日本における『言語コード論』の実証的検討——小学校入学時に言語的格差は存在するか」『教育社会学研究』第 88 集 ,pp.229-250.

志水宏吉（2009）『「力のある学校」の探究』大阪大学出版会。

志水宏吉（2014）『「つながり格差」が学力格差を生む』亜紀書房。

若槻健・知念渉（2019）『学力格差に向き合う学校——経年調査からみえてきた学力変化とその要因』明石書店。

Wallman, S. (1984), *Eight London Households* (＝福井正子訳（1996）『家庭の三つの資源——時間・情報・アイデンティティ』明石書店).

Willis, P. (1977), *Learning to labour*（＝熊沢誠・山田潤訳（1996）『ハマータウンの野郎ども——学校への反抗・労働への順応』ちくま文芸文庫）.

あとがき

　あしかけ5年にわたる調査研究の中には、本書執筆者だけではないさまざまな方々のご尽力があった。複数名へのインタビューや家庭訪問調査という非常に骨のおれる作業を、私たちとともに分担してくださった、上田勝江さん、坂本有紀さん、久保恭子さん、吉村知容さん。当時は大学院生として、現在はさまざまな場で活躍しておられる方たちばかりである。また、就学前インタビューの実施にあたり、市内の幼稚園と保育園に調査協力の依頼をしてくださったX市教育委員会の皆様や、学力調査の使用許可および採点・データ提供に応じてくださった慶應義塾大学の赤林英夫先生と帝京大学の敷島千鶴先生にもお礼申し上げたい。

　執筆者のひとりである山本洋子先生は、ご自身の調査で実施している調査票の使用や、調査方法に関する情報を快く提供してくださった。家庭訪問調査というわれわれにとって初の試みをなんとか終えることができたのは、山本先生のご助言があってのことである。研究グループの主要メンバーである前馬優策先生は、調査や分析だけでなく、さまざまな交渉や調整、事務処理など、陰に陽に活躍してくださった。本書の中では追求できなかった言語運用に関して、今後鋭い切り口での研究成果を出されることを楽しみにしている。

　そして何より、インタビューに協力してくださった保護者のみなさまと、4年間にわたる訪問調査を受け入れてくれた13家族のみなさまのご協力に感謝を申し上げる。家庭というプライベートな領域に他者を長期間招き入れることには抵抗も大きかったと思う。調査者と気の置けない関係を築いてくださり、本当にありがとうございます。

　本研究のさなか、私自身も子育てを開始することになった。実際に経験して

みると、これほど思い通りにならないことがあるのかと（これまでにもそうした経験はあったものの、その比ではない）、悩み、疲弊することもあった。一方で、こちらの働きかけとはまったく関係なしに、子どもが成長していく姿を目の当たりにすることもあった。親子関係だけではない、保育園やその他さまざまな人間関係の中でも、子どもはたくさんのことを吸収してくる。

　本書の冒頭に紹介した文科省データが載ったネットニュースを、いち早く私に紹介してきた高校時代からの友人がいる。彼女は当時ワーキングマザーとして就学前の二人の子どもを育てていた。「父親は深夜帰宅、母親は専業主婦のほうが学力は高い」という見出しの記事を SNS に貼り付け、「ほんまなん？」と動揺した様子で尋ねてきた。「小学校に入ったら宿題見るとか、ほんま無理。色々してあげたいと思ってるけど、仕事と育児を両立するのは難しい」とつぶやいていた。彼女と同じような思いを抱える母親は、少なくないだろう。他方で、私自身は子育てと仕事の両立に難しさを感じることもあるが、母親アイデンティティ以外の自分の存在に助けられることも多々ある。いずれにしても、子どもを産み育てるということは、事実上それを主に背負わされている女性にとって、一筋縄ではいかない問題だ。

　本書では、そうした葛藤をはらんだ子育ての実情を、できるかぎり対象者に寄り添う形で描こうとしたが、ともすれば、それぞれの家庭の子育てを評価するようなものになったり、「良い子育て」をめぐるマニュアル本のように捉えられてしまうかもしれない。そうだとすれば、編者としては反省するよりほかない。また、訪問調査を通して研究グループのメンバーが収集してくれた膨大なデータを、十分に整理しきれなかった面もある。今後のさらなる展開と、調査に協力してくれた方々に、ひいては社会に還元していけるように、研究を続けていきたい。

　最後になりましたが、明石書店の大江道雅社長、神野斉編集部部長、寺澤正好編集担当者の３氏に、深く感謝申し上げます。

伊佐　夏実

監修者略歴

志水 宏吉（しみず こうきち Kokichi Shimizu）　　　　　　　（終章担当）

所属：大阪教育大学講師、東京大学助教授などを経て、現在、大阪大学大学院人間科学研究科教授。専門：教育社会学・学校臨床学。主な著書：『「つながり格差」が学力格差を生む』亜紀書房、2014 年。『マインド・ザ・キャップ！』（髙田一宏と共著）、大阪大学出版会、2016 年。

編著者略歴

＜編著＞

伊佐 夏実（いさ なつみ Natsumi Isa）　　（序章、第Ⅰ部はじめに、第1章、第2章、第Ⅰ部おわりに、第Ⅱ部はじめに、第Ⅲ部はじめに、第8章、第Ⅲ部おわりに、「あとがき」担当）

所属：奈良教育大学特任講師、大阪大学助教を経て、現在、宝塚大学看護学部専任講師。専門：教育社会学、学校社会学。主な著書・論文：「公立中学校における現場の教授学——学校区の階層的背景に着目して」『教育社会学研究』第 86 集, pp.179-199, 2010 年。「家庭教育の階層差に対する教師のまなざし」『龍谷教職ジャーナル』2, pp.89-124, 2015 年。『マインド・ザ・ギャップ』（共著）大阪大学出版会、2016 年。

＜執筆＞（執筆順）

金南 咲季（きんなん さき Saki Kinnan）　　　　（第2章、第7章、第9章担当）

所属：現在、愛知淑徳大学グローバル・コミュニケーション学部助教。専門：教育社会学、社会学。主な著書・論文：「地域社会における外国人学校と日本の公立学校の相互変容過程——コンタクト・ゾーンにおける教育実践に着目して」『教育社会学研究』第 98 集, pp.113-133, 2016 年。『ふれる社会学』（共著）北樹出版、2019 年。『移民から教育を考える——子どもたちをとりまくグローバル時代の課題』（共著）ナカニシヤ出版、2019 年。

中村 瑛仁（なかむら あきひと Akihito Nakamura）　　　　　（第3章担当）

所属：大阪大学助教を経て、現在、大阪大学大学院人間科学研究科講師。専門：教育社会学、

教員文化論。主な著書・論文：『新自由主義的な教育改革と学校文化──大阪の改革に関する批判的教育研究』（共著）明石書店、2018 年。『〈しんどい学校〉の教員文化──社会的マイノリティの子どもと向き合う教員の仕事・アイデンティティ・キャリア』大阪大学出版会、2019 年。

敷田 佳子（しきた けいこ Keiko Shikita）

（第Ⅱ部はじめに、第 6 章、第Ⅱ部おわりに、第 10 章担当）

所属：現在、大阪教育大学・龍谷大学ほか非常勤講師。専門：教育社会学、社会学。主な論文：「国際結婚家庭の教育に関する現状と課題──結婚移住女性に焦点をあてて」『移民政策研究』第 5 号，pp.113-129, 2013 年。"Educational Strategies of Highly Educated Chinese Women Married to Japanese Men: A Preliminary Study on Child Raising in Japan," *Educational Studies in Japan: International Yearbook*, No.8（2014），pp.93-106.

志田 未来（しだ みらい Mirai Shida）　　　　　　　　　　　（第 4 章、第 12 章担当）

所属：大阪大学大学院博士課程を経て、現在、甲南大学等にて非常勤講師。専門：教育社会学。主な著書・論文：「子どもが語るひとり親家庭──「承認」をめぐる語りに着目して」『教育社会学研究』第 96 集, pp.303-323, 2015 年。『学力格差是正策の国際比較』（共著）岩波書店、2015 年。

野﨑 友花（のざき ゆか Yuka Nozaki）　　　　　　　　　　（第 5 章担当）

所属：公立中学校教員、大阪府立大学での研究員を経て、現在、ベネッセ教育総合研究所研究員。専門：教育社会学。『福井の教育──学力・体力トップクラスの秘密』（共著）中公新書ラクレ、2014 年。「中学校女性教師のストラテジー」『女性学年報』37 巻, pp. 33-58, 2016 年。『子どもの生活と学びに関する親子調査 2015-2018』（共著）東京大学社会科学研究所・ベネッセ教育総合研究所共同研究プロジェクト、2019 年。

堀家 由妃代（ほりけ ゆきよ Yukiyo Horike）　　　　　　　（第 11 章担当）

所属：佛教大学准教授。専門：教育社会学、障害児教育。主な著書・論文：『「力のある学校」の探究』（共著）大阪大学出版会、2009 年。『教育社会学への招待』（共著）大阪大学出版会、2010 年。『学力政策の比較社会学』（共著）明石書店、2012 年。

山田 哲也（やまだ てつや Tetsuya Yamada）　　　　　　　　（第 13 章担当）

所属：宮城教育大学講師、大阪大学准教授などを経て、現在、一橋大学大学院社会学研究科教授。専門：教育社会学。主な著書：『ペダゴジーの社会学』（久冨善之ほかと共編著）学文社、2013 年。『学力格差是正策の国際比較』（志水宏吉と共編著）岩波書店、2015 年。

山本　洋子（やまもと ようこ Yoko Yamamoto）　　　　　　　（第 14 章担当）

所属：ブラウン大学教育学部特任助教授。専門：人間発達学・教育社会学。カリフォルニア大学バークレー校博士課程修了、博士。主な論文： "Cultural Capital in East Asian Educational Context: The Case of Japan," *Sociology of Education,* 83 (2010), pp. 67-83 with Mary Brinton. "Gender and Social Class Differences in Japanese Mothers' Beliefs about Children's Education and Socialisation," *Gender and Education,* 28 (2016), pp. 72-88.

シリーズ・学力格差
第2巻〈家庭編〉

学力を支える家族と子育て戦略

——就学前後における大都市圏での追跡調査

2019年12月25日　初版 第1刷発行

監修者　志　水　宏　吉

編著者　伊　佐　夏　実

発行者　大　江　道　雅

発行所　株式会社 明石書店

〒101-0021 東京都千代田区外神田 6-9-5
電話 03（5818）1171
FAX 03（5818）1174
振替　00100-7-24505
http://www.akashi.co.jp/

進　　行　　寺澤正好
組　　版　　デルタネットデザイン
装　　丁　　クリエイティブ・コンセプト
印刷・製本　　モリモト印刷株式会社

（定価はカバーに表示してあります）　　ISBN978-4-7503-4878-0

〈価格は本体価格です〉

〈価格は本体価格です〉

シリーズ 子どもの貧困

【全5巻】

松本伊智朗【シリーズ編集代表】

◎A5判／並製／◎各巻 2,500円

① **生まれ、育つ基盤**
子どもの貧困と家族・社会
松本伊智朗・湯澤直美 [編著]

② **遊び・育ち・経験** 子どもの世界を守る
小西祐馬・川田学 [編著]

③ **教える・学ぶ** 教育に何ができるか
佐々木宏・鳥山まどか [編著]

④ **大人になる・社会をつくる**
若者の貧困と学校・労働・家族
杉田真衣・谷口由希子 [編著]

⑤ **支える・つながる**
地域・自治体・国の役割と社会保障
山野良一・湯澤直美 [編著]

〈価格は本体価格です〉